JN121191

東アジアから見たフランス革命

松浦義弘　山﨑耕一　編

風間書房

序　東アジアから見たフランス革命

松浦　義弘
山﨑　耕一

日本の大学においては、明治時代に史学科が設置されて以後、一般に「国史」「東洋史」「西洋史」の三科制がとられてきた。一八九〇年代に「東洋史」が一つの専門分野として登場したのを受けて、東京帝国大学文科大学の史学科に「支那史学」が開設されたのは、一九〇四年のことであった。この年、史学科と国史科が再編され、「国史」「史那史」「西洋史」の三科からなる史学科が設置されたのである。一九一〇年には、「支那史学」は「東洋史学」に改称された。京都帝国大学でも、一九〇六年に文科大学が設置され、翌年、史学科開設とともに「支那史学」（のちに東洋史学）が「国史」「西洋史」「人文地理」の三専攻とともにおかれた。こうして「国史」「東洋史」「西洋史」という三科制ができあがった。以後に設置された日本の諸大学はおおむね、この三科制を学科制度のうえで踏襲してきた。

歴史学におけるこの三科制は日本の大学に特有の研究・教育体制であり、欧米諸国の大学では、東洋史が世界史（西洋史）から切り離されることも、東洋史が歴史学における一つの学問分野を形成したこともない。なぜ日本では、このような特殊な現象が生じたのだろうか。その大きな理由の一つは、東洋史学には「漢文の史料の処理」という技術的問題があったからであった。日本における漢学や考証学にかかわる学問的訓練の蓄積が、「東洋史学」の誕生に有利に作用したのである。こうして、東洋史家の宮崎市定が自負したように、西洋史学が「輸入、翻訳、模倣、独立という道筋を辿ったのに対し、東洋学・シナ学においては、最初から日本人の独創が強く働いている」とされ、西洋史学と東洋史学の分離という事態が生じたのである。

けれども、日本の大学におけるこの三科分立の学科制度は、たんに「漢文の史料の処理」という技術的問題のみに由来するものではなかった。そのことは、「東洋史学」の登場が日清戦争から日露戦争にかけての時期であったことからもうかがえよう。上原専禄によれば、三科分立の制度および観念は、明治以来の日本人の政治意識が日清・日露戦争を経て高められ、学問研究や歴史教育に影を落とした結果であった。つまり、「西洋」とは「日本人がそこから学びとってくる輸入元」「日本の『東洋』におけるライヴァル」であるのに対して、「東洋」は「日本が『西洋』から学んだことを実践する場」「政治的勢力伸張の自己拡大の場または対象」、そして「日本」は「政治的成長を遂ぐる自己そのもの」であるという日本人の政治意識の反映であった（渡辺浩氏によれば、この日本人の政治意識の構図は明治維新前から成立していた）。

実際、東京帝国大学における「東洋史学」の初代教授であり、「東洋史学の創立者」とされている白鳥庫吉は「熱烈な天皇主義者」であり、その学問は「大日本帝国の学問」であった。マーガレット・メール氏も、「東洋史」を定義づけるうえで中心的役割を果たした白鳥庫吉に言及し、「東洋」概念は、「日本を世界史の一部とした上で、アジアにおける指導的役割を日本に与える」ことを可能とし、「東洋史」は「過去と現在との、および東洋と西洋との関係性のなかで、日本が自国をどのように定義づけるかというジレンマを解決してくれるように思われた」と指摘している。現実の政治や社会の動向に応えようとする点で「政治的」であった白鳥の東洋史に対して、その後継者である和田清や池内宏、加藤繁などの東洋史は、政治性を排除して学術的な「客観主義」を標榜した点で異質であった。しかし五井直弘によれば、いずれの「東洋史」も「人民不在の歴史学」であり、中国や朝鮮をただの「研究対象」として扱い、「特殊停滞的なもの」として捉えた点で共通していた。

エドワード・サイードのひそみにならえば、「東洋史学」は、「東洋」と「日本」と「西洋」という地域、ないしは地理的区分にもとづく思考様式であり、「東洋」が知の対象として観察され、日本が行動するさいの基準となった認識論的枠組であったといえよう。そこでは、「西洋」をモデルとした「日本」との対比のもとに、「東洋」に後進性、退行性、停滞性、受動性、非文明性などの性質が割りふられ、「東洋」をそのようにイデオロギー的に構築することによって、「日本」はみずからのアイデンティティを強化してきたのである。つまり、「東洋」と「日本」、そして「西洋」という地理的区分は、歴史のプロセスのなかでつくりだされた虚構の観念であった。それは、意味の中立の場で形成されたのではなく、不平等な力関係のなかで人為的につくりだされた観念体系であった。したがって「東洋史学」は、東洋のなんたるかを教えてくれない。中国や朝鮮で、ごく当たり前の人びとが日々生活し、それぞれが具体的な経験をつみ歴史をつくっているという事実をみとめない。中国や朝鮮に住む人びとは個々の人間である以前に、「東洋人」「中国人」「朝鮮人」といった抽象的・一般的カテゴリーに類型化され、人間の多様性に由来する差異は集合的な抽象概念に還元されてしまうからである。だから「東洋史学」は、現実の東洋ではなく、むしろ日本の知的・文化的・政治的風土のありようを教えてくれるのだ。

竹内好も、東京帝国大学の「支那文学科」在学中の一九三二年に夏休みの旅行で北京を訪れたさいに、そこに「自分と同じような考えを持っているらしい人間がいることに感動した」と回顧し、こう指摘している。「ヨーロッパへ行く・・・ということならば、そこにむしろ自分たちより優れた人間がいるという感じをもつのじゃないかと思う。

ところが中国には、同じような人間がいるということがどうして分からないか。これは学校で歴史を習う、あるいはアジアの地理を習うときに、そこに人間がいるということを教えない。私の記憶ではたしかにそうだったのです。」

日本の大学における三科分立の制度は、さらに「日本史」を「東洋史」から切断し、アジア史の一環としての日本史という視角を弱める方向に作用した。このような三科分立制の負の側面を解消しようとしたのが、「東アジア」ないしは「東アジア世界」という観点であった。そこでは、「東アジア」に共通する指標として漢字文化・儒教・仏教・律令制の四要素があげられ、東アジアを統一するのはもっぱら文化であるとされた。

この「東アジア」「東アジア世界」という観点は、日本の古代史にかんしては朝鮮半島を介した文化の伝播の問題など、ポジティブな問題を提起しえた。しかし文化の共通性を重視したこの観点は、日本の近現代史については解決が困難なアポリアを抱えているといえよう。日本・中国・朝鮮が文化を共有し血種や祖先が同じであるとする考え（「同文同種」「同文同祖」）はアジア連帯主義にもつながったが、多くの場合、日本の盟主的地位を前提としたアジア主義やアジア侵略につながったからである。また、同じ漢字文化圏に属するがゆえに、固有名詞の違いが大きな問題となることもあった。辛亥革命によって「中華民国」が成立したとき、日本はこれを認めず、「支那共和国」と呼ぶことに決めたことは、その一例である。日本よりも劣っていると考えていた中国を、世界の中心に位置する文化国家として「中華」と呼ぶのは認められないという意識があったために、「万国の一つ」という意味の「支那」を用いて「支那共和国」と呼んだのである。

いずれにしろ、二〇世紀の二つの世界大戦と日本帝国主義を介して、日本と韓国・中国をはじめとする近隣諸国は否応なしに歴史を共有しており、日本とそれらの諸国とのあいだには日本の植民地支配をつうじてひきおこされた戦争責任・戦争犯罪などの問題がシリアスな問題として横たわっている。日本と韓国は地理的に近接しており、歴史的にも密接な関係を維持してきた。また両国とも、都市的な生活様式・意識が普及した高度の産業社会であり、近代社会である。一九八〇年代以降、日本では韓国の料理・娯楽・文化などへの関心から「韓国ブーム」が起こった一方、韓国でも消費生活や大衆文化などの面での「日本化」が進行し、両国間の人的交流も盛んである。にもかかわらず、かつて両国のあいだで起こった不幸な事件の結果、日本と韓国は「近くて遠い国」という間柄になっている。

本書は「東アジアから見たフランス革命」と題されているが、この題名も以上のような日韓両国にかかわる歴史的経緯と関係性を意識してのものである。本書の元になっているのは、二〇一九年八月二八日（水）から三〇日（金）までの三日間にわたって成蹊大学で開催されたシンポジウム、「アジアから見たフランス革命――日本と韓国におけるフランス革命研究の現状」である。このシンポジウムを開催した趣旨は、「日本と韓国におけるフランス革命の現状」を相互に確認することにあった。これまで、日韓両国のフランス革命史研究者は相手の研究を知る機会がほとんどなかったからである。フランス革命史研究という点でも、日本と韓国は「近くて遠い国」だったのである。その意味で今回のシンポジウムには大きな期待とともに、一抹の不安もあった。しかしその不安は杞憂に終わった。

シンポジウム初日の二八日は、日韓双方のフランス革命研究史について総括報告がなされた。日本側は松浦が、高橋幸八郎以来の戦後日本におけるフランス革命研究の歴史を、今日の世界での革命史研究を踏まえて量的・質的に分析する報告をおこなった。それに対して、韓国側のチョイ・カブス氏（ソウル大学）の報告は、一九八〇年代の韓国において自分たち自身がおこなった自由化運動を念頭に置きながら、フランス革命を参照軸としてその歴史的位置づけを考えようとするものであった。革命を通して国家が「真の近代国家」に到達しそこから逆行しえない条件を、「テルミドール」以前に民衆運動が急進化した段階が存在しているかどうかに求めていたのは印象的であった。

シンポジウム二日目の二九日には、クォン・ユンギョン氏（公州大学、現ソウル大学）が、二月革命後のフランス領西インド諸島植民地のアフリカ系黒人有権者が普通選挙をどのように経験したかを論じ、キム・ミンチュル氏（梨花女子大学）が、総裁政府期の政治思想における民主化の契機をアントワーヌ・フランセ・ド・ナントを事例として論じた。そして翌三〇日には、革命初期のオート＝ガロンヌ県における土木行政組織の変革を論じたキム・デボ氏（ソウル市立大学）と植民地サン＝ドマングにおける啓蒙思想の一機能を論じたミン・ジョンギ氏（ソウル大学院生）の報告がなされた。キム・デボ氏とミン・ジョンギ氏の報告は、事情により本書に収録することはできなかったが、これらの報告はいずれも、問題意識が鮮明で実証的レベルもきわめて高い報告であった。シンポジウム後の懇親の場で、韓国におけるフランス革命の本格的研究は、一九九〇年代以降に大学院に進学した研究者が諸外国に留学し、留学先で学位を取得して始まったのだと聞いて合点が行った次第である。

一方、日本の中堅・若手研究者の報告も、日本の革命史研究の将来がけっして悲観的なものでないことを示すに十分な内容であった。すでにルアンのジャコバン・クラブの革命期の活動にかんして一書をものしている竹中幸史氏は、ルアンの街路と広場の共和暦二年における名称変更を中心に「空間の革命」の実体と意味を論じた。また、トゥルーズ大学で学位を取得した藤原翔太氏は、辺境のオート・ピレネー県の県文書館史料を駆使しながら、一八〇六年を境にナポレオンの統治システムに重要な転換がみられたと論証し、同時にそこに名望家時代の始まりをみている。フランスに留学中の楠田悠貴氏と山下雄大氏の報告も興味深い。楠田氏は、ルイ一六世裁判過程においてチャールズ一世裁判に言及した議員に注目し、この先例への言及がルイ一六世裁判にもたらした影響を論じた。他方、山下雄大氏は、ビヨ＝ヴァレンヌとサン＝ジュストの思想を比較し、両者ともルソーの受容と同時に乗越えをも意味する「本源的社会性の肯定」によって共和国をそれぞれの仕方で基礎づけようとしたことを示した。

以上の報告にかんしては、西欧の第一線のフランス革命史家であるピエール・セルナ氏（パリ第一大学）とアラン・フォレスト氏（ヨーク大学名誉教授）が真摯で的確なコメントをしてくれたことも申し添えておきたい。本書はシンポジウム報告の忠実な再現ではなく論文集であるため、両氏の貴重なコメントは収録しなかった。両氏のコメントに関心のある読者は、欧文によるシンポジウム報告書を参照していただければ、と思う（*La Révolution française vue de l'Asie: Etat actuel des recherches sur la Révolution en Corée et au Japon*, Société coréano-japonaise de recherches sur la Révolution française de Tokyo, Mars 2000）。また、本書に収録した論文の順番は、シンポジウム初日の総括報告を除いて、シンポジウムでの報告順ではなく、基本的に各報告がとりあげた対象を時期順に並べた。

総じて印象的だったのは、日本のフランス革命史研究の現状を「実証の深化と意味の希薄化」と松浦が総括したのに対して、韓国側の研究者がこぞって韓国のフランス革命史研究の「実証の深化と意味の熱さ」を語ったことだった。たしかに、日韓両国の研究者のフランス革命に対する距離のとりかたの違いには印象的なものがあった。韓国の研究者の報告はすべて、韓国の民主化や近代化の問題に真摯に応えようとするものであり、わが国の「戦後歴史学」を彷彿させるものであった。日韓の歴史を論じるのではなくフランス革命といういわば第三者的な立場からアプローチすることが可能な出来事の研究においても、日韓両国の歴史家の問いのあり方はことなっていたのである。そのような両国の革命史研究の対比を目の当たりにすることができたのも、今回のシンポジウムの成果であった。また、日韓関係が芳しくないなか、両国の革命史研究者による初めての学術交流をとおして友好的な相互理解が実現されたことも、意義深いことだったと思われる。しかも、両国の若手研究者による報告がいずれも国際的に通用するレベルであったことにも驚かされた。そのようなわけで、韓国側から提案された二年後、ないしは三年後のソウルでの日韓シンポジウムが今から楽しみでならない。

最後に、出版事情が厳しいなか、本書もふたたび風間書房の風間敬子氏にたいへんお世話になった。また、本書の出版にかんしては、成蹊大学アジア太平洋研究センターから助成を受けた。記して感謝したい。

参考文献

上原専禄「現代歴史学の様相」『上原専禄著作集15　歴史的省察の新対象　新版』所収、評論社、一九九〇年

上原専禄「歴史研究への基本的態度」『歴史学序説』所収、大明堂、一九五八年

宮崎市定「内藤湖南とシナ学」『中央公論』八〇―一〇、一九六五年九月、四〇七―四一三頁

松本善海「中国社会史の新たなる課題」『史学雑誌』五八―三、一九四九年三月、八六―九六頁

渡辺浩『東アジアの王権と思想　増補改訂版』東京大学出版会、二〇一六年

五井直弘『近代日本と東洋史学』青木書店、一九七六年

マーガレット・メール（千葉功・松沢裕作ほか訳）『歴史と国家――一九世紀日本のナショナル・アイデンティティと学問』東京大学出版会、二〇一七年

竹内好「方法としてのアジア」『竹内好全集』第五巻所収、筑摩書房、一九八一年

西嶋定生・李成一編『古代東アジア世界と日本』岩波書店、二〇〇〇年

山室信一編『日本・中国・朝鮮間の相互認識と誤解の表象　国際シンポジウム討議集』京都大学人文科学研究所、一九九八年

松浦義弘「序　境界・他者・アイデンティティ」成蹊大学文学部国際文化学科編『国際文化研究の現在』所収、柏書房、二〇〇五年

【目次】

戦後日本におけるフランス革命史研究

松浦　義弘

はじめに

わが国でフランス革命がはじめてまとまった歴史叙述の対象となったのは、明治維新以後の「文明史」においてであった。福沢諭吉の『西洋事情』第二編（一八七〇年）や『文明論之概略』（一八七五年）、そして箕作麟祥の『万国新史』（一八七一年）などが、その代表的作品であった。しかしこれらの文明史においては、フランス革命は、長期にわたる西洋文明の「進歩」の一段階として叙述されたにすぎなかった。フランス革命そのものがテーマとなり、分厚い叙述の対象となるためには、革命にかんする知識が深まる一九世紀末を待たねばならなかった。その点で、ミニェのフランス革命にかんする大著が『仏国革命史』（一八七六〜七八年）にとして全訳され、一七八八年から一八一四年までのフランス革命の詳細なプロセスが日本人にはじめて身近なものになったことは大きかった。(1)

けれども、大学を拠点としてフランス革命の本格的な研究が展開されるのは、一九三〇年代の「日本資本主義論争」以後、とりわけ第二次世界大戦以後の現象であったといえよう。本稿の目的は、第二次世界大戦後の日本のフランス革命史研究に検討対象を限定し、その特徴と変化を、量的分析と質的分析を結合することによって明らかにすることにある。

一　『史学雑誌』の文献目録からみた戦後日本の革命史研究

1　『史学雑誌』の「史学文献目録」の調査

まず、戦後日本のフランス革命史研究の特徴とその変化を数量面から明らかにするために、表を作成することにしよう。この表を作成するための素材は、『史学雑誌』の「史学文献目録」である。『史学雑誌』は、「わが国で発表されたすべての研究文献を網羅的に記録することを企図[2]」して、一九六〇年から毎号「史学文献目録」を掲載してきた。そのうち、年三回、すなわち一号、五号、九号には、西洋史の「文献目録」が掲載されている。しかしこの文献目録は、雑誌論文にかんしては網羅的に記載しているが、論文集に収録された論文は漏れる傾向がある。ここでは、『史学雑誌』の「文献目録」のこの欠点をカバーするため、『史学雑誌』五号の「回顧と展望」（前年度の研究業績の紹介・論評欄）における文献情報によって「文献目録」のデータを補足した[3]。

なお、『史学雑誌』に「史学文献目録」が存在しなかった一九六〇年以前については、基本的に「回顧と展望」（一九四九年から掲載）だけの文献調査ですませた。したがって、ここで作成される表のデータはけっして完璧なものではない。あくまで、戦後日本のフランス革命史研究の特徴と変化を量的な側面から大まかに把握するためのデータである。

2　「表1　戦後日本のフランス革命史研究」の作成

表1（文末の表1を参照）は、終戦直後から二〇一八年まで、毎年（さらに一〇年ごとに）フランス革命とその前史に関して何点論文（著作）が書かれ、それらの論文がどの分野のものかを示したものである。この表を作成したさいの留意点は、以下の二点である。

① 論文数は、フランス革命・ナポレオン期にかかわる論文数とその前史にかかわる論文数を合計したものである。ただし、革命の前史にかかわる論文という場合、政治史の論文の場合はルイ一六世以後、思想史の論文の場合は啓蒙思想以後に限定してカウントした。他方、経済史・制度史の論文の場合はより長期の時間幅（一七～一八世紀）を対象とした論文もカウントしたため、このカウントには若干のブレがともなわざるを得ない。また、連作論文で掲載号が異なる場合は、それぞれ一点としてカウントした。なお、翻訳は、日本の革命史研究ではかなりの比重をもっているものの、カウントしなかった。わが国のフランス革命研究者自身の動向に焦点を当てたかったためである。

② 論文は、ⅰ経済史、ⅱ思想史、ⅲ政治史、ⅳ法制・制度史、ⅴ文化・心性史（宗教史・教育史）、ⅵ地方史、ⅶ軍隊と植民地、ⅷ革命と世界（革命の遺産）、ⅸ動向・批判論文、ⅹその他、の十分野に分類した。この分類は基本的に、ミッシェル・ヴォヴェルの分類に従っているが(4)、民衆運動（ヴォヴェルの分類では社会・経済史）は政治史に、新聞・雑誌（ヴォヴェルの分類では政治史）は文化・心性史に割りふった。もちろん、複数の分野にまたがる論文もあるが、論文の中心的テーマに即して、右記の分野のどれかひとつにあえて割りふった。

3　表1から明らかになること

表1を子細に検討すればさまざまな事実を指摘することが可能であるが、当面の課題にかかわる事実に限定すれば、以下の四点を指摘することができよう。

① 論文数（総点数一七五一点）は、戦後一貫して増加傾向にあったが、二〇〇〇年以降逓減傾向にある。

② 経済史の論文数は、戦後から一九六〇年代にかけて圧倒的な比重を示している（一九六〇年まで全論文に占める割合は四五パーセント、一九六一～一九七〇年は四三パーセント）。しかし一九七〇年代以降急減し、二〇〇〇年以降は五パーセントにまで落ち込んでいる。そして経済史の論文のテーマも、一九六〇年代初頭までは農業＝土地制度史、その後は産業革命史、国際商業・貿易史へと重心が変化している。

③ 思想史は、一貫してかなり大きな比重を占めているが、とくに一九六〇年頃までは、近代市民社会成立のための思想的条件（合理主義的思想・市民精神）を究明しようとする傾向が強かった。

④ 一九七〇年代以降、経済史の論文が急減する一方で、テーマの細分化・多様化が進行し、とくに法制・制度史、文化・心性史にかんする論文が増大してゆく。このテーマの細分化・多様化に対応するため、一九七一年の「回顧と展望」から「近代一般」の項目が新たに設けられた。しかしテーマの細分化・多様化は、それ以後さらに進行した。

二　フランス革命史研究のなかの「戦後歴史学」

1　「戦後歴史学」の時代（一九四五年～一九六〇年代半ば）

表1からも明らかなように、日本の革命史研究の特徴のひとつは、全論文に占める経済史の論文の割合が終戦直後から一九六〇年代にかけて圧倒的に高かったことである。そしてこの現象にこそ日本のフランス革命史研究の最大の特色がある。ここでは、この点に焦点をあてて、戦後日本の革命史研究の特徴とその変化をみていくことにしたい。

終戦直後のわが国では、戦前の「日本資本主義論争」における「講座派」マルクス主義の立場を継承して、西欧社会との対比において日本社会における封建的諸関係の残存を批判し、日本社会の変革という課題に応えようとする歴史学が一世を風靡していた。いわゆる「戦後歴史学」（あるいは「大塚史学」）が、それであった[5]。わが国のフランス革命史研究も、大塚久雄とともに「戦後歴史学」を代表する歴史家、高橋幸八郎の体系的な業績によって本格的に開始された[6]。そこでまず、高橋のフランス革命にかんする議論を検討することからはじめよう。

高橋の革命論の特徴は、フランス革命を「封建制から資本主義への移行」の画期としての「ブルジョワ革命」の典型として把握し、この革命の意義を、何よりもまず反封建＝封建的土地所有の全面的廃棄、つまり土地＝農民問題の解決という点にみていることである。高橋によれば、土地＝農民問題の解決の仕方には、「二つの体系＝道」があった。すなわち、「封建土地貴族と上層市民層＝前期的資本家層との結合」によって土地改革＝資本主義的推転を遂行しようとする体系＝道と、「より広汎に民主的な方向の、中小生産者層＝農民層」を地盤として土地革命＝資本主義的発展を遂行しようとする体系＝道がそれであり、この両体系の決済の政治的表現が「ジロンダン」と「ジャコバン＝モンタニャール」の対立抗争であった。そして高橋は、この対立抗争において「ジャコバン＝モンタニャール」が勝利をおさめ、一七九三〜九四年に独裁をしいて封建制を根底的に廃棄した点をもって、ジャコバン独裁期をフランス革命の本質的な時期としたのである(7)。

この高橋の議論は、商人・高利貸資本（＝前期的資本）のもとで残存していると考えられた封建的諸関係の廃棄を実践的課題とし、「封建制から資本主義への移行」を担いうるのは「産業資本」のみである、と考えた戦後日本の一時代における問題意識の所産だった。高橋は、『市民革命の構造』（一九五〇年）の序で、こう述べている。「われわれ自身は、しかし、近代市民社会＝資本主義生産そのものの存在によってのみでなく、同時にその未発展によって、いい換えるならば封建的諸関係の存続によっても苦しめられている。われわれにとっては、一七八九年もまた決して他人事ではない」と。

このような鋭い問題意識と歴史的作品へのその見事な具体化のせいであろう。高橋幸八郎の仕事は多くの信奉者をうみだし、一九六〇年代半ばまでの革命史研究は、もっぱら「封建制から資本主義への移行」にかんする高橋の議論をめぐって進められた。高橋自身も、一九五〇年代はじめに、M・ドッブとP・スウィージーを中心に国際的に展開された「移行」論争に参加し、その活性化に寄与した(8)。この時期には、二次文献に依拠しながら、「封建制」「絶対主義」「マニュファクチュア」「資本主義」「地主制」などの用語をタイトルに付した論文が量産された。「移行研究の肥大化」という事態が生じたのである(9)。そしてその集大成が、総勢四三名の執筆者が結集した大塚久雄・高橋幸八郎・松田智雄編『西洋経済史講座――封建制から資本主義への移行――』全五巻であった(10)。

このような時代にあって、桑原武夫編『フランス革命の研究』は、高橋史学批判に立ってフランス革命の全体像を描き出そうとした共同研究で、ナショナリスム、権力機構、土地問題、経済思想、哲学思想、キリスト教、芸術、ダントンとロベスピエールのパーソナリティなど、フランス革命の多様な側面が分析されていた。[11]けれども、この多面的な著作にかんするある書評は、「土地改革はブルジョワ革命の中心的課題であって、それはまた革命の全構造に関連してくる」という理由で、この著作の「土地改革」の章のみを紹介・論評し、「ナショナリスムとか革命家のパーソナリティといっても、革命の基本線〔つまり、土地改革〕に正当に位置づけられなければならない」と締めくくっている。[12]「戦後歴史学」が歴史学全般を支配していた当時の知的風土を象徴する書評といえよう。

2　「戦後歴史学」の自己変革の時代（一九六〇年〜一九七〇年代半ば）

現在から振り返れば、『西洋経済史講座』は、「戦後歴史学」の「華麗なフィナーレ」[13]であった。というのも、『講座』の刊行と相前後して、「戦後歴史学」の外部からの批判だけでなく、ほかならぬ「戦後歴史学」の内部からの「戦後歴史学」批判がおこり、一九六〇年から一九七〇年代にかけて「戦後歴史学」の自己変革の時代がやってくるからである。「戦後歴史学」にたいするこの内部からの批判と「戦後歴史学」の自己変革は、おもに三つのかたちをとった。

第一に、「戦後歴史学」の課題が日本の現実に応えていないという批判があった。たとえば、竹内幹敏は、「封建制から資本制への移行をめぐる問題が、われわれの実践的課題に適合的に見えた時期も、たしかにあった」が、この問題が「現代経済社会の解明」に「中心的な意義をもつと考えることは、もはやむつかしい」と述べ、「もっと一九世紀後半以降の経済史研究に力をそそぐべきだ」と主張したのである。[14]こうして多くの経済史家が、研究対象を「封建制から資本主義への移行」から「産業革命」へと移していった。その直接の所産が、高橋幸八郎編『産業革命の研

究』だった。(15)

第二に、フランス革命史研究にとってより注目されるのは、高橋史学を基本的に継承しようとする歴史家のあいだでも「封建制から資本主義への移行」にかんする「二つの道」をめぐって分岐が生じたことであった。遠藤輝明や中木康夫が高橋の主張を擁護する議論を一貫して展開したのに対して、(16)井上幸治や遅塚忠躬が「二つの道」の対抗という高橋の主張を実証的に批判したのである。まず井上が、一七・一八世紀の「問屋制資本家＝前期的資本家」こそが「分散マニュファクチュア経営主」であり、事実上の「産業資本家」であったことを検証した。つづいて、二年間のフランス留学（一九五九〜一九六一年）から帰国した遅塚が、高橋によって「封建的土地所有」と規定された「地主制」のもとにおいても農民的商品経済（農業の資本主義化）が進展したことを、フランスの文書館の原史料をわが国の研究者としてはじめて駆使して実証したのである。(17)

「戦後歴史学」の自己変革という点でさらに注目されるのは、柴田三千雄の学問的軌跡である。柴田は、「ヴァントーズ法について」（一九五三年）では、師高橋の主張にしたがって、「封建制」が根絶される以前の「大借地農」を「農村ブルジョジー」と考えるルフェーヴルを批判していた。(18)しかし、「アンシァン・レジームにおける農民層分解」（一九五五年）では、「大借地農」は農民層の近代的＝経営的分解に寄与するブルジョワ的側面ももっていた、と指摘し、さらに最初の著書『フランス絶対王政論』（一九六〇年）の一年後に公表した「フランス革命論の再検討」では、ルフェーヴルに依拠して高橋批判をおこなうにいたっている。(19)そこでは、フランス革命を、「貴族の革命」「ブルジョワの革命」「民衆の革命」「農民の革命」という、それぞれ自律的な四つの革命の複合的産物ととらえたルフェーヴルの革命論を「複合革命論」として定式化したうえで、議会内の党派抗争を、議会指導者と議会外の民衆運動との関係の動態分析によって理解することを提唱していた。

こうして柴田においては、「戦後歴史学」への批判は、農業＝土地制度史から民衆運動史への研究テーマの移行というかたちでも表現され、二年間の在外研究（一九六二～一九六四年）の成果として刊行された『バブーフの陰謀』において、先の提唱が具体化された[20]。すなわち、バブーフの陰謀を「サン＝キュロット運動」と「ジャコバン主義＝ロベスピエール主義」の延長線上に位置づけるとともに、反革命派、議会ブルジョワ、民衆運動という三者の相互関係によって革命のプロセスを説明しようとしたのである。ロベスピエール派の権力掌握と没落も、A・ソブールの学位論文『共和暦二年におけるパリのサン＝キュロット』の議論を踏まえて、民衆運動との結合と乖離によって説明された。しかも、『バブーフの陰謀』における民衆運動は、特有の意識と行動様式をもつ自律的な存在として分析されていた。こうして柴田のこの著作は、「封建制から資本主義への移行」から「民衆運動を軸とする政治史」へ、という革命史研究のテーマの移行を象徴する作品となった[21]。それだけでなく、「戦後歴史学」のこの自己変革は、大学闘争後の一九七〇年に結成された「社会運動史研究会」が掲げる「社会運動史」とも交錯することになるのである[22]。

第三に、高橋が、「封建制から資本主義への移行」をめぐる議論の対象をヨーロッパに限定し、この移行を必然化した「産業資本」の発展を一国内部における生産力の発展という視点から分析したことに対する批判があった。高橋が一九五〇年代初頭にドッブとスウィージーによる「移行」論争に参加したことはすでにみたが、この論争はおもにヨーロッパ各国における「移行」の過程を対象にしたものであった。けれども、一九六〇年代に入ってから、「移行」論争は新たな展開をみせるようになる。まず、この論争に新たに参加したE・ホブズボームが、ヨーロッパにおける「資本主義の勝利」は、ヨーロッパ以外の地域の「征服または植民地化」によって可能になったという事実を強調し、ヨーロッパの近代化を世界的な相互規定関係のなかで把握する新視点を提示した[23]。さらに、第三世界を舞台にA・G・フランクなどが「従属理論」を展開し、西欧先進諸国の「発展」と第三世界の途上国の「低開発」が表裏一体をなしており、途上国の「低開発」経済は資本主義的世界経済の「中枢＝衛星構造」の所産に他ならないことを示した[24]。一九七〇年代半ばには、これらの議論を踏まえて、I・ウォーラーステインが一六世紀以降の近代世界の全体を相互依存関係にある単一の「世界体制 world system」の展開として把握しようとする議論を展開した[25]。こうして「移行」論争は、一九六〇年代から一九七〇年代にかけて、ヨーロッパの一国から「世界体制」へと視野を拡大した新しい「移行」論争に受け継がれてゆく。その結果として、フランス革命そのものが国際的契機を重視して考察されるようになるのである。たとえば遅塚忠躬は、一六世紀以来の近代史を、一国史的にではなく、一つのシステムとしての「世界体制」の展開過程ととらえ、この体制のなかでフランスが置かれていた相対的後進国としての位置から、フランス革命のもつ独自性を説明しようとした[26]。

『西洋経済史講座』（一九六〇―六二年）以後の「戦後歴史学」の以上のような自己変革は、そこに結集した歴史家たちによるその後の論集の内容に端的に表現されている。『講座』からわずか五年後に刊行された高橋幸八郎編『産業革命の研究』でさえ、「本書は共通の問題視角をもち、共通の研究方法に立つところの厳密な意味での産業革命の体系的な総合研究にはなりえなかった[27]」と編者高橋が告白しているように、「問題視角」と「研究方法」における基本的な一体性は語りえなくなっていた。この傾向は、岡田与好編『近代革命の研究』（一九七三年）ではいっそう顕著である。編者岡田によれば、この共同研究の当初の課題は「市民革命の研究」であったが、最終的に採用された表題は「近代革命の研究」であった。このような「いわば無規定的な表題」におちついたのは、「市民革命の再検討の客観的条件は成熟しているが、遺憾ながらそのための主観的条件は成熟していない」という共通の認識があり、「市民革命に集約されてくる過程よりも、それから展開されてくる矛盾とそれへの社会的対応に力点を置いた諸論文」が集まったためであった[28]。

以上のように、高橋史学を基本的に継承しようとする歴史家においても、一九六〇年代から一九七〇年代半ばにかけての変化はきわめて大きかった。もはや、「封建制から資本主義への移行」、「市民革命」や「市民社会」、あるいは「産業革命」といった、戦後のわが国の西洋史学界で共有されていたテーマと思考の枠組み（視角・方法・概念）は希薄化し、日本社会の「近代化」という要請に応えようとした、わが国固有の色合いを帯びたフランス革命史研究は消滅しようとしていた。そして不可避的に、研究の個別分散化が進行した。このような変化が、高度経済成長、安保闘争、大学闘争、そして「南北問題」や世界の多極化といった、この時期の日本と世界をめぐる動きと密接に関連していたことは否定できないであろう。だがそのような変化の背後に、現地への留学や滞在などがめずらしくなくなり、現地の原史料を比較的容易に利用できるようになったという研究条件の変化があったことも見逃せない。これは、諸外国の文献の大量の流入とあいまって、類型化された「西欧」の研究ではなく、各国の個別具体的な実証研究が進展する条件となったのである。

このように問題意識の多様化と研究の個別分散化が進行するなかで、「戦後歴史学」をささえていた問題視角と研究方法を批判的に継承しようとするこころみも進行した。一国史的視点に立った「近代化」論は、「移行」論争の展開のなかで「世界体制」的視点にとってかわられ、生産様式や階級闘争の観点に従属していた政治や民衆運動は、相対的に自律的な存在として歴史具体的に分析されるようになった。そしてこのような動きの延長線上に、柴田三千雄『近代世界と民衆運動』や遅塚忠躬『ロベスピエールとドリヴィエ――フランス革命の世界史的位置』などの研究が誕生することになるのである。(29) 前者は、マクロの次元での「資本主義的世界体制」とミクロの次元での「民衆の世界」ないしは「民衆運動」とを、「社団国家」「名望家国家」「国民国家」と順を追って展開する国家形態を媒介にしてむすびつけようとした研究であった。そして後者は、ロベスピエールとドリヴィエの出会いと別離のあとをたどることによって、フランス革命におけるロベスピエールとドリヴィエの位置、さらにはフランス革命そのものの近代世界史における位置を明らかにしようとした研究であった。いずれの作品も、「戦後歴史学」の問題視角と研究方法を批判的に継承しようとする「戦後歴史学」の自己変革のなかから生みだされた最良の成果であった。

三　「戦後歴史学」以後の時代

さて、「戦後歴史学」の自己変革が進行する一方で、一九七〇年代末以後、「戦後歴史学」とは異なるベクトルをもつフランス革命史研究が出現することになった。[30] いわゆる「社会史」の観点にたつ革命史研究であった。

すでに一九七六年にはJ・ルゴフ「歴史学と民俗学の現在」が翻訳されて反響を呼んでいたが、[31] 大きな節目は一九七九年にやってきた。この年には、まず雑誌『思想』が「社会史」の特集を組んだ。[32] さらに二宮宏之が、絶対王政の権力秩序の特質を、その基底に横たわる「社会的結合関係 sociabilité」から捉え直すことをこころみ、フランス革命の革命たるゆえんを、社会的結合関係における変化という、従来とは別の角度から明らかにする論文を公にした。[33] この「社会的結合関係」という二宮の観点は、アンシャン・レジームの国制史研究の進展に大きく寄与しただけでなく、[34] 革命史研究をも刺激した。たとえば柴田は、近代国民国家形成の推進社会集団が多様な社会的結合関係をふくむ民衆世界をいかに変容・解体させていったか、という観点から、革命初期のパリのカルチエを分析した。[35] このような「社会史」の隆盛は、表1にみられるように、一九七〇年代半ば以後、とりわけ一九八〇年以後の「法制・制度史」や「文化・心性史」にかんする論文数の増加という現象となって表現された。「社会史」ブームの火付け役となった「アナール学派」の成果が次々と翻訳されたのも、一九八〇年代以降のことであった。

このような「社会史」をめぐる動向にたいしては、「身辺雑事」を研究する「社会史」には「経世済民」の気概や「天下国家」へのトータルな関心が欠けているとか、「社会史」には「知識供給の面白さ」はあっても、「何をなすべきかという指針・方向性」がない、といった批判がなされた[36]。しかし「社会運動史研究会」の少なからぬメンバーが「社会史」や「文化史」に向かったように、日常生活に着目する「社会史」には「政治を捉えかえす[37]」という側面があったことは見逃せまい。

だがむしろ重視すべきなのは、「社会史」がブームとなった背景に、「近代」なるものの総体に批判的にアプローチし、その内実を多様な側面において捉え直そうとする視点が存在したことであろう。そしてこの視点は、「戦後歴史学」のなかで問題意識をはぐくむという経験をもちえなかった歴史家の問題意識や感性とも微妙に交響するものだったのではなかろうか。先進的な西欧近代社会と後進的な日本社会という、彼我の落差にかんする歴史意識よりもむしろ、日本や日本人に「近代」が否定しがたく浸透してしまっているという歴史意識や感性、あるいは、日本固有の問題は後景にしりぞき、世界の先端的な問題が日本の問題でもあるという歴史意識や感性と、である[38]。

こうしてフランス革命は、あらためて批判的に問われるべき対象となった。フランス革命期の公教育論議や言語政策の研究[39]、「ヴァンデ」などの革命への抵抗運動の研究、メディア研究[40]、地方史研究[41]、言語・シンボル・儀礼・祭典などの政治文化研究[42]など、一九七〇年代半ば以後の日本のフランス革命史研究には、多かれ少なかれ、フランス革命を正負両面で捉えようとする視点が存在していた。とくに「戦後歴史学」と異なるベクトルをもつという点では、革命期の植民地ハイチの黒人奴隷制廃止や独立などの問題を論じた浜忠雄の仕事[43]や、革命期の女性の政治運動や女性の排除などの問題を検討した天野知恵子や小林亜子の仕事が特筆されよう[44]。また、「戦後歴史学」の視野の外にあった

「テルミドール」以後の総裁政府期やナポレオン期にかんしても、比較的若手の研究者によって宗教史、軍隊・軍事史、地方行政史などの多様なテーマにかんして研究史上の空隙は埋められつつある。(45)

おわりに

本稿では、戦後日本のフランス革命史研究の特徴とその変化を量的・質的な面から明らかにしようとしてきた。その最大の特色は、終戦直後から一九六〇年代にかけて経済史の論文が異常に肥大化したことであった。この「戦後歴史学」においては、日本社会の「近代化」という社会的要請に応えようとする「立場性」が明確であり、「封建制から資本主義への移行」「市民革命」「産業革命」など、広く共有されたテーマと思考の枠組があった。その意味で、書き手と読み手とのあいだに、日本社会の現状認識についてある程度の共通了解が存在していた。したがって「戦後歴史学」においては、フランス革命を研究する意味はあまりにも自明であり、あえてその意味を自ら問い直す必要もなかったともいえよう。広く共有されたテーマと思考の枠組を前提として自らの「立場性」を表明すれば済んだからである。(46)その結果が「移行研究の肥大化」であった。だから誤解を恐れずに言えば、「戦後歴史学」の時代は「幸福な」時代であった。その一方で、『フランス革命の研究』にかんする前述の書評が示唆しているように、「戦後歴史学」は、そのテーマと思考の枠組に入らない研究を排除する機能ももっていたのである。

しかしながら、「戦後歴史学」のテーマと思考の枠組は、「戦後歴史学」の自己変革の時代を経て根本的に揺らぎ、一九七〇年代末以後、「戦後歴史学」とは異なるベクトルをもつ「社会史」の時代に入った。フランス革命史研究においても、「封建制から資本主義への移行」のような広く共有されたテーマはもはや存在せず、研究の個別分散化が進行した。これらの研究は、いずれも現地の原史料を使うなど実証度の高い研究であり、それぞれの専門領域の研究史に新しい発見を提供するものとなっている。その点で、各専門分野に固有の意味は主張しえよう。しかし、「戦後歴史学」を支えてきたテーマや思考の枠組みが根本的に揺らいでいる現在、そのような新しい発見の意味も曖昧になっている。日本のイギリス労働史研究について小野塚知二が指摘しているように、わが国の革命史研究においても「実証の深化と意味の希薄化」という問題が生じているといえよう。(47) ここ最近論争がほとんど存在しないのも、おそらくその問題にかかわっている。日本におけるフランス革命史研究の蓄積を踏まえながら、この問題にどう対処するのか、それがいま問われているといえよう。

注

(1) 明治時代におけるフランス革命についての歴史叙述については、宮村治雄「「開化」と「革命」——日本におけるフランス革命」田中治男・木村雅昭・鈴木董編『フランス革命と周辺国家』リブロポート、一九九二年、高橋暁生「明治日本におけるフランス革命観」山﨑耕一・松浦義弘編『フランス革命史の現在』山川出版社、二〇一三年を参照。

(2) 『史学雑誌』第六十九編六号、一九六〇年六月、八〇七頁。

(3) 『史学雑誌』の「回顧と展望」が国別になったのは、一九六一年からであった。それまで、一九五一年から一九五八年にかけては「近世」と「近代」に時期区分され、英独仏の歴史、ロシア・東欧・南欧史、アメリカ史、ラテンアメリカ史の業績をひとりの歴史家が紹介・論評していた。それ以外の年にかんしては、一九四九年は「社会経済史」と「思想史」、一九五〇年は「社会経済」と「思想史」、一九五九年は「経済史」と「政治・思想史」に区分されていた。

(4) Cf. Michel Vovelle (présenté par), *Les colloques du Bicentenaire*, Paris, La découverte, 1991.

(5) 「講座派」＝「戦後歴史学」の課題のアクチュアリティは、天皇の人間宣言に続いて、農地改革、日本国憲法の発布、財閥解体、教育の民主化などの「戦後改革」によって、ほとんど失われたと考えられる。石井規衛「「ソヴィエト・ロシアの時代」の歴史知と『社会運動史』」喜安朗・北原敦・岡本充弘・谷川稔編『記憶として、歴史として』御茶の水書房、二〇一三年、二三三頁。したがって、「戦後歴史学」の課題設定は、「講座派」の課題のいわば惰性的継承であり、早晩意味を失うことは目に見えていた。ただし、大塚久雄の論考が示すように、「戦後改革」という制度上の諸改革によっても、「民衆」における「近代的人間類型の創造」は日本の民主的再建にとって不可欠だとする考え方は存続しえたと思われる。大塚久雄「魔術からの解放——近代的人間類型の創造」『世界』一九四六年一二月号。実際、遅塚忠躬は、日本との対比を念頭において、フランス革命期に国王が処刑されたことによってフランスではいわば「魔術からの解放」がなされたと解釈している。遅塚「フランス革命における国王処刑の意味」遅塚忠躬・松本彰・立石博高編『フランス革命とヨーロッパ近代』所収、同文館、一九九六年。Tadami CHIZUKA, « L'idée de deux corps dans le procès de Louis XVI », *Annales historiques de la Révolution française*, 1997, p. 643-650 など、一連の国王裁判研究を参照。

(6) 高橋幸八郎『近代社会成立史論』御茶の水書房、一九四七年。同『市民革命の構造』御茶の水書房、一九五〇年。

(7) 「二つの道」は、各国の資本主義形成と国民経済の類型（いわゆる「イギリス型」（アメリカ型）」と「プロシア型」）、さらに各国の市民社会のあり方まで規定すると考えられた。

(8) K. Takahashi & Henry F. Mins, « The Transition from Feudalism to Capitalism: A Contribution to the Sweezy-Dobb Controversy, *Science and Society*, 16-4, 1952. 一九五〇年代から一九七〇年代にかけての移行論争については、R. Hilton, ed. *The Transition from Feudalism to Capitalism*, 1976（大阪経済法科大学経済研究所訳『封建制から資本主義への移行』拓植書房、一九八二年）を参照。

(9) 越智武臣「イギリス地方史研究管見（四）」『西洋史学』四七、一九六〇年、四七頁。

(10) 大塚久雄・高橋幸八郎・松田智雄編『西洋経済史講座』全五巻、岩波書店、一九六〇〜六二年。最初の四巻目までは一九六〇年に刊行され、五巻目「史料・文献解題」だけが一九六二年に刊行された。

(11) 桑原武夫編『フランス革命の研究』岩波書店、一九五九年。

(12) 大場勝「フランス革命と土地改革——『フランス革命の研究』を読んで」『歴史評論』一一五、一九六〇年三月、七五〜七八頁。

(13)　喜安朗「戦後歴史学と社会史」『メトロポリタン史学』六三号、二〇〇七年一二月、八六頁。

(14)　竹内幹敏「経済史」史学会編『日本歴史学界の回顧と展望二二　ヨーロッパ近代Ⅰ』山川出版社、一九八八年、一三四頁。同様の主張として、吉岡昭彦「日本における西洋史研究について」『歴史評論』一二一号、一九六〇年九月も参照（この論文は、「歴史家の固有の領分」をめぐる「吉岡・堀米論争」を構成する論文でもあった）。経済史以外の分野から大塚史学におけるアクチュアリティの喪失を批判した論文として、三木亘「「世界資本主義」について――講座派・大塚史学の思想」『歴史評論』一三五、一九六一年一一月を参照。

(15)　高橋幸八郎編『産業革命の研究』岩波書店、一九六五年。

(16)　『西洋経済史講座』以後に限定すれば、遠藤輝明「産業革命史研究の問題点」『社会経済史学』二七―六、一九六二年、同「フランス革命論の再検討」岡田与好編『近代革命の研究』上巻所収、一九七三年、中木康夫『フランス絶対王政の構造』未来社、一九六三年を参照。

(17)　井上幸治「十八世紀におけるノール県の織物工業」井上編『ヨーロッパ近代工業の成立』東京経済新報社、一九六一年。遅塚忠躬「一八世紀フランスの農民の土地所有」『社会科学の基本問題』上巻、東京大学社会科学研究所、一九六三年。遅塚忠躬「一七・八世紀ルアン大司教領の経済構造（一）（二）」『社会科学研究』一五―三・四・五、一九六三―六四年。

(18)　柴田三千雄「ヴァントーズ法について」『人文学報』八、一九五三年。

(19)　柴田「アンシァン・レジームにおける農民層分解」『歴史学研究』一八五、一九五五年。同『フランス絶対王政論』御茶ノ水書房、一九六〇年。同「フランス革命論の再検討」『歴史学研究』二五三、一九六一年。

(20)　柴田『バブーフの陰謀』岩波書店、一九六八年。

(21)　ジャコバン独裁を民主主義運動と結合した独裁ととらえ、その成立から崩壊にいたる過程を実証的に分析した井上すず『ジャコバン独裁の政治構造』御茶の水書房、一九七二年、およびパリのサン＝キュロット運動の主体形成を、その意識に注目して分析した小井高志「ジャコバンとサン＝キュロット」『史苑』三三―一、一九七二年などを参照。遅塚忠躬も一九七七年以後、土地制度史研究にくわえて、個人や民衆運動を組み込んだ「政治史」にもこだわってゆく。遅塚「ドリヴィエとロベスピエール」柴田三千雄・成瀬治編『近代史における政治と思想』所収、山川出版社、一九七七年。

(22) 柴田は、「社会運動史研究会」が刊行していた雑誌『社会運動史』に一度寄稿している。柴田「論争　民衆運動とローカルな世界」『社会運動史』第六号、一九七七年四月、九三〜九九頁。

(23) E. Hobsbawm, « From Feudalism to Capitalism », *Marxism Today*, 1962, repris dans R. Hilton, ed., *op. cit.*

(24) A. G. Frank, « The Development of Underdevelopment », *Monthly Review*, 18-4, 1966, p.17-31, repris dans Id., *Latin America, Underdevelopment or Revolution, New York*, 1969. ほぼ同時期に、河野健二や服部春彦などが、資本主義の発達や産業革命の問題は、世界資本主義市場という全体的な場との関連で考察すべきことを強調していた。河野健二・飯沼二郎編『世界資本主義の形成』岩波書店、一九六七年。河野健二・飯沼二郎編『世界資本主義の歴史構造』岩波書店、一九七〇年。服部春彦『フランス産業革命論』未来社、一九六八年。

(25) I. Wallerstein, *The Modern World-System : Capitalist Agriculture and the origins of the European World-Economy in the Sixteenth Century*, New York, 1974 ; Id., *The Modern World-System II, Mercantilism and the Consolidation of the European World-Economy, 1600-1750*, New York, 1980.

(26) 遅塚忠躬「フランス革命の歴史的位置」『史学雑誌』九一―六、一九八二年。同「近代世界システムの中でのフランス絶対主義」『史潮』一三、一九八三年。

(27) 高橋幸八郎編、前掲書、X頁。

(28) 岡田与好編『近代革命の研究（上）』東京大学出版会、一九七三年、序、四〜六頁。

(29) 柴田三千雄『近代世界と民衆運動』岩波書店、一九八三年。遅塚忠躬『ロベスピエールとドリヴィエ』東京大学出版会、一九八六年。

(30) この新しい傾向の革命史研究の誕生の橋渡し役となったのが、小井高志（一九四五〜）、瓜生洋一（一九四五〜二〇一一）、立川孝一（一九四八〜）、山﨑耕一（一九五〇〜）、松浦義弘（一九五二〜）など、一九四五年の終戦から一〇年ほどの間に生まれた歴史家たちの世代だった。この世代は、高橋幸八郎（一九一二〜一九八二）や井上幸治（一九一〇〜一九八九）を第一世代、柴田三千雄（一九二六〜二〇一一）、遅塚忠躬（一九三二〜二〇一〇）、遠藤輝明（一九二九〜二〇〇四）らを第二世代とすれば、フランス革命史研究の第三世代といえる。この世代は、第一世代や第二世代のように戦争を経験していないが、第一世代や第二世代の歴史家の教えを直接的・間接的に受けた世代であった。そのため、もはや日本社会の「遅れ」を意識することも、移行論争における「二つの道」の対立を意識することもなかったが、しかし研究開始の当初はまだ、フランス革命のどこを重視するかなど、第一、第二世代の影響下にあったように思う。たとえば、私の場合、卒業論文のテーマは「アンシャン・レジームにおける農民層分解と革命期の農民運動」であり、「戦後歴史学」のテーマそのものだった。ただし、高橋が「資本主義的進化」をになう「産業的中産者層」に焦点を当てて農民層分解を検討したのに対して、私は貧農層に焦点を当てて農民層分解を検討しようとした。後になって知ったことだが、これは、高橋によって「カス」とされた「農民層の分解の下層にたまるもの」を問題にしたということであった。喜安朗・成田隆一・岩崎稔『立ちすくむ歴史』せりか書房、二〇一二年、三七頁を参照。

なお、これら第三世代の歴史家の処女論文と主著を挙げれば、以下のとおりである。小井高志「ジャコバンとサン＝キュロット」『史苑』一九七二年、『リヨンのフランス革命』立教大学出版会、二〇〇六年。瓜生洋一「ロベスピエールの政治思想研究序説」『政治研究』一九七一年（瓜生は主著を出すまえに病没した）。立川孝一「革命礼拝と革命祭典」『北大史学』一九八〇年、『フランス革命と祭り』筑摩書房、一九八八年。山﨑耕一「革命前のバレール」『一橋研究』一九七九年、『啓蒙運動とフランス革命』刀水書房、二〇〇七年。松浦義弘「フランス革命と〈習俗〉」『史学雑誌』一九八三年、『フランス革命とパリの民衆』山川出版社、二〇一五年。

(31) J・ルゴフ「歴史学と民俗学の現在」『思想』六三〇、一九七六年。

(32) 『思想』六六三、一九七九年。この特集号には、柴田三千雄・遅塚忠躬・二宮宏之「鼎談　社会史を考える」が収録されていた。

(33) 二宮宏之「フランス絶対王政の統治構造」『近代国家形成の諸問題』木鐸社、一九七九年。

(34) その成果として、二宮宏之・阿河雄二郎編『アンシアン・レジームの国家と社会――権力の社会史へ』山川出版社、二〇〇三年を参照。

(35) 柴田三千雄『パリのフランス革命』東京大学出版会、一九八八年。

(36) 吉岡昭彦「今月の言葉」『社会科学の方法』一六三、一九八三年（「『社会史』ばやり」『歴史への旅』未来社、一九九〇年、七三〜七四頁）。佐々木潤之介「『社会史』と社会史について」『歴史学研究』五二〇、一九八三年、一三三頁。

(37) 「座談会――社会運動史の回顧と現況」『社会運動史』一〇、一九八五年、一〇〇頁（福井憲彦の発言）。具体的な作

品としては、喜安朗『パリの聖月曜日』平凡社、一九八二年、山本秀行『ナチズムの記憶：日常生活からみた第三帝国』山川出版社、一九九五年などを参照。ただし、「社会運動史」から「社会史」や「文化史」に向かった歴史家はいたが、その逆はいなかったように思う。

(38) これは、私が一九九〇年代初頭に書いた文章の一節であり、当時の私の認識と歴史意識の表明であった。望田幸男他編『西洋近現代史研究入門』名古屋大学出版会、一九九三年、六五〜六六頁。さらに現在では、グローバル化に由来するひずみの問題が歴史学にとっても前景化してきていることは確かであろう。山﨑耕一「あとがき」『フランス革命』刀水書房、二〇一八年を参照。

(39) 松浦義弘「フランス革命と〈習俗〉：ジャコバン独裁期における公教育論議の展開と国民祭典」『史学雑誌』九二―四、一九八三年。小林亜子「フランス革命における『公教育』と『祭典』」『紀要』(教育史学会)二九、一九八六年。同「〈POLICE〉としての〈公教育〉」谷川稔他『規範としての文化』平凡社、一九九〇年。田中克彦『ことばと国家』岩波新書、一九八一年。糟谷啓介「『啓蒙』の言語イデオロギー」『思想』七〇八、一九八三年。天野知恵子「ことば・革命・民衆」『社会史研究』六、一九八五年。

(40) 平正人「フランス革命新聞史研究の可能性」『西洋史学』二〇五、二〇〇二年、同「世論が導くフランス革命」山﨑・松浦編『フランス革命史の現在』などを参照。

(41) 高橋暁生「フランス革命期地方都市の政治的態度と地域的背景」『社会経済史学』六八―二、二〇〇二年。同「ルジュマール事件再考――フランス革命期ルアンの「政治抗争」」土肥恒之編『地域の比較社会史』日本エディタースクール出版部、二〇〇七年。竹中幸史『フランス革命と結社』昭和堂、二〇〇五年などを参照。

(42) 政治文化研究を踏まえたフランス革命史として、松浦『フランス革命の社会史』山川出版社、一九九七年を参照。

(43) 浜忠雄『ハイチ革命とフランス革命』北海道大学図書刊行会、一九九八年。同『カリブからの問い』岩波書店、二〇〇三年。

(44) 天野知恵子「一七九三年パリの革命婦人協会」『史学雑誌』九〇編六号、一九八一年。同「フランス革命と女性」若尾祐司ほか編『革命と性文化』山川出版社、二〇〇五年。小林亜子「フランス革命・女性・基本的人権」『岩波講座世界歴史一七　環大西洋革命』岩波書店、一九九七年。

(45) 松嶌明男『礼拝の自由とナポレオン』山川出版社、二〇一〇年。山中聡「共和三年における旬日祭典の再編」『史林』八七―一、二〇〇四年。同「フランス総裁政府期の国民祭典」『西洋史学』二六五、二〇一八年。西願広望「セーヌ＝アンフェリウール県における兵役代理制の実態」『史学雑誌』一〇八―八、一九九九年。同「ナポレオン帝政期のセーヌ＝アンフェリウール県における徴兵拒否と脱走」『歴史学研究』七三五、一九九九年。藤原翔太「ナポレオン体制期の市町村長と地方統治構造」『史学雑誌』一二三―一二、二〇一四年。同「ナポレオン期の県会にみられる名望家社会の一側面」『西洋史学』二六四、二〇一七年などを参照。また、碩学の仕事ではあるが、服部春彦『経済史上のフランス革命・ナポレオン時代』多賀出版、二〇〇九年、同『文化財の併合――フランス革命とナポレオン』知泉書院、二〇一五年も参照。

(46) 私事にわたって恐縮であるが、一九八九年六月の土地制度史学会春期総合研究会の準備報告の際、総合研究会の司会を担当されることになっていた二宮宏之氏から私の問題意識や立場性を鋭く問い詰める質問があった。当時、私は自分なりの問題意識をもっていたが、しかし同時にそれは、「戦後歴史学」の問題意識や立場性とは異なって、個人的経験に由来する問題意識であったので、二宮氏の質問に大いに戸惑ったことを思い出す。なお、この問題については、岸本美緒「中国史研究におけるアクチュアリティとリアリティ」歴史学研究会編『歴史学のアクチュアリティ』東京大学出版会、二〇一三年も参照。

(47) 小野塚知二「日本におけるイギリス労働史研究――実証の深化と意味の希薄化――」『大原社会問題研究所雑誌』五一六、二〇〇一年一一月。

動向・批判論文	その他	著作数	主要な作品など
		1	高橋幸八郎『近代社会成立史論』
		3	
	1		
		1	高橋『市民革命の構造』
	1		『西洋史学』特集号
		2	
		2	桑原武夫編『フランス革命の研究』：遅塚留学（1959-61）
	2	2	『西洋経済史講座』全5巻(1960-62)：柴田三千雄『フランス絶対王制論』
0	4(3%)	11	
1		3	
3		3	柴田在外研究（1962-64）
		3	中木康夫『フランス絶対王政の構造』
	1	4	河野健二『フランス革命とその思想』
		2	
1		2	
		3	
2		6	柴田『バブーフの陰謀』：服部春彦『フランス産業革命論』
1		1	『岩波講座世界歴史』(1969 ～ 71)
		1	社会運動史研究会（1970-85）
8(4%)	1	28	
		1	杉原『国民主権の研究』
2		5	井上すず『ジャコバン独裁の政治構造』
1	1	3	岡田与好編『近代革命の研究』2巻
	1	1	
		2	
	1	2	
2		2	
	2	7	『思想』(ルソー・ヴォルテール特集)
	2	5	
1		7	
6(2%)	7(3%)	35	
1		4	
1	1	5	ソブール・高橋死去
1	1	5	柴田『近代世界と民衆運動』：高橋『近代化の比較史的研究』
1		4	『思想』(ディドロ特集)

表１　戦後日本のフランス革命史研究

西暦	論文数	経済史	思想史	政治史	法制・制度史	文化・心性史	地方史	軍隊と植民地	革命と世界
1946									
1947									
1948			1						
1949	2	1	2						
1950	6	2	4						
1951	14	6	6	2					
1952	16	4	4	5	1				1
1953	4	2	1	1					
1954	9	5	1	2					1
1955	17	9	4	2	1				1
1956	8	4		2	2				
1957	12	4	2	5	1				
1958	9	5	3		1				
1959	14	4	4	3		3			
1960	27	16	5	2	1				1
小計	138	62(45%)	37(27%)	24(17%)	7(5%)	3(2%)	0	0	4(3%)
1961	17	11	2	3					
1962	16	10		3					
1963	16	9	6	1					
1964	23	6	7	2	4		1		2
1965	18	6	5	1	4	2			
1966	21	9	4	2	4	1			
1967	21	9	6	1	1	1		1	2
1968	16	6	5	2	1				
1969	20	5	5	6	3				
1970	12	6	2		1	1	1		1
小計	180	77(43%)	42(23%)	21(12%)	18(10%)	5(3%)	2(1%)	1	5(3%)
1971	20	3	9		8				
1972	25	6	7	2	7			1	
1973	16	4	4	2	4				
1974	21	8	7		4			1	
1975	22	6	12	1	2		1		
1976	21	3	12		1	3		1	
1977	34	3	11	2	8	6		1	1
1978	31	3	19		4	2			1
1979	34	4	16		4	6			2
1980	30	6	9	3	5	4			2
小計	254	46(18%)	106(42%)	10(4%)	47(19%)	21(8%)	1	4(2%)	6(2%)
1981	28	6	5	1	3	9		1	2
1982	30	2	11	2	7	4			2
1983	35	1	15	1	8	6			2
1984	35	6	15	1	6	4			2

		2	
		6	遅塚『ロベスピエールとドリヴィエ』
2		6	
3		2	立川孝一『フランス革命と祭り』：柴田『パリのフランス革命』
1	6	7	辻村みよ子『フランス革命の憲法原理』：柴田『フランス革命』：革命 200 周年
6	3	2	前年革命 200 周年シンポの成果『思想』『社会思想史研究』
16(4%)	11(3%)	43	
1			
1	1	3	服部『フランス近代貿易の生成と展開』：岡本明『ナポレオン体制への道』
		1	
1	1	5	
2			
1	1	6	
1		4	『岩波講座世界歴史(新版)』(1997 ～ 2000)：松浦義弘『フランス革命の社会史』
	1	3	浜忠雄『ハイチ革命とフランス革命』
	1	2	
1	1	2	歴史学研究会編『戦後歴史学再考』
8(2%)	6(2%)	26	
	1	1	
1		5	
1		6	二宮宏之他編『アンシャン・レジームの国家と社会』
	2		
2		3	竹中幸史『フランス革命と結社』
1		3	小井高志『リヨンのフランス革命』
1		5	山﨑耕一『啓蒙運動とフランス革命』：二宮『フランス アンシャン・レジーム論』
1	1	2	
1		3	
1	1	4	松嶌『礼拝の自由とナポレオン』：遅塚死去
99(3%)	5(2%)	32	
	1	3	遅塚『フランス革命を生きたテロリスト』：柴田死去
1	1	1	柴田『フランス革命はなぜおこったか』
2	1		山﨑・松浦編『フランス革命史の現在』
1	1	2	
1		3	松浦『フランス革命とパリの民衆』
	2	3	
2		1	
1	1	5	山﨑『フランス革命』
8(4%)	7(3%)	18	
55	41	193	

1985	25	2	6	1	9	6		1	
1986	34	5	12	1	8	8			
1987	33	1	16		7	6		1	
1988	46	3	17	1	8	13			1
1989	45	4	9		13	8		1	3
1990	47	7	8		7	12			4
小計	358	37(10%)	114(32%)	8(2%)	76(21%)	76(21%)	0	4(1%)	16(4%)
1991	33	5	7	1	3	11		3	2
1992	39	2	7	1	9	10	1	2	4
1993	23	2	5	2	5	3		4	2
1994	31	3	13	1	4	3		3	2
1995	34	6	14	1	3	4		3	1
1996	38	6	7	4	8	8		3	
1997	34	1	6	2	13	8	1	1	1
1998	36	5	8	3	7	7		2	3
1999	29	6	6		7	5	1	2	2
2000	41	4	12	1	7	9	1	3	2
小計	338	40(12%)	85(25%)	16(5%)	66(20%)	68(20%)	4(1%)	26(8%)	19(6%)
2001	22	2	4		7	5		1	2
2002	23	4	7	2	4	2	1	1	1
2003	27	4	4	2	6	9	1		
2004	33		5		12	12			2
2005	26		3	5	11	5	1	2	2
2006	29	2	2	2	9	11			2
2007	28		7	5	6	8	1		
2008	24		4	1	5	7			5
2009	29	1	6	5	5	8		3	
2010	26	1	7	3	4	4	2	3	
小計	267	14(5%)	49(18%)	25(9%)	69(26%)	71(27%)	6(2%)	10(4%)	14(5%)
2011	30	2	4	4	6	9		2	1
2012	25	1	2	1	6	7	2	2	2
2013	33	1	7	2	6	9		1	4
2014	33	2	6	2	8	8	3	1	1
2015	26	3	8	2	7	2			3
2016	19		3	1	4	8	1		
2017	24	2	6	1	3	6	3	1	
2018	26		6	1	4	6	3	3	1
	216	11(5%)	42(19%)	14(6%)	44(20%)	55(25%)	12(6%)	10(5%)	12(6%)
総計	1751	287	475	118	327	299	25	55	76

「近代性（モダニティ）」への不可逆的な歴史的移行を支える推進力としての革命
——韓国の視点から——

チョイ・カブス
訳＝松浦　義弘

一　問題提起——革命の誕生——

「革命」は、北西ヨーロッパが主導する大西洋世界において一七六五年から一八三〇年代にかけて始まった。とりわけ、アメリカ革命、フランス革命、ハイチ革命が代表的であった。革命家だけでなく、保守主義の創始者エドモンド・バークと同様、ゲーテのような領主への助言者たちもまた、そのような前代未聞の出来事に鋭く気づいていた。その当時、大西洋の両岸で活動した最初の国際的な革命家であったトマス・ペインは、世界史における革命の含意を、つぎのように論評した。「以前に革命と呼ばれていたものは、せいぜいのところ、人物の交代、ないしは地域的環境の改変にすぎなかった。そうした革命は、日常茶飯事のように起こっては消え、革命が起こった地域を超えて影響をおよぼしうるものは、それが存続しているあいだもその結果においても、なにひとつなかった。ところが、アメリカとフランスの革命以来、われわれがこんにち世界中で目にしていることは、事物の自然の秩序の革新であり、真理や人間の存在と同様に普遍的な原理体系であり、道徳を政治的幸福や国民的繁栄と結びつけることなのである。……現代は革命の時代で、あらゆることを期待して差し支えない時代なのだ。[1]」

新しい出来事の出現は、新しい用語の発明、ないしは現存する用語の意味の重大な変化をともなう。「革命」という用語は、後者の事例である。当時の人びとは、その用語の新たな意味の進展を認識していたが、またその用語の用法の変化にも気づいていた。トーマス・カーライルによれば、ルイ一六世が一七八九年七月にバスチーユ監獄の陥落について聞き知り、それを「反乱」と呼んだとき、廷臣のひとりは「陛下、それは反乱ではありません。それは革命です」と応えた。正確な出典を突き止めることは困難かもしれないが、カーライルの風刺的表現は、その当時の情況を考えれば理にかなっているようにみえる。[2]

〔こんにち革命と訳される〕《revolution》という用語は、最初は、天体の周期的運動という自然現象を示すために中世末以後もちいられ、その後、歴史の周期的反復における突然の政治的変化を言い表すために人間の歴史に適用された。天体の周転が絶えず続く循環であり、なんら実質的な変化につながることなく繰り返される季節の回帰にたとえられるように、《revolution》もまた、存在の循環や回帰を示すものであったし、たんに原初の状態への回帰やその復活であった。この用語の伝統的な定義は一七世紀末まで存続していたので、一六六〇年にイングランドで起こったステュアート家の「復古」さえ「革命」と呼ばれた。一六八八年から一六八九年にかけての「名誉革命」が、伝統的な自由の観念と同様に王国の基本法の回復を示すものとして革命と呼ばれたことは言うまでもない。[3]

東アジアにおける「革命」はまったく異なっていた。「王朝を打倒する」ことを説明する孟子の理論（易姓革命論）は、支配の正当性を天におき、最高権力者が王の道にしたがって統治することができないのであれば、「以前の王朝を倒して別の王朝と交代させる」ことになる革命を正当化した。このように、革命は天命を変える行為であり、しばしば王朝の変化につながったのである。実際、中国や朝鮮の伝統的な時代には、そのような王朝革命がしばしば見られる。研究者のなかには抵抗理論のよりどころを孟子にもとめ、政治にかんする彼の理論を近代の民主主義思想のために独自に摂取・利用しようとする人もいたが、孟子の革命理論は、〔中国の〕伝統的文明の境界を超えて通用するものではけっしてない。その理論には、国民主権や人民主権の余地がまったくないのである。伝統的時代に政治的蓄積の先頭にいたと考えられている中国においてさえ、王朝の変化によって「前代未聞の」世界への扉を開くことはできなかった。つまり、巨大な爆発や息をのむような狂乱にもかかわらず、中国における「革命」は、ヨーロッパに存在した革命にかんする伝統的観念のレベルをけっして超えることがなかったのである。(4)

にもかかわらず、「革命」という限定されたプリズムによって、ヨーロッパと東アジア、伝統的な時代における両者の政治的蓄積の道が異なっていたことがわかる。シャルルマーニュの帝国によって九世紀の最後の四分の三世紀にヨーロッパが文明として誕生して以後、多くの国王殺しが起こったが、ヨーロッパでは王朝革命は起こらなかった。フランスではカロリング朝（七五一～九八七年）によるメロヴィング朝（四八一～七五一年）の交代は王朝革命と考えられるが、カペー朝（九八七～一三二八年）、ヴァロア朝（一三二八～一五八九年）、そしてブルボン朝（一五八九～一七九二年）と、カロリング朝に続く王朝はすべて、王位への直系家系が断絶し、傍系家系によって継承された。事実上、千年以上にわたって支配した王の家系はひとつしかなかった。これは、カロリング帝国の支配下にヨーロッパで形成された支配階級が千年以上にわたってその支配権を維持し行使することを可能にした歴史的条件のおかげで可能となったのである。これはまた、キリスト教というもう一つの制度的装置によって助けられた。キリスト教は、ヨーロッパ全体の王政に神格性を付与し、世俗的装置と宗教的装置をともに授けることになったからである。したがって、ヨーロッパ史の文脈では、チャールズ一世の処刑（一六四九年）とルイ一六世の処刑（一七九三年）は、たんに王が殺されただけでなく、白昼堂々と公の場で処刑されたという点で、衝撃的な出来事であった。革命が誕生したのである。(5)

二　革命の世界史の概観(6)

革命とは、ある国家の個別的な歴史において「国家システム全体の全般的危機」をともなう「地域的」で画期的な出来事、ないしは一連の出来事であり、世界の歴史にも永続的な影響をおよぼす。これは、近代世界が基本的に「国家間システム」を政治的上部構造とする世界システムであるからである。このようにして革命は、戦争や大規模な社会運動のように、さまざまな規模の国家間システムを包括する波動パターンやサイクルを露わにしてくれる。より具体的には、いくつかの要素がこれに寄与した。（一）現存する国家体制をしばしば弱体化させ、民衆蜂起を助長する社会経済的プロセスは、しばしば国境を越えて展開される。（二）とくに、敗戦国の国家体制を弱体化させ、広範な不満をひきおこす戦争は、多くの国に同時に影響をあたえ、世界戦争の波及効果を真にグローバルなものにする可能性がある。（三）革命のなかにはモデルとして他国に影響をあたえたものがあり、そのイデオロギー、戦略、戦術は、手本にされることがありえた。フランス革命とロシア革命は、それぞれ立憲革命と社会革命の普遍的な「テンプレート」として機能した。（四）革命運動が国家権力を掌握することに成功した場合、他の場所での革命運動を軍事的ないしは物質的な支援というかたちで支援することができよう。それは、「革命の輸出」につながる可能性がある。(7)

全世界的にみれば、革命はたいてい二〇世紀に、とくに第二次世界大戦後に起こった。第二次世界大戦に先立つ革命や反乱の傾向は、しばしばつぎの四つの主要な波ないしはサイクルに関係しているが、これらはすべて、少なくとも一九世紀までは、ヨーロッパあるいはヨーロッパの支配下にあった大西洋世界で起こった。（一）最初の流れは、一六三〇年代から一六六〇年代にかけての時期に「一七世紀の危機」の表れとして起こった一連の革命である。すなわち、アイルランド（一六四一〜一六五〇年）とスコットランド（一六三八〜一六四〇年）によって主導されたイングランド王にたいする反乱、イングランドの内戦と革命（一六三八〜一六六〇年）、フランスのフロンドの乱（一六四八〜一六五三年）、そしてカタルーニャ（一六四〇〜一六五二年）、南イタリア（一六四七〜一六四八年）、ポルトガル（一六四〇〜一六六八年）によって主導されたスペインのカスティリャ王国にたいする反乱が、それである。（二）第二のサイクルである「革命の時代」は一七六五年頃にはじまり、一八四八年まで続いた。そこには、アメリカ革命（一七七六〜一七八九年）、フランス革命（一七八九〜一七九九年）、イギリスの支配にたいするアイルランドの蜂起（一七九八年）、ハイチ革命（一七九一〜一八〇四年）、スペインとポルトガルにたいするラテンアメリカの革命戦争（一八〇八〜一八二五年）、ギリシア独立戦争（一八二一〜一八三二年）、フランスの七月革命とベルギー革命（一八三〇年）、そしてフランス（一八四八年革命）、ドイツ（三月革命）、イタリア、スイス、オーストリア、ハンガリー、ボヘミア、ルーマニアで起こった他の諸革命と「諸国民の春」（一八四八年）の出来事が含まれていた。これら二つの革命の流れは、基本的に、反封建的、反王政的、自由主義的、部分的には民主主義的であり、しばしば民族主義的であった。(8)

（三）第三の革命のサイクル（一九〇五〜一九二二年）は、第一次世界大戦の衝撃と重なり、はじめて世界に直接的な影響をおよぼした。第一次世界大戦の直前には、ロシア（一九〇五年）、イラン（一九〇六年の「立憲革命」）、オスマン帝国（一九〇八年の「青年トルコ革命」）、メキシコ（一九一〇年）、そして中国（一九一一年の辛亥革命）で、専制政治と異国の支配・干渉に対抗するための一連の革命が起きた。これらの革命は、基本的に、反帝国主義的な傾向をもつ

「立憲的」革命であった。第一次世界大戦中から戦後にかけてヨーロッパとオスマン帝国で反乱と革命の波が起こり、この波によってオスマン帝国は一九二二年に滅亡した。アイルランドは「イースター蜂起」（一九一六年）からのゲリラ戦によってイギリスからの独立を果たしたが、アルスターは連合王国に留まることに決めた。ロシア革命（一九一七年）は革命の新しい流れの震源地となったが、同じような社会主義革命がヨーロッパで起こるであろうというボルシェビキの期待は実現しなかった。左翼的な革命運動は、ドイツ、スロヴァキア、ハンガリー、そしてイタリアで起こったが、敗北するという結果がもたらされただけであった。にもかかわらず、ロシア革命の成功は、立憲革命の理論に代わる社会革命の理論の出現をもたらしたのである。(9)

（四）最後に、イタリア、ドイツ、スペインでは、前述した革命的潮流への反動もあって、ファシストによる右翼革命が発生した。この動向の支持者は、反民主的で、反社会主義的で、国家的な革命を追求し、中産階級と労働者階級からかなりの支持を得た。したがってファシズムは、基本的に反革命であったが、「政治革命」と容易に呼びうるほど劇的な変化をともなっていたのである。(10)

第二次世界大戦後の革命の動向は、国際的なレベルでパラメーター（媒介変数）となり、冷戦期（一九四五〜一九九一年）には、これまで以上に多くの革命運動と社会革命が起こり、成功した。この冷戦期にも四つの革命の流れが確認されるが、そのうち最初の三つは「第三世界」で起こり、社会革命の理論に強く影響された。（一）最初の流れ（一九四五〜一九四九年）は、第二次世界大戦そのものがもたらした劇的な変化と反響の直接的な結果であった。戦争中の占領軍にたいする抵抗によって実質的な正当性と道徳的権威を獲得した共産主義者によって率いられた革命運動は、ユーゴスラビア、アルバニア、北朝鮮、ベトナム（いずれも一九四五年）、そして中国（一九四九年）で勝利をおさめた。同じ時期に、インドネシアは民族革命（一九四五〜一九五〇年）に成功した。失敗したものの、ギリシア、マレー半島、ビルマ、フィリピンでも強力な革命運動が起こった。最後に、ソヴィエト連邦は、第二次世界大戦の後に事実上支配権を握っていた東欧に「トップダウン型」の共産主義革命を課した。(二) 冷戦期の第二の流れ(一九五九〜一九六八年)は、キューバ革命(一九五九年)の成功ではじまり、アルジェリア革命(一九六二年)の成功によって引き継がれ、さらにベトナム戦争(一九六〇〜一九七五年)の勃発につながった。キューバ革命を手本とした一連の革命的試みは、ラテンアメリカ、とくにベネズエラ、グアテマラ、コロンビア、ペルー、ボリビアで、しばしばキューバの援助のもとでなされたが、失敗に終わった。(三) それにもかかわらず、ベトナムからのアメリカ軍の撤退にはじまる第三の革命の流れ(一九七四〜一九八〇年)は、大いに成功した。エチオピア(一九七四年)、カンボジア(一九七五年)、南ベトナム(一九七五年)、ラオス(一九七五年)、ポルトガルのアフリカ植民地(一九七五年にギニア、アンゴラ、モザンビーク)、イラン(一九七九年)、グレナダ(一九七九年)、そしてニカラグア(一九七九年)で、革命家が政権を掌握したのである。そしてフィリピン、コロンビア、ペルー、エルサルバドル、グアテマラでは、強力な革命運動が出現ないしは再出現した。(11)

(四) 前述した傾向とは異なり、一九八九年から一九九一年にかけて、東ヨーロッパから始まる最終的な革命の流れは、冷戦を終結させ、東ヨーロッパ、バルカン半島、そしてソヴィエト連邦の共産主義体制の崩壊につながった。これらの革命は、少なくともそのレトリックにおいては民主的であり、しばしばナショナリズムの原動力となり、その多くは暴力をともなわない「色の革命」であった。多くの人びとは、東ヨーロッパの革命が、革命を制度化し、社会革命の理論の本拠地であったソヴィエト連邦にさえ影響をあたえ、「真の社会主義」の歴史的崩壊をもたらした、と知って当惑した。革命が進歩の原動力であるとすれば、これはまさに逆説的な情況であった。「真の社会主義」のこの崩壊は、革命の制度化を解体することによって資本主義と自由民主主義の最終的な勝利を動かぬものとし、ついに革命の時代に終止符を打つかのように思われた(12)。

しかしながら、二〇一一年には、チュニジア、リビア、エジプト、シリア、そしてイエメンで「アラブの革命」が起こった。「アラブの春」は、普遍的な戦略やイデオロギーがなくても、廃止すべき「アンシャン・レジーム」がある限り、革命は起こりうることを証明した。いまやアラブの革命は、チュニジアを例外として、反革命（エジプト）、内戦あるいは破綻国家（リビア、シリア、イエメン）の様相を見せているが、だからこそ、以下の問いが提起されるべきなのである。つまり、かつて「第三世界」と呼ばれた多くの国が、いわゆる先進的な民主主義国家とは異なり、一つ、ないしはそれ以上の革命を経験しても、可逆的な変化と不透明な未来から脱却することに失敗してきたのは何故なのか、という問いである(13)。

そこで、歴史を概観することによって、考えるための素材を引き出すことにしよう。

（一）まず、革命の世界史は、時代ごとにいくつかの段階に分けられよう。フランス革命とロシア革命は、それぞれ、「長い一九世紀」（一七八九～一九一九年）と「短い二〇世紀」（一九一七～一九九一年）の始まりを告げた。そしてそれぞれ、立憲革命と社会革命という革命のイデオロギーを、その戦略や戦術とともに具現化した。フランス革命以前の時期は「革命の前史」となり、「東欧革命」以後の時期は「現代史」と考えられよう。少なくとも一九〇〇年までは、ヨーロッパとその延長部分である大西洋世界においてのみ革命は起こり、冷戦期には、革命のほとんどはいわゆる「第三世界」で起こった。これは、革命が「近代性」の枢要な部分を占めているからである。すなわち、革命は、一方では近代化に形をあたえる一つの要素であるが、他方では、西洋世界によって確立された近代性を飼い慣らそうとする非西洋世界の絶望的な努力の一環でもあるのである。この過程で、一九〇五年から第一次世界大戦にかけて、ロシア、トルコ、イラン、中国、そしてメキシコで起こった立憲革命は、上の二つの時代をつなぐうえで重要な役割をはたした。この時期は帝国主義の全盛期であり、朝鮮をふくめて世界のほぼすべての国が、西洋列強ないしはその模倣国によって植民地化された時代であった。前述した五つの地域は大帝国の系統を引いている地域であって、帝国主義に抵抗する能力をもち、非ヨーロッパ世界ではじめて革命を飼いならすという政治的実験をおこなうことができた。そのような段階をへて、「強力な国家」と「人間解放」という普遍的な言説を「地域化」するために必要な革命戦略を練りあげることができたのである。

（二）革命の前史は一八世紀以前にすでに存在していたが、真に形成されたのはフランス革命以後である。新しい現実は、当然のことながら、認識とともに用語の変化をもたらす。新しい認識は、新たな観点から過去を振り返ることを可能にする。フランソワ・ギゾー、オーギュスタン・ティエリ、アドルフ・ティエールのようなフランスの王政復古期の自由主義的な歴史家たちは、カール・マルクス以前にすでに「ブルジョワ革命の理論」を定式化した。そして、フランス革命の歴史叙述に着手し、それに類似した出来事や歴史現象を探し始めるなかで、イギリス人によって「大反乱」や「名誉革命」と呼ばれていた「イギリス革命」を再発見した。それらの歴史家たちは、その研究を通じて、イギリス革命とフランス革命は、起こった時期の違いにもかかわらず、文明の発展過程においてともに同じ段階にあったことを確認したのである。その後、ヨーロッパのさまざまな国の知識人が革命を「地域化」するようになった。フリードリヒ・エンゲルスは、ドイツ農民戦争（一五二四～一五二六年）に焦点を当てることによって地域化を開始し、スペインからのオランダの独立運動（一五六六～一五八一年）についての記述がそれに続いた。ボヘミアのフス戦争でさえ、革命や原革命へと格上げされた。一九世紀末までに、この動きは、ホイッグの歴史解釈やブルジョア革命の理論など、革命にかんする壮大な言説の出現につながった。このようにして革命は、近代社会を形成する歴史的契機として、ヨーロッパ各国の歴史における前提条件となっていったのである。(14)

（三）「地域化」は、非ヨーロッパ世界でもおこなわれ、地域における革命の飼い慣らしと独自の摂取＝利用に大いに貢献した。朝鮮の場合を考えてみよう。二〇世紀の変わり目に、「革命」という近代的な概念は、朝鮮語で《hyeokmyeong》（革命）と訳すべきだということが確立された。これによって、「革命」という用語は「王朝革命」という限定された意味から解放され、一九一〇年までには、朝鮮における「革命」という用語は、少なくとも立憲革命を意味するようになった。「大韓帝国にはなんら革命はなかったが、革命という言葉はなんとか生き残ってその歴史的意味が深まり、その用語自体が別の革命的現実に刺激をあたえるほどまでになった」。実際、現代の歴史家たちは、一九三〇年代からすでに「東学党の乱」を「東学農民革命」、「東学農民戦争」、「一八九四年の農民戦争」、「東学革命」、「東学農民運動」と呼んで、それに新しい歴史的意味を認めてきたのである。さらに、東学農民革命の先駆的形態を見いだす過程で発見された一八六〇年代の「民衆反乱（民擾）」は、一九世紀半ばの民衆蜂起からはじまり、東学農民革命、三・一独立運動と上海での朝鮮共和国臨時政府の樹立、一九六〇年の四月革命、一九八〇年の「ソウルの春」と光州蜂起、一九八七年六月の民主化蜂起、そして二〇一六年と二〇一七年の「キャンドルライト（ろうそくの明かり）闘争」へと続く歴史的系譜を形成した。このような歴史的系譜を支える壮大な言説として、「内発的発展の理論」と「植民地による近代化の理論」という二つの理論に注意が向けられた。近代性と「植民地主義」が同じコインの両面であることを考慮するならば、近代的主体の形成は、それら二つの理論の中心にあったのである[15]。

（四）革命が、一七六五年から一八三〇年のあいだに、北西ヨーロッパ諸国によって主導された大西洋世界で生まれたのは偶然ではない。革命は、絶対主義国家が崩壊し、諸国家が国民＝人民主権と「立憲主義」の考え方に基礎をおいた国民国家に変貌をとげた時期に生まれたのであり、同じ時期の大西洋世界における産業革命、啓蒙運動、市民社会、そして「公共圏」の出現と相互に関連していたのである。革命が大西洋世界の不均等な競技場から生じたという事実には、留意しなくてはならない。大西洋世界は資本主義の発祥の地であり、それゆえに「近代性」が「植民地性」をともなうことは不可避であった。この文脈においては、植民地性とは、近代性の境界の外にある「他者」ではなく、大西洋世界に拡大された資本主義経済の境界の外にある「他者」でもない。それは、近代性を創り出し維持するために必要な自己（ヨーロッパ文明）の拡張にすぎなかった。それゆえにこそ、アメリカ革命やフランス革命と同時期に、黒人が主導してなした重要な「ハイチ革命」を通して樹立された新生国家であるハイチが、結局のところ、皮膚の色の区別とは関係なく、ハイチ革命の大義をあからさまに無視した帝国列強の共同努力によって「破綻国家」となったのである。その後まもなく、ラテンアメリカの新興諸国におけるクレオール支配階級は、人種差別を国家建設過程に組み込み、その結果として近代性の敷居でつまずくという悪循環を彼ら自らの手で生みだしてしまったのである(16)。

（五）最後に、「東欧革命」と「真の社会主義」の崩壊後の革命の将来という問題がある。社会革命の理論の歴史的基盤が失われたことは、「歴史の終わり」や「革命の終焉」を意味するものではなく、「アンシャン・レジーム」が存在するかぎり、革命が発生し続けるであろうという点については、一般的に意見が一致している。さらに、「社会革命の理論」という対抗権力はソヴィエト連邦崩壊後にほとんど消滅したため、新しい「アンシャン・レジーム」がいわゆる「先進民主主義国家」においてさえも形成される可能性を完全に排除することができない。ネパールやシリアの事例はそうではないが、革命的イデオロギーがいまやほとんど魅力を失っているので、革命の暴力は弱まっている。「人権革命」としてのフランス革命の歴史的妥当性が「真の社会主義」の崩壊後に復活し、立憲革命の理論の復活につながったという事実もまた、この変化に寄与したのかもしれない(17)。

三　「ブルジョワ革命論」の崩壊と「近代革命の理論」の模索

「ブルジョワ革命論」は、二〇世紀半ばに半世紀にわたって、革命研究における支配的な解釈枠組を提供した。一部の研究者がすでに指摘しているように、「ブルジョワ革命論」は、王政復古期に自由主義的な歴史家たちが提起したことを、マルクスの「封建制から資本主義への移行」という長期的かつ世界的展望と結びつけることによって、プロレタリア革命の前身へと変容させたのである。それ以来、この革命論を、多くの社会主義的注釈者が自らの革命的実践の経験をとおして洗練してきた。ジャン・ジョレスはこのブルジョワ革命論を学問世界に持ち込んだ人物であり、モーリス・ドップはイギリスの学会でその役割を果たした(18)。

実際、ブルジョワ革命論は、フランス革命をモデルとして成立したが、その革命論に巨視的・歴史的展望を提供した「封建制から資本主義への移行の理論」がイギリスの歴史的経験を反映したものであったため、根本的に不安定なものであった。フランス革命を主導した「革命的ブルジョワジー」は一九世紀の産業資本家ではなかったし、一七世紀のイングランドには資本主義的な考え方をもった地主はいたかもしれないが、ブルジョワジーはなんら存在しなかった。ブルジョワ革命とは、一九世紀の資本主義的ヨーロッパの主役であったブルジョワジーが、封建制から工業社会への移行という長期的な社会的・経済的発展の過程において自らの意志で権力を掌握し、自らの利害に合致した新しい国家を樹立し、資本主義の発展に有利な制度的枠組を提供するという歴史的な体制転換をしめす「種的存在の概念」であった。けれども、そのようなブルジョワジーを個々の革命の中に見いだすことは困難であった。

実際、ブルジョワ革命の理論がアメリカ革命にかんして提起されたことは一度もなかった。せいぜい、いわゆる

「進歩的な」歴史家の一部によって単純で粗雑な経済的解釈がなされてきただけであった。一方で、ブルジョワ革命の理論にもとづくイギリス革命にかんする歴史的な物語が、一九四〇年代と一九五〇年代に登場した。しかしながら、そのような物語は、「修正主義的な」歴史家によって厳しく攻撃されたため、そのもっとも熱烈な支持者であったクリストファー・ヒルでさえ、一九六〇年代にブルジョワ革命の理論を放棄した。現在では、一七世紀イングランドで起きた一連の政治的動乱に「革命」という用語を適用することを避けるのが、学問世界での一般的な傾向となっている(19)。

一方、フランス革命をブルジョワ革命とする解釈にたいする「修正主義者」の攻撃は、容易ではなかった。両陣営の対立と衝突は、学界を超えて活動家、さらには政治家の注目すら浴び、フランス革命の解釈はしばしば政治的な問題となった。その理由は、以下のようなものであった。(一)フランス革命の「古典的解釈」は、簡単には否定できないものであった。なぜなら、この解釈は、著名な研究者集団（とくにアルベール・マティエ、ジョルジュ・ルフェーヴル、アルベール・ソブール）が膨大な歴史的史料と博識にもとづく著作によって壮大なスケールで構築したものであったからである。(二)フランス革命は、フランス人の国民的アイデンティティを形成するうえで不可欠なものであった。(三)フランソワ・フュレによって率いられた「修正主義」は、ブルジョワ革命の理論を批判する点ではかなりの成功を収めたが、ブルジョワ革命論に代わりうる歴史的な物語を提示することはできなかった(20)。

実際、フランスにおいてさえブルジョワ革命論の衰退に影響した諸要因は、一九六八年の「五月革命」以後のヨーロッパの左翼的政策の後退と「真の社会主義」の崩壊、ならびに学会内部におけるヘゲモニーの変化であった。ブルジョワ革命の理論は、資本主義から社会主義への移行と、この移行を実現するためのプロレタリア革命という別の展望と強く結びついていた。その理由は、フランス革命は、イギリス革命やアメリカ革命と基本的に同じ歴史的段階を達成した一方で、革命的実践という点ではロシア革命とまったく類似していたからであった。というのも、両革命とも新しい社会を構築するための「革命独裁」を開始するにいたったからである。その結果として、革命を制度化していた「真の社会主義」の崩壊は、ブルジョワ革命の理論の歴史的基盤を破壊することになった。ブルジョワ革命とプロレタリア革命は、資本主義と社会主義へのそれぞれの歴史的移行の鍵となる環とそれぞれ考えられていたが、いまや現実的な関連性を失ってしまった。このことは、「革命」を長期的な歴史的展望をもった目的論から解放した。そして、二〇世紀にプロレタリア革命や社会革命の名のもとに遂行された「第三世界」の革命の多くが、実際には、民族解放闘争か、ときには土着エリートによる独立国家の樹立にほかならないのではないかという疑問が生じた(21)。

しかし、得るものがあれば、失うものもある。革命は、その歴史的地位を位置づけるための普遍的な枠組を失ったことで「アイデンティティの危機」に直面した。社会革命の理論が後退しつつある現在、立憲革命の理論を語る人もいる。けれども、立憲革命の理論は、革命後の新体制はすべて憲法を持つという点であらゆる革命に適用されうるが、特定の革命戦略を説明するための分析ツールとしては、限られた数の革命にしか適用できないだろう。さらに、この理論は「立憲主義」を前提としているために、憲法秩序や革命の力学を律するより根本的な歴史的事象の本質を捉えることができまい。〔こんにち憲法と訳される〕《constitution》という用語は、ある国や国民の「特徴や性質」を示すための記述的な用語であったが、一八世紀の第四四半期にきわめて大きな変化をこうむって憲法にかんする近代的な見方を反映するようになり、そのために近代性の一部となり、「革命による国家の創設」を意味するようになったことに留意すべきである。要するに、憲法の採択は、いまや自由と世俗的な政治秩序の確立を示すものであり、憲法を政治的なプロジェクトとして考えることが可能になっているのである。憲法にかんするこの考え方はまた、法の階層を想定することで「合憲」と「違憲」の区別を可能にし、来たるべき二一世紀の革命に、非暴力的に統治体制を変革する方法を提供することになろう[22]。

ブルジョワ革命とプロレタリア革命の理論を「近代革命の理論」としてまとめた根拠は、一九〇五年のロシア第一革命の経験をとおして定式化されたレオン・トロツキーの「永続革命論」と、ウラジーミル・レーニンが提唱した「連続革命論」である。レーニンは、トロツキーの理論を採用し、一九一七年の「四月テーゼ」で労働者と農民の階級横断的同盟にもとづく二段階革命理論を修正し、ロシア革命をブルジョア革命の段階から社会主義革命へと途切れることなく発展させることを求めた。永続革命と連続革命の理論は、そのような革命に耐えうるブルジョアジーや市民社会を持たない後進国ロシアで、プロレタリア＝社会主義革命が起こりうるのかという懸念のなかで考案された革命戦略であった。しかし、振り返ってみると、その理論は、「圧縮された近代」のプロジェクトであり、歴史的進歩を早めようとする試みであった可能性がある。資本主義世界秩序における弱い環としてロシアを描き、ロシア革命が成功するための条件として世界革命を呼びかけるために提示されたトロツキーの「複合的で不均等な発展」の理論は、近代が一つではなく複数であること、そして局地的な近代革命がいかに世界史的な意味合いを持ちうるかを示しているのである[23]。

それでは、近代革命にかんする理論を探してみよう。一九二〇年代と一九三〇年代のアメリカ合衆国には、「革命の自然史」を研究しようとした研究者がいたが、これをヨーロッパで研究することは不可能であったであろう。というのも、その研究方法は、革命とは一定のリズムとサイクルを持つ「自然現象」であると措定していたからである。社会主義および学問世界と社会運動の有機的な関係の事実上の不在、アメリカ合衆国に特徴的な「学問の自由」、そしてロシア革命の切迫性が、それを可能にしたのであろう。クレイン・ブリントンは、このような研究方法をとった代表的な学者のひとりであった。ブリントンは、イギリス革命（ピューリタン革命）、アメリカ革命、フランス革命、ロシア革命（一九一七年）について病理学的分析をおこなった後に、それらの革命のあいだに「均一性」を発見した。フランス革命史家としてブリントンは、それぞれの革命の比較研究をするよりもむしろ、これら四つの革命の関連する特性と考えられたものを「類推」をもちいてフランス革命から抽出したのである。興味深いことに、革命の自然史は、その方法論が稚拙であるにもかかわらず、一九五〇年代と一九六〇年代の冷戦最盛期にアメリカ国防総省が天文学的な額の研究資金を投じたことによって発展した「政治的暴力の一般理論」よりも、革命を理解するうえではるかに有用であった。その複雑な方法論にもかかわらず、行動学的な「革命にかんする反革命的研究」によっては、革命の理解を得ることはけっしてできなかったのである。(24)

ブリントンによれば、前述の四つの革命は、二つの次元でかなりの均一性を示したとされる。第一に、旧体制の次元である。（一）革命前の社会は、「革命が到来する前に全体として経済的に上昇傾向にあったし、革命運動は、豊かでなくはない人びとの不満に由来するように見える」。（二）その社会ではまた、「きわめて激しい階級間対立」がある。（三）その社会ではまた、「知識人の忠誠心の移行」もある。（四）「統治機構はあきらかに非効率的である」。（五）「支配階級は政治的に無能になっている」。第二に、四つの革命は同様の段階を経ている。ブリントンは、革命の諸段階を「旧体制→革命の第一段階→穏健派の支配→過激派の権力掌握→恐怖と徳の支配→テルミドール」と提示し、「権力は右から左へと……危機的な時期には極端な急進派にまで移行する」、そして最終的に「均衡が回復し、革命が終結する」と指摘している。

ブリントンの主張は、つぎのように要約することができよう。（一）「知識人の忠誠心の移行」は、つねに革命の前に生じる。（二）革命前の政府は、一般的に、反動的であるよりもむしろ改革をくわだてる。（三）革命は、積極的な抵抗や反対運動から勃発するのではなく、政府そのものがもたらす危機から始まる（革命の第一段階）。（四）統治の危機は、（大衆デモを通じた）中央の崩壊または周縁の離脱をともない、既存の政治勢力と抵抗勢力とのあいだに「交渉による権力移譲」の新たな様式が出現する。（五）革命の第一段階では、旧体制の崩壊とともに、短期的な「革命的蜜月」が出現する。（六）しかしながら、革命の「同盟勢力」のなかに分裂がすぐに出現し、それが権力闘争につながる（革命の第二段階）。（七）一般的に、最初に権力を確保するのは比較的穏健な勢力である。（八）この段階で革命が終結しないと、革命は急進化し、その結果、穏健派が没落し、急進派が台頭する。大きな革命の場合、このような権力の移行は何度か起こる可能性がある。（九）急進派は、革命的組織と革命的イデオロギーに変化をもたらし、問題を解決し権力を維持するために、かなり極端な措置をとる。（一〇）急進派は、社会の混乱の最中に、その法規を実行するために、強制的な措置（「恐怖の支配」または「恐怖と徳の支配」）を課す（革命の第三段階）。（一一）革命がその急進的な段階を経ると、突然の革命的反動が起こる（「テルミドール」または「テルミドールの反動」）。（一二）この過程で軍事指導者がしばしば出現しうる。（一三）状況が最終的に沈静化すると、現実主義的な穏健勢力が権力を取り戻し、革命の制度化がおこなわれる（革命の第四段階または革命の終焉）。（一四）一〇年か二〇年後、革命の理想が裏切られたと感じる旧急進派や新世代によって第二の急進的段階が出現することがある（革命の第五段階？）。（一五）革命の性質、結果、時系列は、その規模によって異なり、革命が大きくなればなるほど時系列は長くなる。革命研究の分野で一般的に合意されている革命勃発の条件は、以下のとおりである。「統治体制が国家崩壊につながる以下の五つの条件を示しているところでは、革命が勃発し続けるであろう。つまり、経済危機あるいは金融危機、エリート層の分裂と統治体制からの疎外、不満を持つ民衆勢力間の同盟、説得力のある対抗言説の出現、そして革命に好意的な国際環境、という五つの条件である」[(25)]。

「近代革命の理論」を探求するうえで「革命の自然史」から引き出されうる含意は、革命発生の条件とかフランス革命をモデルとしたプロセスの法則ではなく、旧体制に始まり、初期の穏健な革命、その後の革命の急進化（「民衆の革命」）、そして「テルミドールの反動」による革命の安定化にいたる革命の進展段階の歴史的な地位と意味である。

まず、革命は、フランス革命のような社会革命でさえも、本質的には政治的なものであることを明確にしておく必要がある。革命とは、何よりも政治的現象であり、一連の政治的出来事なのである。それは、特定の政治的共同体の構成員が共同の努力によって生きている世界の生活条件を根本的に変えることができるという信念にもとづく、近代的な意味での「政治」が誕生し、爆発する場である。したがって革命は、戦場のように危険で危険なものになりかねない。革命政治は、直接的であり、白熱し、運命を決定する。権力は、平和な時代には「物（つまり制度）」として見られているが、実際には社会的ネットワークの具現化である。大多数の人びとが政治の場に介入することで、権力の内的な働きが変化する。権力を持つということは、その社会的ネットワークの結節点を完全にコントロールすることであるが、革命の時には、そのような結節点の状態が大きく変化し、制御不能な変動をもたらす。そのような流動化した動態のなかで、最大の情報量を効果的に処理する能力は、「民主的リーダーシップ」によってのみ得られるだろう。革命は、振り返ってみれば不可避のように見えるかもしれないが、その過程にはつねに転換点があり、それは人間の選択と意志に左右されうるものであった。革命的状況では、歴史の深層（通常「震央」「震源地」「溶岩」などと表現される）が明らかになり、社会の潜在能力が丸ごと炸裂し、複雑で多層的で、時間とともに変化する諸問題が表面化することを可能にする。誰にとっても状況を把握することは困難であり、ほとんどの人は例外なく、その状況に振り回されてしまう。革命はまた人びとを変え、革命の過程で新たな経験をすることで革命家が誕生する。(26)

しかしながら、革命は、政治的な次元だけに限定されているわけではない。むしろ革命は、統治体制や制度を超えて、政治の最終段階である「すべての公共的なものの総体」である国家にまでおよぶのである。このように革命は、文化やイデオロギーだけでなく、社会経済的な変化や運動にも遭遇し、影響し、影響を受ける。これが、政治的革命のなかには社会的革命に転換するものがある理由である。所有権の分配と移転はかなり広く行われるようになり、ある場合には、革命は経済システムの根本的な転換をともなう。それは、統治する階級だけでなく優越する階級の変化にもつながり、社会の構成原理も変化する可能性があるのである。

　少なくとも人類の過去の歴史上、「革命」は、国家の歴史において一度だけ、基本的には「新しい種類の近代国家」を樹立するために、すなわち真の近代国家を樹立するために発生した。真の近代国家とは、「近代性」の敷居を越え、持続可能となった政治共同体を指している。近代国家の具体的な形態は、国家形成のあり方や革命の時点での世界精神によって大きく異なりうるものだ。重要なのは、革命によって国家が持続可能な国家発展の状態に到達して不可逆的であるかどうかということである。

　さて、私たちの関心を方向転換し、近代革命の理論を革命の諸段階に適用してみよう。近代革命の諸段階にかんする理論によれば、革命は「旧体制」の矛盾から始まり、「テルミドールの反動」をもって終結する。（一）「テルミドールの反動」は、一般的に革命の終わり、あるいは安定化の段階と考えられている。それは、革命的な推進力を打ち砕き、革命的イデオロギーを裏切った劇的な出来事として記憶されている。だからこそ、フランス革命におけるエピソード的な出来事であったロベスピエールの没落は、フランス革命神話と重なり、後世のすべての革命家が、革命の過程でいつ、誰が「反動」に転ずるのかという問題に取り憑かれるようになったのである。「テルミドールの反動」は、近代革命の理論においてはまったく異なる歴史的意味をもっているのだ。それは、革命の後退と現状への回帰であるのかもしれないし、革命が「近代性」の不可逆的な敷居を越えたことを示す兆候であるのかもしれない。「テルミドールの反動」が「旧体制」にいつのまにか戻ってしまうのか、それとも革命が旧体制を克服し「新体制」が定着することを実現する革命の休眠段階に入るのかどうかを決定するのは、テルミドールの反動の前の急進化の段階（第三段階）の存在である。(27)

（二）革命は、一般的に、既存の国家権力が解体されることによって始まり、短期的な「革命的蜜月」がこの革命の第一段階で見られる。これは、「旧体制」が定義され、「新体制」がその代替として設定されるときである。この新体制は、通例、革命に参加したほぼすべての勢力が合意しうる穏健な改革で満たされている。これはまた、関係する国家の編成やその時代の世界精神によっても影響をうける。国家体制は、オランダ革命、イギリス革命、アメリカ革命、フランス革命の初期段階における制度改革によって変容し、これらの国家は革命後に近代世界の列強として台頭していった。しかし、すべての革命がこの祝福を受けたわけではなかった。革命の大部分を占める第三世界型の革命がそうであった。これらの革命の多くは、民族解放闘争の特徴を示し、新国家の樹立につながった。しかしながら、新たに樹立された国家は、政治的な不安定と新たな革命の脅威に苦しんだ。なぜ、革命の結果がそのように違ったのだろうか。その理由は、第三世界における革命が、近代革命の第三段階である「民衆の革命」を実現することができなかったからである。

フィリピンは、第三世界型の革命の悪循環を他のどの国家よりもよく示している。フィリピンにおける革命運動は、一八七〇年代にまで遡及しうる長い歴史をもっている。この独立運動は、フィリピンがスペインの支配下にあったときに始まり、一八九九年一月のフィリピン共和国の樹立につながった。この間、フィリピンは、東アジアにおいてだけでなく、中南米を覆うスペイン語世界においても、革命の教科書的模範としての役割を果たした。しかしながら、フィリピン共和国は、アメリカ合衆国との戦争によって一九〇二年に崩壊した。そしてアメリカ合衆国は、新しい支配者としての態度をとり、一九一六年にはフィリピン諸島全体の支配権をにぎった。フィリピンは、第二次世界大戦終結後の一九四六年に独立を果たしたが、しかし近代性の不可逆的な敷居を越えることができなかった。土地改革はおこなわれず、共産党が勢力を伸ばし、イスラム教徒による独立運動がおこなわれた。政権交代が続いているにもかかわらず、大統領は就任するたびに独裁者へと変貌し、権力を持つ急進的集団は存在するものの、これらの集団は内戦状態を超えることができないでいる。(28)

(三) しかしながら、フィリピンは最悪のケースではないのかもしれない。前述したように、革命を研究する社会科学者は、革命勃発の条件として五つの条件を指摘している。すなわち、エリートの疎外と忠誠心の移譲、経済危機、民衆勢力の存在、イデオロギーの存在、革命に好意的な国際環境の五つである。実際、アフリカや第三世界の多くの国は、独立後も絶え間ない政治闘争に苦しみ、多くの場合、複数の革命を経験したが、「普通の国民国家」になることはできなかった。なぜ、それらの国は失敗してきたのか。それらの国が前述の五つの条件を満たさず、民衆的な革命を経験しなかったからだろうか。これは真実とは程遠い。まず、五つの条件を満たした国はいくつかあるが、ほとんどの場合、それらの国の試みは革命にはいたらず、暴動や内戦、さらには大量虐殺に終わっている。では、フランス革命や他のヨーロッパの革命から得られた手法は、なぜ期待したものから逸脱してしまったのだろうか。

この問いに答えるためには、「旧体制」にたいするグローバルな視点が必要である。「旧体制」とは、革命の最初の段階で革命家たちが「新体制」を打ち立てる過程で、この作業の歴史的性質を明確に示すために作られた新造語である。言いかえれば、革命を生み出したのは旧体制ではなく、旧体制を生み出したのは革命であったということである。要約するなら、旧体制とは、革命以前に蓄積されたすべての害悪の全体を指し、それは政治的な次元にとどまらず、社会的、経済的、文化的な次元、そして暗黒の過去全体を包含している。革命が勃発した理由は、これらの害悪を取り除くためではないだろうか。そして確かに革命は、政治的権力を掌握することによって、政治的共同体の構成員のために新しい集団的運命を見つけるための英雄的な努力である！これは、政治的共同体の構成員が集団的努力をすることを可能にする「集団的アイデンティティ」が、旧体制のなかにすでに存在していたことを前提としている。ブルジョア革命理論からの類推をもちいるならば、旧体制の暴力が猖獗を極めていたとしても、社会が一定のレベルの「政治的蓄積」を達成していなければ、革命は起こりえないということである。

近代革命が勃発したときまでに、ヨーロッパはすでに一千年分の政治的蓄積をもっていて、国家建設過程の絶対主義の段階に達していた。地域中心主義は他の文明に負けず劣らず強かったが、国民が同じ君主制の下で長期間にわたって暮らすことで、国民的なアイデンティティが出現していた。旧体制の時代までには、国民や公衆は自分が君主の代わりになることさえ可能な市民であることを想像することが可能になった。ヨーロッパの場合におけるようなその ような政治的蓄積は、きわめて特異なものであることには留意すべきである。それは、ほとんどすべての伝統的な文明がとってきた「帝国の道」とは対照的である。「領域国家」によって可能となったヨーロッパの政治的蓄積は、それ自体がヨーロッパ文明の本質的な要素の一つであり、長い歴史的進化の産物である。一九世紀後半、ヨーロッパ列強は、そのような政治的蓄積や政治的経験の条件を欠いた世界のほとんどの地域に帝国主義を押し付けた。旧体制は、その押し付けられた境界線を基礎として形成されたが、革命もそれを基礎として噴出した。それにもかかわらず、政治的蓄積が一定の水準に達していない社会で起こった革命は、つねに近代化の敷居のところで滑り転んだ。革命は、第三世界では今後も勃発しつづけるだろうが、しかし今のところ、近代的な国民国家を構築するための不可逆的な敷居を超えるような革命は考えられないだろう(29)。

この点では、東アジアはヨーロッパと同じようにまさに例外的な存在である。この地域は帝国の道を歩んできたとはいえ、朝鮮半島や日本は領域国家としての基本的条件を備えている。中国は清朝時代に帝国の道をとることで史上最大の領土を獲得したが、国家間体制の規制力というヨーロッパの概念を利用して、帝国を領域国家に移行させることができた。朝鮮半島は、ヨーロッパと同様に、長いあいだ単一の君主制のもとで地域共同体を形成していたが、王にとって代わりうる代替的な主権体を想像することができたことで、爆発的に新しいアイデンティティを生み出したのである。一七世紀にさかのぼる旧体制は、一連の反乱や農民革命をもたらしたが、国際的な環境からの圧力を受けて存続した。旧体制の継続と強化は、持続的な革命運動をもたらしたが、しかし日本の占領とそれに続く分断は、民衆の革命（革命の第三段階）へと発展する運動を根本的に阻んだ。韓国の民主化運動は「受動的革命」にとどまり、韓国の最初の憲法が設定した境界線を越えることができず、一九六〇年四月、一九八〇年春、一九八七年六月と近代性の敷居でつまずき続けた。二〇一六年から二〇一七年にかけての「キャンドルライト革命」によって、わたしたちは、近代性の敷居を越え、正常な国家への移行を不可逆的なものにすることが可能になるのだろうか。旧体制の残存物が適切に処分されず、朝鮮半島で平和的体制が確立されなければ、わたしたちは、ふたたびその敷居を越えることに失敗するだろうし、「キャンドルライト革命」は「近代革命」というよりむしろたんに「抗議」としてのみ記憶されることになるだろう。

注

（1） Thomas Paine, *The Complete Writings of Thomas Paine*, ed. Philip S. Foner, New York, The Citadel Press, 1945, 341-342, 344（トマス・ペイン〔西川正身訳〕『人間の権利』岩波文庫、一九七一年）.

（2） Thomas Carlyle, *The French Revolution: A History*, New York, The Modern Library, 2002, 169.

（3） Kab Soo Choi, "Hyeokmyeong" [Revolution], *Yeoksayongeosajeon* [*Dictionary of Historical Terms*], ed. Seoul National University Institute of Historical Research, Seoul National University Press, 2015, 1895-1907.

(4) Zhu Xi, *The Book of Mencius*, Korean Edition, trans. Seong Baek-hyo, Institute of Traditional Culture, 2006, 66-111; Yoo Mirim, "Political Thoughts of Mencius from the Legitimacy of Domination Perspective", *Korean Political Science Review* 38, no. 1, 2004, 67-84; Jisu Kim, "Mencius" Theory on the Purge of Tyrant Based on Kingly Way of Benevolent Government", *Kookmin Law Review* 34, no. 2, 2014, 175-121.

(5) Victoria Tin-bor Hui, *War and State Formation in Ancient China and Early Modern Europe*, Cambridge University Press, 2005; Kab Soo Choi, "The Trial of Louis XVI: The Right of Resistance and Its Legitimacy", Conference paper for the 10th Seoul National University Kyujanggak International Symposium on Korean Studies titled 'Joseon Law in Its East-Asian Context: Documents and Practices,' Session 1 on 'Usurpation, Restoration, and Revolution: The Logic and Law behind Ousting the King,' 76-100.

(6) Peter Wende, ed., *The History or Revolutions*, Korean Edition, trans. Se-hoon Kwon, Sia Publishers, 2004; David Parker, *Revolutions and the Revolutionary Tradition in the West*, Korean Edition, trans. Youn-Duk Park, Gyoyangin, 2009; Andrew Wheatcroft, *The World Atlas of Revolutions*, New York, Simon and Schuster, 1983; Jeff Goodwin and Adam Green, "Revolutions", ed. Lester Kurtz, Vol. 3 of the *Encyclopedia of Violence, Peace, & Conflict*, New York, Academic Press, 1999, 241-251; Martin Malia, *History's Locomotives: Revolutions and the Making of the Modern World*,Yale University Press, 2006; Jack A. Goldstone, *Revolutions*, Oxford University Press, 2014; Jürgen Osterhammel, *The Transformation of the World: A Global History of the Nineteenth Century*, trans. Patrick Camiller, Princeton University Press, 2014, 514-571, etc.

(7) 立憲革命と社会革命の理論にかんするさらなる情報については、Kab Soo Choi, Seoul National University Institute of Historical Research, eds, 'Hyeokmyeong' [Revolution], *Yeoksayongeosajeon* [Dictionary of Historical Terms], Seoul National University Press, 2015, 1895-1907 を参照。

(8) Jack A. Goldstone, *Revolution and Rebellion in the Early Modern World*, Berkeley & Los Angeles, University of California Press, 1991; R. R. Palmer, *The Age of the Democratic Revolution*, Vol. 2, Princeton University Press, 1959-64; Eric Hobsbawm, *The Age of Revolution*, Korean Edition, trans. Do-young Jeong et al., Hangilsa, 1998.

(9) Kab Soo Choi, "The French Revolution and the Russian Revolution: Comparison and Correlation", *Journal of French History of Korea,* 18, 2008, 89-119; Nader Sohrabi, "Historicizing Revolutions: Constitutional Revolutions in the Ottoman Empire, Iran, and Russia, 1905-1908", *American Journal of Sociology*, 100, 1995, 1383-1447; Nader Sohrabi, "Global Waves, Local Actors: What the Young Turks Knew about Other Revolutions and Why It Mattered", *Comparative Study of Society and History*, 44, 2002, 45-79; "Revolution as Pathways to Modernity", eds. Julia Adams et al., *Remaking Modernity*, Duke University Press, Durham, 2005, 300-329.

(10) Robert O. Paxton, *The Anatomy of Fascism,* Korean Edition, trans. Myung-Hee Son et al., Gyoyangin, 2005.

(11) 革命にかんする専門事典にかんしては、以下を参照。Jack A. Goldstone, ed., *The Encyclopedia of Political Revolutions*, Washington, D. C., Congressional Quarterly Inc., 1998; James V. DeFronzo, ed., *Revolutionary Movements in World History from 1750 to the Present*, Vol. 3, Santa Barbara, Cal., ABC-CLIO, 2006; Immanuel Ness, ed., *The International Encyclopedia of Revolution and Protest, 1500 to the Present,* ∞ vols. West Sussex, Wiley-Blackwell, 2009.

(12) Francis Fukuyama, *The End of History and the Last Man*, Hanmaeumsa, 1992（フランシス・フクヤマ［渡部昇一訳］『歴史の終わり』三笠書房、一九九二年）.

(13) Saïd Amir Arjomand, ed., *The Arab Revolution of 2011: A Comparative Perspective*, Albany, N.Y., SUNY Press, 2015.

(14) François Guizot, *Histoire de la civilization en Europe: Depuis la chute de l'Empire romain jusqu'a la Révolution Française,* Korean Edition, trans. Seunghwi Lim, Akanet, 2014（フランソワ・ギゾー［安士正夫訳］『ヨーロッパ文明史——ローマ帝国の崩壊よりフランス革命にいたる』みすず書房、二〇一四年）; Kab Soo Choi, "Historical Lineages and Its Implications of the Conception 'Bourgeois Revolution", *History and Culture,* 30, 2015, 30-83; Neil Davidson, *How Revolutionary Were the Bourgeois Revolutions?*, Chicago, Illinois, Haymarket Books, 2012.

(15) Hunmi Lee, "A Conceptual History of 'Revolution' in Korea, 1895-1910", Doctoral Dissertation for the Department of International Relations, Seoul National University, August 2012, vi-v.; Yong Wook Jeong, "Minjujueui "[Democracy], *Yeoksayongeosajeon* [Dictionary of Historical Terms], ed. Seoul National University Institute of Historical Research,

Seoul National University Press, 2015, 712-721; Charles Armstrong, "Korean Democracy Movement 1960-1998", James Palais, "Korean Rebellions of 1812 and 1862", "Korean Tonghak Rebellion 1984", from *The Encyclopedia of Political Revolutions,* ed. Jack A. Goldstone, CQ Press, 1998; Namhee Lee, "South Korean Democracy Movement", *Revolutionary Movements in World History from 1750 to the Present,* Vol. 3., ed. James V. DeFronzo, ABC-CLIO, 2006, 801-810; Won Young-su, "Korea, popular rebellions and uprisings, 1492-1910", "Korea, post-World War II popular movements for democracy", *The International Encyclopedia of Revolution and Protest, 1500 to the Present*, ed. Immanuel Ness, West Sussex, Wiley-Blackwell, 2009, 1996-2001.

(16) Walter D. Mignolo, *The Idea of Latin America,* Korean Edition, trans. Eun-Joong Kim, Greenbee, 2010; Michel-Rolph Trouillot, *Silencing the Past: Power and the Production of History,* Korean Edition, trans. Myeong-hye Kim, Greenbee, 2011; Susan Buck-Morss, *Hegel, Haiti and Universal History,* Korean Edition, trans. Seong-ho Kim, Munhakdongne, 2012; Wim Klooster, *Revolutions in the Atlantic World: A Comparative History*, NYU Press, 2009.

(17) Lynn Hunt, *Inventing Human Rights: A History,* Korean Edition, trans. Jinseong Jeon, Dolbegae, 2009（リン・ハント『人権を創造する』岩波書店、二〇一一年）; Ulrich K. Preuss, *Constitutional Revolution: The Link Between Constitutionalism and Progress*, trans. D. L. Schneider, New Jersey, Humanities Press, 1995; Gary Jeffrey Jacobsohn, "Making Sense of the Constitutional Revolution", *Constellations,* 19/2, 2012, 164-181; "Theorizing the Constitutional Revolution", *Journal of Law and Courts*, Spring, 2014, 1-32.

(18) Jean Jaurès, *Histoire socialiste de la Révolution française (1901-1907)*, 7 tomes, Paris, Editions sociales, 1972（ジャン・ジョレス［村松正俊訳］『仏蘭西大革命史』八巻、平凡社、一九三〇—三一年）; David Parker, ed., *Ideology, Absolutism and the English Revolution; Debates of the British Communist Historians 1940-1956*, London, Lawrence & Wishart, 2008.

(19) Charles A. Beard, *An Economic Interpretation of the Constitution of the United States,* Korean Edition, trans. Jae Yul Yang, Jimanji, 2009がその代表的作品の一つである。独立戦争から南北戦争までのアメリカ合衆国の歴史を長期的なブルジョワ革命として捉えようとする試みはあるが、そのような試みはアメリカの歴史家によってではなく、批判的な社会科学の分野でおこなわれてきた。その代表的著作の一つに、Charles Post, *The American Road to Capitalism: Studies in Class-Structure, Economic Development and Political Conflict, 1620-1877*, Chicago, Illinois, Haymarket Books, 2011 がある。イギリスの学問世界の動向については、イギリス一七世紀の歴史への最もよく知られたガイドの一つである Barry Coward, ed., *A Companion to Stuart Britain*, Oxford, Wiley-Blackwell, 2009 を参照。

(20) Kab Soo Choi, “Group Report for the New Consensus on the Interpretation of Revolutions”, Introduction for the Korean edition of Pierre Serna et al., *Pour quoi faire la revolution*, trans. Kim Min-cheol et al., Dudeoji, 2013, 9-29. この著者は、ブルジョワ革命が少なくともフランス革命との関係においては有効であり、革命史学界で起きている「グローバル・ターン」は、そのための学問的成果を蓄積しようとする努力の一環であると考えている。さらなる情報については、Kab Soo Choi, “What is the French Revolution to us? The Current State and Future Prospects of the Research on the French Revolution”, Conference Paper for the Joint Academic Conference on Western History, 13 pages, Hansung University, December 5, 2015 を参照。

(21) Kab Soo Choi, “Translator's Notes”, from the Korean edition of Albert Soboul, *La Revolution française*, Gyoyangin, 2018, 779-790.

(22) Carl Schmitt, *Constitutional Theory*, Korean Edition, trans. Ki Beum Kim, Gyomoonsa, 1975（C・シュミット［尾吹善人訳］『憲法理論』創文社、一九七二年）; Niklas Luhmann, “La constitution comme acquis évolutionnaire”, traduction Stéphane Rossignol, Droits, *Revue française de théorie juridique*, 22, 1995, 103-125 ; 23, 1996, 145-160.

(23) Richard B. Day & Baniel Gaido, ed., “Introduction”, *Witnesses to Permanent Revolution*, Chicago, Haymarket Books, 2011, 1-58; Kyung-Sup Chang, “The second modern condition? Compressed modernity as internalized reflexive cosmopolitization”, *British Journal of Sociology*, 61, 2010, 444-64; Michael Löwy, *The Politics of Combined and Uneven Development: the Theory of Permanent Revolution*, London, NLB, 1981; Shmuel N. Eisenstadt and Wolfgang Schluchter, “Introduction: Paths to Early Modernities: A Comparative View”, *Daedalus*, 127, No. 3, Summer, 1998, 1-18.

(24) 「類推」は、「ある物がある特性ないしは関係をもち、別の物も同様の特性や関係を共有していると推論される」場合におこなわれる。Clyde W. Barrow, *Universities and the Capital State: Corporate Liberalism and the Reconstruction of*

American Higher Education 1894-1928, Korean Edition, trans. Ger Yong Park, Munhwa Kwahak, 2011; Noam Chomsky et al., *Cold War and the University*, Korean Edition, trans. Yeon-Bok Jeong, Dangdae, 2001.

(25) Crane Brinton, *The Anatomy of Revolution*,New York, W. W. Norton, 1938, 250-257（C・ブリントン［岡義武・篠原一訳］『革命の解剖』岩波書店、一九五二年）; Bailey Stone, *The Anatomy of Revolution Revisited: A Comparative Analysis of England, France and Russia*, Cambridge University Press, 2014; Jack A. Goldstone, "The Comparative and Historical Study of Revolutions", *Annual Review of Sociology*, 8, 1982, 187-207. 最後の引用は、Jack A. Goldstone, "The Comparative and Historical Study of Revolutions", *Annual Review of Sociology*, 8, 1982, 132からのもの。

(26) Timothy Tackett, *Becoming a revolutionary: the deputies of the French National Assembly and the emergence of a revolutionary culture 1789-1790*, Princeton University Press, 1996; Haim Burstin, *Révolutionnaires: Pour une anthropologie politique de la Révolution française*, Paris, Vendémiaire, 2013.

(27) Steve Pincus, *1688: the First Modern Revolution*, Yale University Press, 2009, 3. 筆者の知るかぎり、ピンカスは一般的な意味ではなく、近代国家の成立という文脈において「近代革命の理論」を具体的に研究した最初の研究者である。ピンカスは、近代国家を特徴づける二つの相関的な変化を指摘している。第一に、「国家を運営するうえでの一連の社会構造改革」が導入される。政治権力の中央集権化と官僚化、軍隊の職業化と改良、経済発展と社会介入における国家の役割の増大、国家組織内の社会的・政治的活動にかんする詳細な情報の収集とそれにともなう時折の国家組織の介入などが、改革の例である。もう一つの変化は、「過去からのイデオロギー的脱却」である。「近代革命の理論」は、イギリスの学問世界の主流派がおこなう名誉革命の主流的解釈と比較すると極端に非妥協的にみえるかもしれない。しかしながら、封建制から資本主義への移行という背景的情報を無視すれば、このアプローチはブルジョワ革命論とさほど変わらない。ブルジョワ革命論が資本主義国家の出現と呼んでいるものは、近代革命の理論にとっては近代国家の出現である。

(28) Benedict Anderson, *Under Three Flags: Anarchism and the Anti-Colonial Imagination*, Korean Edition, trans. Jiwon Seo, Gil, 2009; Jack A. Goldstone, ed., *The Encyclopedia of Political Revolutions*, CQ Press, 1998, 297-400; James V. DeFronzo, ed., *Revolutionary Movements in World History: From 1750 to the Present*, ABC-CLIO, 2006, 659-698.

(29) ヨーロッパの政治的蓄積の歴史的意味については、以下を参照。Kab Soo Choi, "The Advent of 'Leviathan': Transition

from the Absolutist States to the Nation States", *The Western History Review*, 82, 2004, 71-94; Kab Soo Choi, "From Empire to Modern State in Europe: An Historical Perspective", *Journal of World Politics*, 26, 2005, 121-148; Seoul National University Institute of Historical Research, eds., "Geundae Gukga" [Modern State], *Yeoksayongeosajeon* [Dictionary of Historical Terms], Seoul National University Press, 2015, 288-300.

本性的社会性の肯定から政府批判へ
――ビヨ＝ヴァレンヌとサン＝ジュスト(1)――

山下　雄大

はじめに

フランス革命の展開を考える上で、とりわけ一七九二年八月一〇日から共和暦二年テルミドール九日（一七九四年七月二七日）にかけての共和政の黎明期に影響力を保持し続けた思想家のひとりがジャン＝ジャック・ルソーであることに疑いの余地はない。これはフランス革命に固有の哲学的源泉を示そうとした先行研究にとって前提となっており、主たる関心は『社会契約論』や『エミール』といった彼の代表作に向けられてきた。上記の時期を扱う場合、ルソーと革命の負の側面との関連を問うことは不可避となる。今日まで積み重ねられた研究の末に、一八世紀を代表する「作家＝哲学者」を悪しき評判、すなわち彼こそが、革命家たちを革命政府や恐怖政治を含む前例なき出来事や制度へと導いたとする評価から解放する試みは概ね成功を収めたと言ってよい。ベルナール・マナンの主張に基づくならば、モンターニュ派の指導者たちは一般意志というルソーの概念を「あらゆる権力の源泉」と誤って理解し、そこからジロンド派、エベール派、ダントン派といった批判対象に合わせて恣意的な結論を引き出したということになる。言い換えると、ルソーと不肖の弟子たちとの関係は「誤読」によって表象されるというわけである。このような見解は多くの論者に共有されているように思われる(2)。

上記の研究動向とは対照的に、革命家各自によるルソー読解の様態、いわゆる「革命家たちのルソー主義」に関しては、いくつかの例外を除いて十分には注意が払われていないように見受けられる(3)。この懸念は、ジュール・ミシュレの言うところの「九三年のジャコバン主義」に目を向ける際に顕著となる。実のところ、ルソー主義の「横滑り」(フュレ)や「出来事の論理」(ソブール)といったこの現象を形容する表現は広く知られているにもかかわらず、それらを反復するだけではそれぞれの革命家がルソーの思想を受容することに何を賭けていたかを解明するには及ばない。無論、ここでわれわれは先行研究が提示する見解すべてを撥ねつけようとしているのではない。既存の解釈の枠組みを用いた九三年のジャコバン主義の分析で立ち止まるのではなく、例えば公安委員会において主要な役割を果たした人物の演説や文章そのものに回帰することで、彼らによる「誤読」の裏に隠された解釈の刷新に到達しうるのではないか。以上の問題意識がわれわれの研究の出発点となっている。

前述の側面に光を当てるべく、本稿は二人のジャコバン派の指導者、ビヨ＝ヴァレンヌとサン＝ジュストを対象とする。ミシュレやエドガー・キネによる古典的な革命史研究を紐解くまでもなく、ビヨ＝ヴァレンヌがテルミドール九日にロベスピエール派の告発者のひとりであったことは周知の事実となっている。ところが、両者は立場の相違にもかかわらず、少なくとも三つの共通点を有している。第一に、彼らはともに啓蒙思想の読解に力を注ぎ、先達によって形成された観念を受容すると同時に乗り越えようとする意図のもと、哲学的著作を執筆している。つまり、彼らはいわば「哲学者的立法者（législateur philosophe）」なのである。後に見るように、当時普及していたこの表現はビヨ

＝ヴァレンヌ自身のテクストにも登場し、彼の議論のなかで際立った位置を占めている。第二に、共和主義理解を刷新した契機としても注目される一七九一年六月の国王逃亡事件は、両者に根底からの路線変更を強いることになった。一方でビヨ＝ヴァレンヌは、この予期せぬ出来事の直後に『無頭政』（一七九一年）と題された王権批判のパンフレットを出版し、首領なき権力に立脚した「連邦政府」の構想を提示している。(4) 他方でサン＝ジュストは、最初の理論的著作である『フランスの革命と国制の精神』（一七九一年）で表明した混合政体としての立憲君主政の賛美から離れ、共和主義者への道に歩を進める。この過程で、『自然について』（一七九一―一七九二年）が準備される運びとなった。(5) 結果として、君主政への不信が彼らを生まれつつある共和国の未来に対するラディカルな考察へと導いたのである。(6) 第三に、これらの立法者たちの思想には、「アンチ・ルソー主義（anti-rousseauisme）」と呼ばれる発想が存在している。すでにミゲル・アバンスール等の研究によって指摘されているこの要素については、本論に先立って説明が必要であろう。

人民主権と代議制統治には原理上の衝突が運命づけられているが、ルソーの著作に現実的な解答を求めることは叶わない。一七九一年の憲法制定に向けて調停を試みたブリソに「ルソーに抗するルソー主義」の一例を見るマルセル・ゴーシェは、こうした問題が革命期全体を貫く賭金となっていたことを示唆している。(7) われわれの関心からすれば、彼の主張は重要な方針を示している。革命家たちにとっての主眼はルソーの思想をありのままに再現することではなく、状況の推移に合わせて重点を変化させつつ解釈を提示することにあったとすれば、その演説や文章に受容と同時に乗り越えを志向したルソーに対する両義的な態度を看取するのは正当だと言える。アンチ・ルソー主義という表現はこのような事情を形容するのに適していると考えられる。(8)

ゴーシェ自身が上記の視点を九三年のジャコバン主義に適用したとは言い切れない事実は奇異に映るとはいえ、根強く残存する全体主義との紋切り型の類推がその理由だとすれば、彼が残した道筋を辿る上での障害とはならない[9]。ビヨ＝ヴァレンヌとサン＝ジュストの比較は準備段階に相当する。本稿の立場は、国王逃亡に端を発する執行権すなわち政府の再検討とアンチ・ルソー主義が、九三年憲法をめぐる議論において合流するというものである。紙面の都合上、本稿はこの仮説を立証するための導入に留まるが、ささやかな貢献を果たすことが目的となる。

前述の哲学者的立法者たちは、ルソーの著作を批判的に読解しながら政府概念を問い直す過程で、本性的社会性（sociabilité naturelle）を肯定している[10]。ロジェ・バルニが革命初期に見られる複数の事例を報告しているように、社会性に着目したルソー読解の傾向自体は必ずしも例外的なものではない[11]。そうであるならば、両者による探究の内実こそが問われるべきだろう。以下ではこの点を踏まえつつ、ビヨ＝ヴァレンヌの『共和主義の原理（*Éléments du républicanisme*）』（一七九三年）を、サン＝ジュストの「フランスの憲法に関する演説（Discours sur la constitution de la France）」（一七九三年四月二四日）と対照しながら検討する。

一　ルソー批判の賭金としての本性的社会性

まずは『共和主義の原理[12]』を取り上げよう。一七九二年一〇月から一七九三年一月までの期間に書き進められたこの著作の第一部は、「趣意書」に続く三編構成となっている[13]。「趣意書」のなかで著者自身が「今日に至るまで、従うべき優れた模範はいかなる政府によっても提供されていない」［二二〇］と述べているように、本書は既存の政府、より正確には君主政の残滓が見られる政府の再検討を掲げている。しかるに、この方針は古典古代の模範への安直な回帰を意味するのではない。ビヨ＝ヴァレンヌによれば、難点は征服の権利の名のもとに人民の隷従を正当化する「近代の政府」のみならず、その繁栄が奴隷制に少なからず依存していた「古代の共和国」にも存在する。どちらの場合も、「戦争の体系」、すなわち「常に足早に隷従へと至る体系」［二二〇］に立脚する過ちを犯しているのである。こうした象徴的な事例は、人民を解放への道に導くのではなく、反対に暴君や僭主に好都合の新たな口実を提供するにすぎない。それゆえ、彼らを圧政から解き放つ前に、人間本性と不可分の問題、すなわち「腐敗を生む政府」という現象を正面から分析することが求められる。本書で著者が論じようとするのは「ひとえに平等と人民主権によって強固にされる公共の幸福を保障すべき原理」［二二〇］である。この時期の公衆の関心がいかにして「共和国を基礎づける」べきかという問題に向けられていた事実を想起するのであれば、ビヨ＝ヴァレンヌの意向は忠実なまでに当時の政治的議論に則していると言える。

当初の計画では、ビヨ＝ヴァレンヌは全三部のうち最初の二部を原理の説明に割き、最終部でこれらの原理の現実への「適用」、「すなわちそこから帰結する政府の概要」［二二一］を記す予定であった。残念ながら執筆が放棄されてしまった関係で、現存する第一部のみを用いて彼の主張の全体像を推定しなければならない。これに加えて、各編の表題から読み取られる著者の意図が、少なくとも外見上は政府への批判と、さらには「共和主義の原理」の表明と結びつくようには思えないこともまた、本書の十全な理解を妨げる要因となっている。

それでも本稿がこの著作に関心を寄せる理由は、ルソーに対する両義的な態度を指摘しうる点にある。実際に、『共和主義の原理』には二つの『論文（ディスクール）』、とりわけ『第二論文』とも称される『人間不平等起源論』（一七五五年）から範を得た多くの題材が登場する。[14] まず、ビヨ＝ヴァレンヌはその先駆者であるルソーから、自然の感情である「自己愛」に対立する「利己愛」という概念を受け継いでいる。[15] ルソーの構想を模倣しながら、利己愛は「政治的生の原理を構成する」〔二三二〕と著者は主張する。次に、一八世紀の議論に頻出するテーマである奢侈に対する彼の見解は、モンテスキューではなくルソーの側に近接する。当時の歴史哲学を参照しつつ、彼は古代のあらゆる共和国の衰退を引き起こしたとして奢侈を批判する〔二三一〕。最後に、読者は幾度となく田舎と都会の対に遭遇する。田舎の住民が著者から賞賛される一方で、都会の住民は複数の利害関心の衝突から生じる不和ゆえに非難の的となっている(16)。

数例を挙げるに留めたこうした類似点からも、ビヨ＝ヴァレンヌが本書の第一編を「人間について」の考察から始める理由が浮かび上がる。歴史的であると同時に人類学的なこの問題設定には、ルソーの影が射しているのである。ルソーが『第二論文』の冒頭で「わたくしが語るべきは人間についてである(17)」と表明していることはその証左となるだろう。つまり、『共和主義の原理』の著者は彼の師が『論文』のなかで証明を試みた内容を再構成する意図のもと筆を運んでいる。それゆえ、本書を「ビヨ＝ヴァレンヌの著作のなかでもっともルソー的」だとする見解はけっして的外れとは言えない(18)。

ところが、著者はひとつの主題、すなわち本性的社会性をめぐってルソーとは距離を置いている。この立場は次の一節に集約されている。

> 問題は〔…〕人間が獰猛な獣のように砂漠や森のなかで孤立して生きるために生まれたのか否かを知ることにある。不滅なるジャン＝ジャック〔・ルソー〕はこれを肯定し、社会性という状態は偶然の合意から生じるにすぎず、自然のうちにはまったく存在しないと主張した。しかしながら、人間をその精神的・身体的発達において検討すると、この見解がもっとも確実なものではないと思うようになるだろう。〔二二一―二二二〕

続く段落でビヨ＝ヴァレンヌは、ルソーの主張、すなわち自然状態における人間は同胞を必要とせず、社会を形成しないという主張に論駁を加えている。一部の先行研究にとって、この箇所はアンチ・ルソー的発想の根拠となっているが、なぜ彼は本性的社会性を肯定するのだろうか。よく知られているように、一八世紀におけるこの概念は、自然状態とは「万人の万人に対する戦争」の状態にほかならないとするホッブズ的な発想への反証として用いられる傾向にあった[19]。著者がどの程度こうした文脈を意識しているかを理解するべく、ルソー自身による社会性の位置づけを先に確認しよう[20]。

ビヨ＝ヴァレンヌのルソー批判を前提とするのであれば、前者は『第二論文』の次の一節を参照している。

これら〔言語と社会〕の起源がどのようなものであるにせよ、人間たちを相互の欲求によって近づけ、言葉を使用するよう彼らを助けることに自然がさほど配慮していなかったことから少なくとも理解されるのは、自然がどれほど彼らの社会性を準備しなかったのか、そしてその紐帯を結び合せるためになされた人間たちの努力にどれほど手を貸さなかったのかということである[21]。

この時期のルソーにとって、人間が自然状態に生きるかぎりにおいて社会が生じる可能性は乏しい。自然の感情である自己愛と憐憫の情のみを有する野生人は社会的とは言えず、むしろ社会性を欠いている。野生人が情念を持たないのは、それが「社会の産物」とされるからである。興味深いことに、ルソーは「社会的（sociable）」という語を「邪悪である（méchant）」の同義語として用いている。野生人が「孤立し」「分散している」時点では、自然の善性に反する社会性は問題とはならない。それゆえ著者は「人間という種を堕落させることでその理性を完成させ、社会的とすることで邪悪な存在とし、遠い昔の終局からわれわれが目にしている段階へと人間と世界を導くことを可能にしたさまざまな偶然」[22]を説明することを引き受ける。ロベール・ドラテの言葉を借りるならば、社会性は「人間の進化の過程においては遅れて出現するにすぎず、連綿と続く進歩の継起の終局にのみ、完成されたかたちで現れる」[23]のである。

ルソーとは異なり、ビヨ＝ヴァレンヌは自然状態における人間を「あらゆる接近の萌芽」［二二一］を備えた存在、すなわち社会的な存在と理解する。前者から「野生人」という表現は継承しながらも、社会性は政治状態と同様に自然状態においても人間に内在する性格だと主張しているのである。このような両者の相違からは何が帰結するのだろうか。先に提示した『共和主義の原理』からの引用を振り返ろう。ビヨ＝ヴァレンヌによれば、ルソーは「社会性という状態は偶然の合意から生じるにすぎず、自然のうちにはまったく存在しない」と誤って理解した。社会性を政治社会の創設における合意の結果に還元するのであれば、その解釈はすでに存在する人間同士の結びつきを断ち切る危険を避けがたく孕んでいる。それゆえビヨ＝ヴァレンヌは、後世の読者から関心を集めた印象的な一節で次のように述べる。「要するに、至るところで人間は人間から無限の距離を置かれている」［二二二］。孤立と分散はルソーの言うところの野生人に特有の条件ではなく、人間についての無知から引き起こされる人為的な厄災として定式化されている。

以上の考察は読者を政府の問いへと連れ戻す。というのも、ビヨ＝ヴァレンヌは「出来の悪い文明の帰結」と題された第二編で、「良い政府を打ち立てるためには、人間を、その本性、使命、発達、関係、権利および義務に基づいて分析しなければならない」［二二三］と記しているからである。ここでは、人間そのものを知ることが政府とは何かを把握する上で不可欠となっている。人間が「あらゆる反対物から構成されるもの」、別の言い方をすれば「まとまりを欠いた寄せ集め」［二三三］であることを忘却するならば、そのとき「少数の特権的な個人」を利するために群衆を犠牲にする腐敗した政府が生じることになる。このような懸念が著者を本性的社会性の肯定へと導いていると考えられる。

二　悲惨な境遇と再生の立法——ビヨ＝ヴァレンヌにおける共和主義の原理——

この著作の表題が示しているように、前述の考察は彼が「共和主義の原理」を表明する前置きとなっている。第二編以降に「共和国の創設」［二二九］というテーマが登場する点は、社会性の問題設定と共和主義の関連を知る上で注目すべきだろう。当時の政治的要請に応えるべく、ビヨ＝ヴァレンヌは「真の黄金時代」と目される古代史を参照する。なぜ「共和的な自己犠牲や市民としての徳による英雄的献身（エロイスム）」［二二四］といったものは失われてしまったのだろうか。これを問う段階において、政府は別の観点から検討されることになる。

古代の共和国が解体した起源を説明するために、ビヨ＝ヴァレンヌは国家における「はっきりと異なった二つの人間の種類」、すなわち市民（citoyens）と個人（individus）を導入する。前者は「社会的義務に身を捧げるがゆえにすべてを公共の利害と結びつけ、自らの幸福と栄光とを国家の繁栄を固めることに向ける人々」［二二四］として定義される。国家内で市民が大多数を占めるあいだは人民と主権者が乖離せず、市民の利害関心は祖国のそれと合致する。これにより、政府は人民の直接的な影響下に置かれるという筋書きである。それでは、ビヨ＝ヴァレンヌはもうひとつの人間の種類、すなわち個人をどのように定義するのだろうか。

> その反対に、個人とは、互いに孤立している人々、さらに言えば公共の善のために働くよりも個人的な利益を計算することに長けた人々である。要するに、このような存在こそが、他者の幸福を簒奪することで個人的な幸福を増進するべく、平等の安定を損ねようとするのである。［二一四］

市民と個人の対比からは、後者を取り巻く状況が前述の定式、すなわち「人間から無限の距離を置かれている」状況に対応していることが判明する。つまり、個人は国家から独立したその利害関心ゆえに、政治状態にあっても社会性を欠いてしまう。「人々の心を分断する利害関心」［二二七］を原因として、社会のただなかに不和が引き起こされるのである。国家が解体する契機のひとつとして、ビヨ＝ヴァレンヌはその内部における市民に対する個人の増加を挙げている。この現象は政府の制御に欠かせない習俗に緩みを生じさせる。かくして共和政は、市民精神（シヴィスム）に利己心（エゴイスム）が勝利を収める君主政を経て、専制へと避けがたく移行することになる。以上がギリシアとローマから得られる教訓であると著者は述べている[24]。

かような危険から習俗を守る手段を論じるべく、ビヨ＝ヴァレンヌが恵まれた境遇（fortune）と悲惨な境遇（misère）を区別している点は読者の目を引くものだろう。「〔…〕恵まれた境遇と悲惨な境遇は、裕福に生まれついたか貧困に生まれついたかに応じて、幸福か不幸かの徴候を各人に振り分ける」［二二五］。『第二論文』において、ルソーは「悲惨な（misérable）」という語を「苦しみに満ちた欠乏と身体あるいは魂の苦痛」[25]の意味で用いていた。この発想を概ね引き継いでいるビヨ＝ヴァレンヌによれば、悲惨は自然の生のなかにではなく、政治化された生のなかに現れる。所有の制度化に端を発して、隷属と悲惨が社会を席巻するのである。悲惨と欲求が過剰となることは「国家における有力者たち」に対立する人々、すなわち群衆を逸脱や犯罪へと至らしめる。それゆえ悲惨な境遇とは、政治状態における孤立や分散と同様に「貪欲で腐敗した行政」〔二二七〕の手による人為の産物ということになる。『共和主義の原理』の著者はルソーが問い残したこの境遇の解決策を模索する。人民の貧困が回避されることは必要条件ではあるが、彼らを豊かにするだけでは十分とは言えない。あらゆる政治的悪の根源は制度にあり、これに関する誤謬こそが真っ先に正されなければならない。だからこそビヨ＝ヴァレンヌは「政治的合意の創設」の理由となる所有に焦点を合わせる。第三編の「所有について」では、著者は多数者の悲惨は所有の蓄積から生じると主張する。彼によれば、「所有の分配におけるこのような大きな格差が常に隷属を招く」〔二三二〕。少数の個人の手に富が集中するのであれば、そのとき公共の繁栄は存在しえない。かくして国家に求められるのは、「財産の均衡」〔二三二〕を維持するべく富を再分配する配慮となる(26)。

所有の不平等を是正するために、ビヨ＝ヴァレンヌは二つの政策を提案する。それが土地所有および相続の制限である。この理由から、本書に対しては社会主義的発想の兆しが指摘されてきた(27)。もちろんこうした主張が根拠を欠いているわけではないが、別の角度から光を当てることも可能だろう。つまり、この理想の実現にまつわる困難である。田舎と都会の対から著者は「あらゆる徳の集合」たる「中庸」〔二二七〕の必要性を引き出すが、どうすれば中庸の状態を見極めることができるのだろうか。所有権を尊重しつつ財を正しく分配するには、言うなれば一種の才覚が求められる。ビヨ＝ヴァレンヌにとって所有とは「市民による結合の中心点」〔二三二〕であり、等閑に付すことは許されない共和主義の要石となっている。それだけに、この疑問への応答に目を向けるべきである。

ルソーは『第二論文』のなかで、所有と法の確立に始まる人為的不平等の拡大が行き着く先として「新たな自然状態」、すなわち専制的統治の到来を挙げていた(28)。この不都合を回避しつつ共和的統治を成立させるには、何らかの施策を講じなければならない。こうした前提からすれば、ビヨ＝ヴァレンヌが革命期の鍵概念のひとつである「再生」

という言葉を繰り返し用いていることは強調に値する。著者は古代史を参照しながら、国家の解体に瀕した危機の時代においては公共の繁栄のために真の再生が求められると主張する。この厄介な仕事に取り組むべき存在として、「哲学者的立法者」の構想が登場することになる。

以上を踏まえるのであれば、造物主が人間を本質的に邪悪なものとして創造したというよりは、退廃や悪徳に侵された政治制度こそがわれわれを邪悪なものとしている。なによりもこれを修正することに哲学者的立法者の注意と配慮は向けられなければならない。［一三九］

なぜ立法者は同時に哲学者でなければならないのだろうか。すでに見たように、政府の腐敗を防ぐには人間を知ることが不可欠であった。その一方で、法による習俗の涵養を務めとする立法者は、政府に起因する習俗の緩みが法の効果を妨げる逆説的な状況に直面する。この障害を乗り越えるには、人間の退廃が自然に由来するのではなく、人為に、この場合は「政治制度」に由来するという事実が肝要となる。人間と政府の双方を知悉する立法者、すなわち「哲学者的立法者」が召喚される背景にはこうした事情が存在する。著者自身がこのイメージに自らを重ねていることは言うまでもない。『共和主義の原理』の冒頭で、彼は立法者としての立場から自身の行動原理を説明する意図を予告していたのだった［一二一］。ここから彼が相続に関する政策を「再生の立法」［一四五］と呼んでいる理由が明らかとなる。立法者の手による再生が、ビヨ＝ヴァレンヌが「共和主義の原理」を旗印として掲げる政府批判の解答となっているのである。(29)

三　単一の政府と立法者の課題――サン＝ジュストの憲法演説――

ここまでに確認したとおり、ビヨ＝ヴァレンヌは本性的社会性の肯定から出発して政府への批判を組み上げた。この試みにおいて、ルソーの政治思想は現実の状況に応答しうる彼自身の考察へと到達するために乗り越えなければならない対象となっていた。

それでは、なぜビヨ＝ヴァレンヌは国民公会の開会以後の時期にこの発想に到達したのか、あるいは到達せざるをえなかったのか。程度の差はあるにせよ、革命家たちの論争が彼らに先行する啓蒙の哲学者による著作を前提としている事実を踏まえるならば、彼のみが当時の議論の枠組みから離れて筆を運んでいるとする理由は見当たらない。『共和主義の原理』の執筆時期に彼はいかなる状況に直面していたのだろうか。冒頭で予告しながらも説明するには至らなかった「原理の適用」とは何を想定していたのだろうか。

これらの疑問に答えるためには、ビヨ＝ヴァレンヌがジャコバン・クラブ内の憲法委員会の一員に選出されていた文脈を見落としてはならない。この委員会は、その大多数がジロンド派であった国民公会の憲法委員会への異議申し立てを目的として構成されたものであった(30)。実際に、彼は『共和主義の原理』の読者が学ぶべき内容として「人民の自由と幸福を保証するべく考案した、憲法の原理とその中心的な基礎づけ」［三一二］を挙げている。つまり、これらの「原理」はジロンド派に対する、より正確にはコンドルセの手によって一七九三年二月に国民公会に提出されるジロンド派の憲法案に対する反論に連なると考えられるのである(31)。それゆえ彼の主張には、ジロンド派とモンターニュ派の深刻な対立が反映されている。議会での原理から適用への推移を観察すれば、本性的社会性を肯定することの意義がより明確となるだろう。ここで別の革命家との比較が解明の糸口として浮上する。

同時期に本性的社会性を憲法と合わせて論じた人物が、われわれのもうひとりの研究対象となるサン＝ジュストである(32)。一七九三年四月二四日に行われた「フランスの憲法に関する演説」は、ジロンド派の憲法案に潜む「連邦主義(フェデラリスム)」を告発することが主眼となっている。ミシェル・トロペールが指摘するように、かような政治的意図は執行権に対する立場に矛盾をもたらすほどに彼の論理に影響を及ぼしている(33)。その主張のなかに九三年のジャコバン主義を特徴づける要素、すなわち中央集権化への傾向を探り当てることはけっして不当ではなく、革命家たちの実践にまつわる困難の一例として取り扱われる場合が多いテクストである。検討の余地が残されているとすれば、本演説が一七九一年九月から一七九二年九月にかけて執筆された未完の草稿『自然について』の延長線上に位置しており、いくつかの重要なアイデアを継承している点であろう(34)。サン＝ジュストによる次の発言は、双方が原理と適用の関係にあることを仄めかしている。「公法は書物のなかに大いに流布しているとはいえ、それらは適用やわれわれにふさわしい事柄については何も教えてくれない」［五三五］。この演説における「中央集権化」と呼ばれるものが『自然について』で練り上げられたサン＝ジュストの政治思想との一貫性を欠いているように見える点はすでに考察の対象となっているが、適用に当たっての争点は十分に掘り下げられていない(35)。ビヨ＝ヴァレンヌの場合と同様に、本性的社会性を軸とした議論にその答えが隠されているはずである。

サン＝ジュストの二つのテクストの比較を通じてすぐさま判明するのは、自然状態についての考察の連続性である。演説における次の一節を取り上げよう。

モンテスキューは森のなかで発見された野生人が覚える恐怖を愚かさの徴しと見なした。しかしながら、われわれを見ると震え上がり、逃げ出すと彼が述べるところのこの野生人は、それと同じ種族や言葉を前にしても震え上がり、逃げ出すというのだろうか。獰猛な獣たちは、われわれがそれを前にして震え上がり、逃げ出すとき、われわれを野生人と考えることができるのだろうか。［五三八］

一見すると憲法を論じるには不似合いに思えるこの主張は、草稿を起源とするものと推測されてきた。後者ではホッブズとモンテスキューの名を引き合いに出しながら、そしておそらくは『法の精神』第一編第二章を主として参照しながら[36]、サン＝ジュストは「社会状態（état social）」を「合意」に由来する「政治状態（état politique）」から切り離そうとする。彼の語彙では、社会状態は自然状態と同義となっているがゆえに、この区別を対内関係と対外関係のみに還元することは早計である。彼自身の言い回しを用いるならば、社会状態は「人々の独立に立脚した自然の社会」［一〇四五］を指す。それゆえサン＝ジュストは、社会状態から政治状態への移行が人間の歴史においては必然だとする考えを批判する。広く認められた自然法学派の構想とは反対に、合意とは「社会を破壊する技法そのもの」［一〇四三］と喝破されるのである。演説から引かれた前掲の一節にはホッブズへの言及は見られないとはいえ、サン＝ジュストがモンテスキューの読解を通じてホッブズの理論を学んだ可能性を考慮すれば[37]、これら二つのテクストが同一の論拠から以下の結論を引き出していることが理解される。つまり、人間が社会性を欠いた動物だとする誤りから政府による人民の簒奪が生じるというわけである。実際に、演説でサン＝ジュストは次のように述べている。「人民の隷属の起源は政府の複合的な力である。これらの政府は彼らの敵に抵抗して用いるのと同様の力を人民に対して用いたのだった」［五三七］。かくして彼の批判の矛先は、合意を正当性の根拠とする政府に集中することになる。

恐怖政治の苛烈な執行者として、ミシュレから「死の大天使」と称された人物が温めていたこの原理が、ジロンド派との論争に際して突如として表面化することは示唆に富む。サン＝ジュストが社会状態に向けた賛辞は、彼を「黄金時代」への単純な回帰に、彼自身の言葉を用いるならば「自然の政体（politie naturelle）」［五三八］への回帰に導くわけではなく、現実的な意味を帯びるからである。ホッブズ的な自然状態に対する批判と本性的社会性の肯定は、喫緊の争点である憲法をめぐる議論とどのように結びつくのだろうか。

二つのテクストにおける連続性は、サン＝ジュストが人民を抑圧する傾向を孕んだ政府およびその構成員である行政官に対する不信を残している点にも見受けられる。伝統的な意味での自然状態を受け入れるかぎりでは、集合的人格としての人民の二つの側面、すなわち主権者と臣民のあいだに媒介として存在する行政官が独立し、結果として暴君による支配を招来する。フランスの現状にも合致するこの袋小路から抜け出すには、「そのとき人民が再生し、再び人民自身へと復帰する」［五四二］ように手を打たねばならない。この場合、社会状態の原理はいかに適用されるべきか。以下の一節はサン＝ジュストの解答に相当するものと考えられる。

> この原理にいくらか注意を払うのであれば、そしてこの原理を適用せんと欲するのであれば、次のことが見いだされる。政府の主たる力は対外関係にあり、国内では人々のあいだの自然の正義が彼らの社会の原理と見なされるのであるから、政府は調和の原動力であって権威の原動力ではない。［五三七］

右の引用でサン＝ジュストは、一方では政府による力の行使を政治状態に、ここでは「対外関係」に限定することを目論んでいる。他方で、政府には社会状態における調和の維持といった役割が割り当てられる。社会状態と政治状態の区別に合わせながら、「強力」であると同時に「正当」である政府が提唱されている。草稿では、ルソーはひとえに「強力な」だけの政府を構想したという否定的な注釈の対象であった事実を加味するならば、政府概念を標的とするルソー読解の大枠は憲法演説にも引き継がれていると言えるだろう(38)。

サン＝ジュストの本性的社会性の肯定は、明示的にはルソーに言及していない点でビヨ＝ヴァレンヌと一線を画する。この演説に見られる特色としては、一般意志解釈が挙げられる。「連邦主義」、より具体的にはジロンド派が提案する「連邦的代表制」に反旗を翻しながら、サン＝ジュストは「一般意志は不可分である〔…〕。この意志は法のみならず、代表にも適用されねばならない」［五四九］と主張する。一般意志の特徴のひとつである不可分性をかように定式化することは、主権の代表それ自体を受け入れないルソーの『社会契約論』からは明らかに逸脱する。まさしくこの問題をめぐって、両者の相違が表面化することになる(39)。

不可分性という理念から、サン＝ジュストは代表と政府それぞれの一体性の要求へと議論を進める。「共和国の一体性は政府の一体性によって保存される。ところでこの一体性は、一般意志の行使ならびに代表の一体性によってのみ保証されうるものである」［五五〇］。この状態を実現するには、人民の隷属を生む「政府の複合的な力」を制御しなければならない。こうしてサン＝ジュストは「そこでは正当かつ保証された法のもとで人民が独立し、人民を抑圧することが不可能であるがゆえに圧政に抵抗する必要のない政府」［五四七］であるところの「単一の政府（gouvernement simple）」の必要性を訴える。

それでは、誰が国家の一体性を守りつつ、政府をしかるべき方向へと導くのだろうか。この演説全体を通じて、サン＝ジュストは国民公会におけるその聞き手、すなわち「立法者たち」を明確に意識している。立法者の役割とは「善を求めそれを永続化させること」、そして「人々を彼が望むものに変えること」だとされており、立法者が作成する法から徳と良い習俗が生じる［五三九―五四〇］。こうした主張からも、先に述べたビヨ＝ヴァレンヌとの共通点を抽出することが可能となる。政府の制御、そして人民の「再生」という困難な課題の遂行は、政府の本性と人民に適した法に関する深い知識を備えた立法者に求められるのである。

おわりに

冒頭で述べた本稿の趣旨に立ち戻ろう。本性的社会性の肯定を通じて、ビヨ＝ヴァレンヌとサン＝ジュストはともに政府を問い直した。前者は所有がもたらす人為的不平等の是正、後者は人民の統一性を妨げる媒介の排除というように、それぞれの重点は異なるとはいえ、これら二人の革命家は共和国の基礎づけを模索している。この着想の背景として、国王逃亡から九三年憲法へと至る共和政をめぐる論争の存在を取り逃がすべきではない。当時の論調には、近代的装置である代表制を用いてアメリカ革命が一足先に実現した共和的統治と、ギリシア以来の民主政の理想、すなわち「統治者と被統治者の同一性」の要請とをいかにして和解させるかという問題が影を落としている(40)。共和国における「憲法＝国制（constitution）」はその条文あるいは「政体」としての共和政のみに還元しうるものではなく、ルソー的な意味での「政府」、すなわち執行権の構成とも不可分である。かくして九三年のジャコバン主義の焦点は、この時期にルソーを経由して政府概念へと収斂することになる。こうした観点は、ロベスピエール曰く「革命と同様に新しい」ものである「革命政府（革命的統治）」の理論を検討する場合にも有益だと考えられる。

本稿の内容が垣間見せたように、九三年の革命家が掲げる「共和主義」の理念は、古代史の教訓やルソーの著作を反復するだけでは具体化が困難であった。共和主義的伝統の枠内に留保なくルソーを位置づける傾向に警鐘を鳴らすブリュノ・ベルナルディの主張は、思想史上両者の後継と目される九三年のジャコバン主義にとっても無縁ではない[41]。この点で、ビヨ＝ヴァレンヌとサン＝ジュストが立法者という歴史的射程の広い概念に助けを求めていることは意義深い。この概念は、立法権を有する人民の代表者としての近代的意味のみならず、「法の作成者」に限定されない古代的意味をも内包しており、革命期の議論を読解する際の躓きの石となっているためである。とりわけ後者の用法は、ルソーが『社会契約論』や後年の『ポーランド統治論』で述べた内容とも一定の重なりが指摘されており、ここでのルソー受容の様態も丹念に追跡しなければならない[42]。それゆえ今後の研究には、九三年のジャコバン主義におけるアンチ・ルソー的要素に立脚しながら、「哲学者的立法者」としての自己規定およびその段階的変化を分析することが課題として残されている。

注

(1)　本稿の一部は以下の拙稿で検討した内容を取り扱うため、論述の都合上やむなく重なる箇所がある。山下雄大「統治への不信　サン＝ジュストの政治哲学とその適用」、『年報地域文化研究』、第二二号、東京大学大学院総合文化研究科地域文化研究専攻、二〇一九年、二二一―四〇頁。本稿での引用のうち、既存の日本語訳を参照したものはその対応箇所を書誌情報末尾の〔　〕内に指示する。なお、訳文は筆者の判断により適宜手を加えている。

(2)　Bernard Manin, « Rousseau » (1988), in François Furet et Mona Ozouf (dir.), *Dictionnaire critique de la Révolution française. Idées*, Paris, Flammarion, coll. « Champs », 1992, p. 457-481.

(3)　この領域においては、ロジェ・バルニによる一連の先駆的研究が依然として重要である。われわれが検討する内容に近接するものとして、以下を参照。Roger Barny, *Le droit naturel à l'épreuve de l'histoire. Jean-Jacques Rousseau dans la Révolution (débats politiques et sociaux)*, Paris, Les Belles Lettres, 1995. バルニが中心的な対象としていない国民公会以降の時期に関しては、以下の著作に詳しい。Nathalie-Barbara Robisco, *Jean-Jacques Rousseau et la Révolution française*.

Une esthétique de la politique, 1792-1799, Paris, Honoré Champion, 1998. さらに、以下はジャコバン派全体とルソーの関係をもっとも包括的に論じた労作であるが、その論点の網羅性ゆえに革命家各自における通時的な視点の変化を把握し切れていないという難点も抱えている。Julien Boudon, *Les Jacobins. Une traduction des principes de Jean-Jacques Rousseau*, Paris, LGDJ, 2006.

（4） Jacques-Nicolas Billaud-Varenne, *L'Acéphocratie, ou le gouvernement fédératif, démontré le meilleur de tous, pour un grand Empire, par les principes de la politique et les faits de l'histoire*, Paris, 1791. 本書の政治的文脈に関しては、以下を参照。Marcel Gauchet, *La Révolution des pouvoirs. La souveraineté, le peuple et la représentation, 1789-1799*, Paris, Gallimard, 1995, p. 101-105.〔マルセル・ゴーシェ『代表制の政治哲学』、富永茂樹ほか訳、みすず書房、二〇〇〇年、八九―九二頁〕この時期に登場する「無頭政」という表現に関しては、以下を参照。Pierre Rosanvallon, *Le bon gouvernement*, Paris, Seuil, 2015, p. 52-54.

（5） 近年のサン＝ジュスト研究は彼の共和主義者としての側面を強調する傾向にある。例として、以下を参照。Pierre-Yves Glasser et Anne Quennedey, « Saint-Just politique ou mystique ? Le problème de la croyance en la République dans la pensée du Conventionnel », in Monique Cottret et Caroline Galland (dir.), *Croire ou ne pas croire*, Paris, Kimé, 2013, p. 315-335.

（6） この象徴的な事件を呼び水として、一七九一年夏の国民議会では執行権における国王の役割が中心的な論点となったことが知られている。これに関しては、以下を参照。Patrice Gueniffey, *Histoires de la Révolution et de l'Empire* (2011), Paris, Perrin, coll. « Tempus », 2013, p. 89-156. なお、支配的な論調が直ちに「政体」としての共和政の要求へと傾いたわけではないため、段階的な議論の推移に留意しなければならない。国王逃亡後の共和主義解釈の変化に関してはすでに多くの研究が存在するが、キース・マイケル・ベイカーの掲げる「古典的共和主義の変容」と九三年のジャコバン主義との関係については依然として検討の余地があると考えられる。ベイカーの主張に関しては、以下を参照。Keith Michael Baker, « Transformations of Classical Republicanism in Eighteenth-Century France », *The Journal of Modern History*, vol. LXXIII, n° 1, 2001, p. 32-53.

（7） M. Gauchet, *La Révolution des pouvoirs*, *op. cit.*, p. 100-101.〔前掲、ゴーシェ『代表制の政治哲学』、八八―八九頁〕

（8）　サン＝ジュストにおけるこの傾向に関しては、以下を参照。Miguel Abensour, « La philosophie politique de Saint-Just. Problématique et cadres sociaux », *Annales historiques de la Révolution française*, n° 183, 1966, p. 22-32. とりわけサン＝ジュストについて、本研究はアバンスールが提示する解釈から大いに影響を受けているが、われわれが取り組む課題は九三年のジャコバン主義全体を包括するには至らなかった彼の考察を先に進めることにある。

（9）　M. Gauchet, *La Révolution des pouvoirs*, *op. cit.*, p. 30-31.〔前掲、ゴーシェ『代表制の政治哲学』、二四―二五頁〕アバンスールとゴーシェはある時期までクロード・ルフォールを中心とした同一の研究グループに所属しており、複数の問題意識を共有しているが、一七九三年の評価をめぐる両者の見解は大きく隔たっている。

（10）　そのサン＝ジュスト研究において、アバンスールは本性的社会性の問題がジャコバン派の理論家たち、この場合はビヨ＝ヴァレンヌにも共有されていることを指摘している。M. Abensour, « La philosophie politique de Saint-Just », *art. cit.*, p. 27-30; Miguel Abensour, « Saint-Just » (1986), in François Châtelet, Olivier Duhamel et Évelyne Pisier (dir.), *Dictionnaire des œuvres politiques*, Paris, PUF, coll. « Quadrige », 2001, p. 1008. ビヨ＝ヴァレンヌにおけるこの概念の所在に関しては、以下にも言及が見られる。Françoise Brunel, « Introduction », in Jacques-Nicolas Billaud-Varenne, *Principes régénérateurs du système social*, Paris, Publications de la Sorbonne, 1992, p. 36; J. Boudon, *Les Jacobins*, *op. cit.*, p. 117-121. こうした問題設定がロベスピエールを含めた他の論客の議論にも明確に反映されているかという点に関しては、即断を控えなければならない。以下の論文によれば、マラの著作では本性的社会性が否定されている。Olivier Coquard, « La politique de Marat », *Annales historiques de la Révolution française*, n° 285, 1991, p. 325-351.

（11）　例として、以下を参照。R. Barny, *Le droit naturel à l'épreuve de l'histoire*, *op. cit.*, p. 141-142; Roger Barny, *L'éclatement révolutionnaire du rousseauisme*, Paris, Les Belles Lettres, 1988, p. 113-114.

（12）　Jacques-Nicolas Billaud-Varenne, *Les Éléments du républicanisme*, in *Archives parlementaires*, t. LXVII, p. 220-246. 本稿が依拠する本版の頁数は［　］内の数字で指示する。分量が限られている上に未完成であるにもかかわらず、このテクストは歴史家のみならず哲学者の側からも関心を集めており、国際哲学コレージュの研究対象となった。年報には『共和主義の原理』が収録されているほか、以下の論考が掲載されている。Myriam Revault d'Allonnes, « Billaud-Varenne, ou les malheurs de la vertu en politique », *Le Cahier du Collège international de philosophie*, n° 7, 1989, p. 83-92; Marc

Richir, « Billaud-Varenne, conventionnel législateur. La vertu égalitaire et l'équilibre symbolique des simulacres », *ibid.*, p. 93-110.

(13) 執筆時期の推定に関しては、以下を参照。F. Brunel, « Introduction », *art. cit.*, p. 15.

(14) M. Richir, « Billaud-Varenne, conventionnel législateur », *art. cit.*, p. 97.

(15) Jean-Jacques Rousseau, *Discours sur l'origine et les fondements de l'inégalité parmi les hommes*, in *Œuvres complètes*, édition publiée sous la direction de Bernard Gagnebin et Marcel Raymond, t. III, Paris, Gallimard, coll. « Bibliothèque de la pléiade », 1964, p. 219-220.〔ジャン＝ジャック・ルソー『人間不平等起源論』、坂倉裕治訳、講談社学術文庫、二〇一六年、一八四―一八五頁〕

(16) Jacques Guilaine, *Billaud-Varenne. L'ascète de la révolution (1756-1819)*, Paris, Fayard, 1969, p. 122.

(17) J.-J. Rousseau, *Discours sur l'origine et les fondements de l'inégalité parmi les hommes*, *op. cit.*, p. 131.〔前掲、ルソー『人間不平等起源論』、四一頁〕

(18) John M. Burney, « Billaud-Varenne and the Elements of Republicanism in 1793 », *Proceedings of the Annual Meeting of the Western Society for French History*, vol. XXVII, 1990, p. 222. ビヨ＝ヴァレンヌに通底するテーマとして「執行権の腐敗に対する批判」を挙げる著者の見解は、われわれの関心とも合致するものである。『共和主義の原理』に先立つ著作に関しては以下に詳しい。Françoise Brunel, « L'acculturation d'un révolutionnaire. L'exemple de Billaud-Varenne (1786-1791) », *Dix-huitième siècle*, n° 23, 1991, p. 261-274; John M. Burney, « The Fear of the Executive and the Threat of Conspiracy. Billaud-Varenne's Terrorist Rhetoric in the French Révolution, 1788-1794 », *French History*, vol. V, n° 2, 1991, p. 143-163.

(19) この議論に言及した先行研究として、以下を参照。Jean Ehrard, *L'idée de nature en France dans la première moitié du XVIIIe siècle* (1963), Paris, Albin Michel, 1994, p. 471-483; Catherine Larrère, *L'invention de l'économie au XVIIIe siècle. Du droit naturel à la physiocratie*, Paris, PUF, 1992, p. 17-93.

(20) ルソー研究の文脈では、この概念が本格的な考察の対象となるのは『ジュネーヴ草稿』の段階だとされている。以下を参照。Robert Derathé, *Jean-Jacques Rousseau et la science politique de son temps*, 2e éd., Paris, Vrin, 1971, p. 142〔R・

ドラテ『ルソーとその時代の政治学』、西嶋法友訳、九州大学出版会、一九八六年、一三一頁〕; Victor Goldschmidt, *Anthropologie et politique. Les principes du système de Rousseau*, Paris, Vrin, 1974, p. 464-465. こうした指摘は看過されるべきではないが、あくまでルソー受容の側面に着目する本稿では『第二論文』のみを論じるに留める。

(21) J.-J. Rousseau, *Discours sur l'origine et les fondements de l'inégalité parmi les hommes*, *op. cit.*, p. 151.〔前掲、ルソー『人間不平等起源論』、七五頁〕

(22) *Ibid.*, p. 162.〔同前、九三頁〕

(23) R. Derathé, *Jean-Jacques Rousseau et la science politique de son temps*, *op. cit.*, p. 149.〔前掲、ドラテ『ルソーとその時代の政治学』、一三六頁〕

(24) リュシアン・ジョームによれば、『共和主義の原理』には九三年のジャコバン主義を特徴づける要素のひとつである「利己的な個人主義に対する闘争」が表明されている。Lucien Jaume, *Le discours jacobin et la démocratie*, Paris, Fayard, 1989, p. 21 et p. 187-191.

(25) J.-J. Rousseau, *Discours sur l'origine et les fondements de l'inégalité parmi les hommes*, *op. cit.*, p. 152.〔前掲、ルソー『人間不平等起源論』、七六頁〕

(26) 富についてのルソーとビヨ＝ヴァレンヌの関係に関しては、以下を参照。Jean-Fabien Spitz, *L'amour de l'égalité. Essai sur la critique de l'égalitarisme républicain en France, 1770-1830*, Paris, Vrin, 2000, p. 22-23.

(27) 例として、以下を参照。Jean Jaurès, « Billaud-Varenne, un communisme de l'héritage », *Le Cahier du Collège international de philosophie*, n°7, 1989, p. 73-82. 前述の国際哲学コレージュの年報に収録されているこのテクストは、『社会主義的フランス革命史』からの抜粋である。

(28) J.-J. Rousseau, *Discours sur l'origine et les fondements de l'inégalité parmi les hommes*, *op. cit.*, p. 191.〔前掲、ルソー『人間不平等起源論』、一三九―一四〇頁〕

(29) ロビスコによれば、「哲学者的立法者」という表現自体は国民公会の開会当初から用例が見られ、サン＝ジュストの演説（一七九四年二月二六日）にも登場している。N.B. Robisco, *Jean-Jacques Rousseau et la Révolution française*, *op. cit.*, p. 118-119.「再生」についての踏み込んだ議論は別稿に譲るが、ブードンが本稿の対象である二人に加えてロベスピエールを例に挙げて論じているように、このテーマは立法者およびその所産である各種の制度と密接に関連している。J. Boudon, *Les Jacobins, op. cit.*, p. 296-300.

（30）J. Guilaine, *Billaud-Varenne, op. cit.*, p. 120. 九三年憲法を主題とする議論全体の経過については、以下を参照。Jacques Godechot, *Les institutions de la France sous la Révolution et l'Empire*, 5e éd., Paris, PUF, 1998, p. 273-289.

（31）『共和主義の原理』と九三年憲法の関係については、以下を参照。M. Richir, « Billaud-Varenne, conventionnel législateur », *art. cit.*, p. 96.

（32）本稿でのサン＝ジュストからの引用は、現時点でもっとも信頼に足る以下の版に依拠する。Antoine-Louis de Saint-Just, *Œuvres complètes*, édition établie et présentée par Anne Kupiec et Miguel Abensour, Paris, Gallimard, coll. « Folio histoire », 2004. ビヨ＝ヴァレンヌの場合と同様に、［　］内の数字は対応する頁数を指す。

（33）Michel Troper, « Saint-Just et le problème du pouvoir exécutif dans le discours du 24 avril 1793 », *Annales historiques de la Révolution française*, n° 191, 1968, p. 5-13.

（34）発見当初の先行研究にとって、この事実は草稿の執筆時期推定に寄与することになった。例として、以下を参照。Albert Soboul, « Un manuscrit inédit de Saint-Just. "De la Nature, de l'État civil, de la Cité, ou les Règles de l'indépendance du Gouvernement" », *Annales historiques de la Révolution française*, n° 124, 1951, p. 321-325; Albert Ollivier, *Saint-Just et la force des choses*, Paris, Gallimard, 1954, p. 563-567. 現在通用している執筆時期の根拠に関しては、以下を参照。M. Abensour, « La philosophie politique de Saint-Just », *art. cit.*, p. 2; M. Abensour, « Saint-Just », *art. cit.*, p. 1001-1002.

（35）この立場の先行研究として、以下を参照。Lucien Jaume, *Échec au libéralisme. Les Jacobins et l'État*, Paris, Kimé, 1990, p. 64-67. アバンスールは、『自然について』と第二の草稿である『共和国の制度』（一七九三―一七九四年）の中間に相当する本演説およびサン＝ジュストによる憲法案を「批判的態度の中断」の時期に位置づけている。Miguel Abensour, « La théorie des institutions et les relations du législateur et du peuple selon Saint-Just », in *Actes du Colloque Saint-Just*, avant-propos par Albert Soboul, Paris, Société des études robespierristes, 1968, p. 258-263. 『自然について』の原理が適用された一形態としての通時的観点と、当時の議論を踏まえた共時的観点をともに重視して憲法演説

を取り扱う点で、本稿は両者の主張から等しく距離を置いていると考えられる。アバンスールによる『自然について』の解釈に関しては、前掲の諸論文に加えて以下を参照。Miguel Abensour, « Lire Saint-Just », in Saint-Just, *Œuvres complètes*, *op. cit.*, p. 25-47.

(36)「社会の設立以前の人間」について、モンテスキューはこの箇所で次のように述べている。「かような人間はまずもって自らの弱さのみを感じる。その臆病さは極度のものである。このことを立証する経験が必要とされた際に、森のなかで野生人が発見される運びとなった。すべてが彼らを震え上がらせ、逃げ出させる。」Montesquieu, *De l'Esprit des lois*, édition établie par Laurent Versini, t. I, Paris, Gallimard, coll. « Folio essais », 1995, p. 91.〔モンテスキュー『法の精神』上巻、野田良之ほか訳、岩波文庫、一九八九年、四四頁〕

(37) Louise Ampilova-Tuil, Catherine Gosselin et Anne Quennedey, « La bibliothèque de Saint-Just. Catalogue et essai d'interprétation critique », *Annales historiques de la Révolution française*, n°379, 2015, p. 213. 著者たちが注で指摘するように、サン＝ジュストはホッブズに言及する際に当時普及していた『市民論』の仏訳ではなく、モンテスキューの訳文を援用している。

(38)「ルソーは絶えず自然に目を向け、独立した社会を探し求めたが、このことは彼が思い描く強力な政府と相容れなかった。ルソーは自らの手で自由を絞め殺し、隷属に抗する原動力を打ち立てれば打ち立てるほどに、それだけ多くの暴政に資する武器を鍛え上げたのだった。」〔一〇五二〕

(39) 代議制統治の実践が引き起こす軋轢を手がかりとして、マナンはルソーとサン＝ジュストの矛盾を孕んだ関係性を論じている。とりわけ以下の箇所を参照。Bernard Manin, « Saint-Just, la logique de la Terreur », *Libre*, n°6, 1979, p. 171-178. また、以下の一節に見られるように、『自然について』の時点でサン＝ジュストはルソーが不可謬と定義した一般意志を意識的に読み換えており、この概念の理解が彼にとって大きな意義を有していたと推察される。「法は事物の自然な関係であって、相対的な関係や一般意志の結果ではない。法について語るに当たってルソーは、それはひとえに一般意志を表明しうると述べ、立法者の必要性を認めるに至った。しかるに立法者は自然を表明しうるのであって、一般意志は表明できない。さらにこの意志は誤りうるのだから、社会体は他者によって抑圧される以上に自分自身によって抑圧されるべきではない。」〔一〇六七〕したがって、サン＝ジュストの一般意志解釈は革命期のルソー主義の傾向とも対照しながら再考すべきだと言える。

（40）マナンがその主著で詳細に論じているように、人民による直接統治から区別される代議制統治とは、一般的に統治者と被統治者の同一性を拒むシステムである。フランス革命との同時代的視座に立つならば、人民と統治者の近接性を要求したアンチ・フェデラリストの主張は、われわれの研究対象との比較に値すると考えられる。Bernard Manin, *Principes du gouvernement représentatif* (1995), Paris, Flammarion, 2012, p. 135-170. アメリカの経験との比較に特徴のある先行研究として、以下を参照。Philippe Raynaud, « Révolution française et Révolution américaine », in François Furet (dir.), *L'héritage de la Révolution française* (1989), Paris, Fayard, 2015, p. 35-55; Philippe Raynaud, *Trois révolutions de la liberté. Angleterre, Amérique, France*, Paris, PUF, 2009.

（41）ブリュノ・ベルナルディ「ルソーと共和主義、正しい理解と間違った理解」、『ジャン＝ジャック・ルソーの政治哲学 一般意志・人民主権・共和国』、三浦信孝編、永見文雄ほか訳・解説、勁草書房、二〇一四年、一九―四八頁。

（42）ルソーの立法者概念に関しては、以下を参照。Bernard Gagnebin, « Le rôle du législateur dans les conceptions politiques de Rousseau », in *Études sur le* Contrat social *de Jean-Jacques Rousseau*, Paris, Les Belles Lettres, 1964, p. 277-290; Yves Touchefeu, *L'Antiquité et le christianisme dans la pensée de Jean-Jacques Rousseau*, Oxford, Voltaire Foundation, 1999, p. 547-560. 革命家たちによるこの概念の受容を扱った重要な先行研究として、以下を参照。N.B. Robisco, *Jean-Jacques Rousseau et la Révolution française*, *op. cit.*, p. 113-166; J. Boudon, *Les Jacobins*, *op. cit.*, p. 121-127.

代表制政体を民主化する？
——総裁政府下のアントワーヌ・フランセ・ド・ナントの政治思想(1)——

キム・ミンチュル
訳＝山﨑　耕一

一八世紀とフランス革命期においては、「民主主義」の概念は「代表制政体」という概念の対極にあった。(2)「民主主義」は、フランス革命の前のみならず革命中においても、至るところで忌避されており、思想の面においても政治の面においても周縁的な影響力しか持たなかった。だからこの語をスローガンとして用いるのは一八世紀を通して稀だったのであり、共和暦二年はその例外だった。(3)こうした状況においては、民主主義の概念を、ほんのわずかでにせよ肯定的・擁護的に用いるのは、当該の著者（もしくは演説者）が民主主義者に与しており、自身が民主主義者、急進派、より多くの場合には「無政府主義者」と見做されることを意味した。この点に関して、ピエール＝アントワーヌ・アントネルと他の何人かの民主主義者が総裁政府期に急進的民主主義の近代的な理論を練りあげようとし、「代表制民主主義」を明確に擁護したことは意義深い。「代表制民主主義」とはテルミドール以前にコンドルセとその仲間が、穏和な共和主義者が好んでいた「代表制政体」の概念に対立させて思いついた政治概念である。(4)「民主主義的共和国」についての彼らの見解においては、民主主義と代表の組み合わせは実現しうる概念言語になり始めている。(5)それでも、

「民主主義」という語に伴う否定的なニュアンスは、民主主義者にとってさえも、この語を政治的議論で用いるのを戦略的に軽率なものとし得るものだった。アントワーヌ・フランセ・ド・ナントは、この点に関する民主主義者の戦略の多様性を示す好例である。なぜならば彼は「代表制政体」の語を用いることで、政治的討論における民主主義者の位置を強化しようとしたからである。彼は、自分が民主主義者であることを示すのに十分な程度には「民主主義」の語を用いるが、絶対に必要な場合以外にはその語を用いるのを慎重に避けたのである。この点に基づいて本稿ではアントワーヌ・フランセ・ド・ナントを、総裁政府下においては戦略面において慎重な民主主義者、統領政府下においては、「リベラル」というよりはむしろ、政治的アプローチにおいても慎重な現実主義者（日和見主義者ではない）とみなすべきであることを示したい。

フランセ・ド・ナントはボルペール（Beaurepaire）で一七五六年に生まれ、ナントで政治演説家として注目されて、一七九一年にロワール＝アンフェリユール県から立法議会議員に選出された。彼はジロンド派に近く、恐怖政治期にはパリを逃れた。それでも一七九三年にはグルノーブルで、イゼール県の第一次集会が連邦主義者の反乱に加わらないように説得するのに主要な役割を果たしている。一七九三年一二月から一七九五年二月までイゼール県代表部（directoire）で働いたが、その後「ジャコバン」への共感を理由に排除され、追放されている。アルプスのケラ渓谷に三年ほど身を隠した後、共和暦六年にイゼール県から五百人会議員に選出されて、政界に復帰した。彼は演説家として活動的で、財政や戦争など様々な問題に介入し、民主主義者の陣営についた。ブリュメール一八日の後にはボナパルトの政府に参加し、文人の保護者を自任した(6)。

共和暦六年にフランセ・ド・ナントの『代表制政体との関係における習俗、法、（…）への一瞥』が出版されたのは(7)、総裁政府を研究する歴史家が民主主義者の思想を見積もるのに貴重な機会を提供した。なぜならば、この書物が新聞や議会での討論に及ぼした影響を見積もるための史料はごく限られているにしても、同書は、アントネルの『自由人新聞』の一連の記事やリゴメ・バザン、ピエール＝ジョゼフ・ブリオ、エチエンヌ＝ジェリ・ラングレ、フェリックス・ルペルチエの書き物などとともに、当時の民主主義の概念を体系的に示した希少な報告書となっているからである。アイサー・ウォロク、ピエール・セルナ、ベルナール・ゲノは総裁政府下の「ジャコバン的」もしくは「民主主義的」な思想の重要性を指摘している。(8) それにも拘わらずフランセ・ド・ナントのこの時期の政治思想に関する研究は存在しない。本論文は彼の民主主義思想を革命の文脈の中で分析することを目指す。本研究はまた、ジョン・ロバートソンが啓蒙思想は「フランス革命によって一掃されたのであって、遂行されたのではない(9)」と断定しているにもかかわらず、急進的もしくは民主主義的な革命思想は啓蒙思想との分断の面だけではなく、啓蒙思想、とりわけ一八世紀の歴史、宗教、教育、世論、政治経済学に関する思想と明らかにつながっている面を持つことも示そうとするものである。(10)

共和暦六年の状況の中で、フリュクチドールとフロレアルの二つのクーデタの間にフランセ・ド・ナントは、政治的自由と経済的繁栄を促進しながらも正統性を保持する共和国を作り出そうと努めた。しかしながら、何世紀も君主政が続き、民衆はそのために共和政の習俗を欠いているとみなされる社会において、(11) どうしたら共和政体が存続できるだろうか。この欠如は、共和暦三年にジュリアン・マザドが「習俗が無であるところでは法はむなしい」と言っているように、(12) 深刻な問題なのである。

この問題に直面したフランセ・ド・ナントは、社会の変革こそが枢要であると考える。立法権と執行権の区別は、フランスを共和政的な社会に作り変える計画ほどには重要ではない。したがって彼にとっては「代表制政体」と「民主主義」の語は国家の行政の執行を意味するものではない。これらの語はむしろ、社会全体の組織原理を指すのである。それ故に彼は「主権」よりも「習俗」の概念にずっとこだわるのであって、「習俗」が彼の思想における中枢的な概念なのである。政治的なものと社会的なものにほぼ同等の重要性を認めるアントネルや、社会よりも政治を重要視するエマニュエル＝ジョゼフ・シィエスとは逆に、フランセ・ド・ナントにとっては統治機関のメカニカルな面よりも、むしろ社会変革の組織的な展望こそが重要なのだった。

フランセ・ド・ナントの思想は、古代は経済的・文化的・学術的な諸条件が根本的に異なっているのだから、近代社会が古代に復帰することはあり得ないという歴史意識に基づいている。彼は近代における民主主義共和国を目指しているのであって、それはつまり一七九〇年代の急進思想はバンジャマン・コンスタンが後になって指摘することになる古代人と近代人の二分法をすでに乗り越えているということなのである(13)。フランセ・ド・ナントはフランス革命をヨーロッパ史の文脈に位置づけており、民主主義的かつ代表制的な共和国が自由で永続的であるような道を素描しようとしているのである。その際に彼が避けようとしているのは、シィエスやピエール＝ルイ・レドレルのようにすでにいろいろ研究されている理論家が提案している道であって、それは、共和暦八年には、ハワード・ブラウンやアンドリュー・ジェンチルが「自由主義的権威主義」と呼ぶものにつながるのである(14)。フランセ・ド・ナントは、近代は商業の時代となっており、その諸条件は古代の民主主義の手法を適用するには不向きであるという前提に立っており、安定性にこだわるのは永続的な国家を作ったり、フランス革命の成果を保持したりするには適さないという、アントネルも持っていた考えを多くの共和主義者に示すのに、アントネルとは違うやり方を採ろうとするのである(15)。そのために彼らの言説戦略は異なるものになる。左派共和派は政治的に少数派だという総裁政府下の状況に向き合うため、フランセ・ド・ナントは民主主義者の共和主義を穏和共和派にも受け入れられるものにして、両者を一致させて王党派に対抗しようとするのである。

一　フランス革命――起源と展望――

フランス革命の見方はフランセ・ド・ナントを含む民主主義者たちの思想の基盤となっているので、まずそれを検討しなければならない。総裁政府下の民主主義者にとって、政治的崩壊を防ぐ唯一の方法は民主主義と安定性を結びつけることだと思われた。ギ・ショモン＝キトリが、総裁政府が軍事的勝利にも拘わらず不安定である理由を政府の腐敗、寡頭政的傾向、新聞の検閲、外交の無能さ、イタリアでの略奪の黙認に求めたことにも、こうした視点は現れている。この分析を通じて彼は「民主主義の安定性」を支持したのだった(16)。このように民主主義と安定性を結びつけるのは、語法論的にも政治的にもあり得ないことのように同時代人の大部分には思われたのだが、この点こそまさに民主主義者が擁護したものだった。反民主主義的な安定性は、革命や専制を引き起こし、それによって有為転変の歴史サイクルを再開するが故に長続きしないというのである。

フランセ・ド・ナントの『一瞥』は啓蒙思想によるヨーロッパ史の読解をめぐって構成されている。この読解は哲学者におけると同様に、革命家たちの思想においても重要な役割を果たしている(17)。彼の記述は、コンドルセ『人間精神の進歩の素描』の第八期と第九期の要約とも読めるが、そこにおいてはフランス革命は「経済学者」と「百科全書派」によって「四〇〇年来」準備されてきたものである。彼によれば「その根源は新大陸の発見、印刷術の発明、商業による人々の交流、書物による相互接近、懐疑と探求の精神、精密科学の涵養および道徳・政治科学への精密科学の方法の応用」である(18)。

この点において、フランセ・ド・ナントはフランス革命の精神的・政治的・軍事的な勝利を宣言する。革命フランスは「もっとも強固な反対を打ち砕き、もっとも強力な抵抗を屈服させた。」[19]その成果はフランスよりも外国においてより強いのであり、「ヨーロッパは革命を孕んでいる」。ヨーロッパの人々は、長い間忘れられていた自分たちの権利について論じ、行動し始めたのであり、それによって「世界革命」[20]の車輪を回すのである。フランス共和国は諸国の王を退位させ、共和国を打ち立て、その領土を八三県から一〇三県に拡大して、「自由な」人口は二四〇〇万人から四〇〇〇万人になった。ひとつの反応は次の反応を引き起こすものであるから、貴族の「陰謀」と「抵抗」が続けば「自由は地に満ちる」と彼は言う。[21]自由なイギリス国家はブルボン朝のフランスより強かった。しかし一七八九年に確立された自由なフランスの体制はイギリスを凌ぐと、共和暦六年の民主主義者であるフランセ・ド・ナントには思われるのである。それは奴隷制に対する自由の優位が示している。イギリスとヨーロッパ大陸のアリストクラートは失敗を運命づけられていると、彼は考えようとする。「一大事業は完成した」のであり、アンシアン・レジームは「緩慢ではあっても確実な時の手」によって倒されるのである。[22]

フランセ・ド・ナントは、フランス革命によって獲得されたものがフランスや外国で重きをなすようになる過程に、とりわけ関心を示している。彼にとって重要なことは二点ある。まず「打ち負かす(ヴァンクル)」よりも「説得する(コンヴァンクル)」必要がある。[23]ヨーロッパを脅かしている最大の危険は、今やフランス軍である。実力を当てにするよりも「自己統治を弁える」という「より困難な道」を進むべき時なのだ。君主のくびきを打ち捨て、政治的自律を自学自習することをヨーロッパ諸国に納得させねばならない。それは、フランスの広汎な国民が自由と平等を平穏に享受していることを世に示し得ることによってのみ、可能なのである。[24]彼はまた、フランス革命は反動で終わってはならないと考える。むしろそれを真の民主主義的改革へと導かねばならないのだ。[25]フランス革命の歴史はこの考えを正当化する例証に満ちていると彼には思われる。ヴァレンヌ逃亡事件、ヴァンデーの反乱、トゥーロンの反乱、ヴァンデミエール一三日の蜂起、フリュクチドール一八日のクーデタ、等々である。アリストクラートの反動は急進化を引き起こす。一七八九年に基礎づけられた自由を窒息させるのは、一七八九年の繰り返しを引き起こすことなのである。[26]

それでフランセ・ド・ナントは、それまでは「民主主義」の反意語と考えられていた「代表制政体」の語を、「代表制民主主義」を政治概念化したものに近づけようとする。我々はそれを「代表制政体の民主化」の試みと呼べる。すなわち「民主主義」という印象のよくない語を用いるのをできるだけ避けながら、穏和なサークルの意見も含む世論を民主主義的共和国の方に進ませようという、独創的な試みなのである。この企ては危険を伴う。恐怖政治が舞い戻るのを防ぐことが不可欠であることを、彼は強調する。彼は自分が「ジャコバン」だと思われないように注意している。この呼び名は、総裁政府派や王党派が反体制派の共和主義者を拘束すべき「野獣」にすり替えるために用いる「恐るべき呪符」なのである。[27] それでフランセ・ド・ナントは、フランス革命は血なまぐさいものである必要はないことを明言する。「ロベスピエールやカリエのような輩は革命を後退させるだけにしか役に立たない。」彼は恐怖政治に参加した者はそもそも「人類（ユマニテ）」に属さないと言う。だから彼らのような者がいるからといって、人々が完成を目指す能力や、よりよい社会に向かう道に、疑問を投げかける必要はないのである。[28]

「純粋な民主主義」は「美しい理念」ではあっても「じきに多数による専制、さらには一人の人間による専制に堕する」と彼は指摘する。[29] フランセ・ド・ナントは、漸進的に知識が増す時代を経験した国民にふさわしいのは代表制政体であるとする。この指摘は一七九〇年代の決まり文句であって、特別なものではない。しかし彼が基礎づけようとするのは、ボワシ・ダングラやドヌ、シィエス、レドレル、ブレ・ド・ラ・ムルトなどの代表制政体、すなわち所有階層のエリートが指導し、「民衆の意思」から独立に政治的決定がなされるような、納税額に応じた制限選挙制の共和国ではない。[30] 彼が基礎づけようとしたのは、むしろアントネルやバザンのモデルに似ている。すなわち自由と同じくらいに平等をも目指す民主主義的共和国である。この政治体を描くためにフランセ・ド・ナントが用いる用語は意味深い。民主主義の「気高さと高貴さ」は代表制政体の「的確さと沈思黙考」に結び付けられねばならず、それによって、政府は市民たちの絶えざる監視のもとに置かれ、「目まぐるしいほどの陳情、討論、クラブ、新聞、政治的宴会、政党、論争」は自由をもたらすものと見做されるような憲法が形成される。この宣言からはフランセを民主主義者と位置づけられるだろう。物音一つたてないような安定性は自由の死である。フランセ・ド・ナントはこの急進的な政治に民主主義的に定義された意味での「代表制政体」の名を与えるのだが、これにはボワシ・ダングラもシィエスも賛成しないであろう。彼は、この政体の確立と維持には平等、共和主義的習俗、活発な政治の場が必要だとする。[31]

二　商業の時代の政治経済学

商業は、政治理論家たちが必ず考慮に入れなければならなくなった、一八世紀ヨーロッパの新たな要因である。[32] フランセ・ド・ナントは商業・所有・平等に関する新たな政治経済学を提案するのだが、それは、彼によれば、自身の民主化された代表制政体の計画をもっともよく支えるはずのものなのである。彼は、ルソーの『不平等起源論』に倣って、自身の『一瞥』を「未開状態」には私的所有はなかったという断定から始める。排他的所有を導入した「力」は、人が「文明状態」に達すると所有「権」に転化した。社会において自然が退廃すると、人は「誤った考え」に満たされる。[33] するとフランセ・ド・ナントは、ルソーからコンドルセに移って、社会の再生と人間の完成は可能であり、歴史上の近代を生きる社会的人間は絶望的なまでに無知と貧困にさらされているわけではないという考えを採用する。彼は、社会を改革して、より連帯的にすることは可能だとする[34]。彼の考えでは、フランス革命は奴隷制を廃止し、ついでに教会財産も没収したのだから、近代的所有は共和政の構築を支え得るものになったのである。危険はむしろ、バブーフの「財産の共同体」の提案に見られるような、所有それ自体の否定にある。穏和共和派を安心させ、世論のあらゆる要素に訴えかけるためのレトリックとして、フランセ・ド・ナントは「あらゆる民主政には所有の侵害を試みる民衆扇動的な勢力があり」、「ローマの荒々しい貴族政」においてもこの血なまぐさい道を避けることはできなかったことを認める。彼は穏和派に対して、所有の尊重こそが平穏、正義、自由へのもっとも確実な道であることを保証する。古代人から学ぶべきことは何もない。というのも、彼らの民主主義は、その貴族政や寡頭政同様、奴隷の労働を基礎としていたからである。彼らの状態は近代人のそれとはあまりにも異なっているので、「財政術」と「商業バランス」や「複雑すぎる行政」を結ぶ複雑なネットワークの中から可能な最良の未来に至る道を見つける点に関して、近代人を助けることはできないのである[35]。

フランセ・ド・ナントは正義の概念を援用し、所有権を要求するが、それは彼が所有権を「完全な権利」として全面的に認めることを意味するものではない。完全な権利や不完全な権利を正当に扱うための自然法に対する配慮は、彼にとっては、共和主義的な自由＝独立を保持するための共和派的配慮ほどには重要ではないのである[36]。シィエスやレドレルの考えとは逆に[37]、彼は共和政体は極端な経済的不平等とは両立しないと考える。このイゼール県の代議士は、『オシアナ共和国』（一六五六年）に示されたハリントンの展望、すなわち所有の分配が当該社会の政府の形態を決定するという考えを採用して[38]、穏和な平等という条件のもとに生きる人々は諸権利の同様な平等を樹立できる政府を立てようとするのに対して、極端な不平等の下では富者は自分が持つ莫大な所有に対応する上位の権力を自分自身のために求めるので、貴族政や君主政とは一致しても、民主主義的共和国とは一致しなくなると説くのである。その上、民主主義的共和国もしくはフランセ・ド・ナントの言う「代表制政体」は富者が求めると彼が考えるもの、すなわち「名誉」を十分には持たない。それ故、君主政と不平等は親和的なのである。こうした点から富の広汎な不平等は、代表制政体とは両立不可能になるのであって、後者は「平等を支えるとともに平等によって支えられる」[39]のである。

こうした両立不可能性がフランセ・ド・ナントの政治経済学の中心点となる。総裁政府期の議論において、アントネルやラングレが提案した平等を支援する討論素材を、[40]彼は提供したのである。それ故に、共和暦四年にジャン＝バチスト・モグラが提案したような遺言の自由の絶対性に好意的な同時代の議論[41]に対して、フランセ・ド・ナントは、遺産の平等分割に関する革命期の法は人民主権に基づく共和国にふさわしい規制であるとして、正当化するのである。彼によればこうした立法措置は、家族の財産を一体のものとして保持しようとするために、不注意にも社会的不平等を志向してしまう個別意思を修正することで、「代表制政体の本質的な制度」を予見しているのである。同じ理由から、彼は売却される国有地[42]の分割も擁護する。彼は、売却地の分割に関する「九三年に採られた賢明な措置」が一七八九年から実施されていたら、土地所有者の数を増やすことで「代表制政体の原則を強化し得たであろう」と述べる。[43]

彼の視点から見ると、近代社会の中にはこうした平等の探求に敵対する大きな力が含まれている。商業である。商業と平等の関係に関しては、フランセ・ド・ナントは商業は平等を志向するという説に反対するのである。[44]しかしながら彼は、商業が全面的に否定的な要因だとは考えない。議会では商業は「諸国民の自然的な絆、（中略）労働と勤労を普及させるもの、所有の作り手にして保持者[45]」とみなされていた。当時は多くの思想家が商業を「世の中を当惑させる災害を修復し、（中略）都市を再建し、損害を受けた農村に肥沃さを回復させるもの[46]」と考えていた。フランセ・ド・ナントにとっては、商業は長所も不都合も同時にあるものである。商業はまず、雇用を創出し、他の経済部門が製造や改良を行なうのを刺激する。商業の最大の長所は、共和国は富裕者や有力者の野心から距離があること、共和国が軍事政府に変質しないことを保証する必要と結びついている。彼はモンテスキューに倣って、様々な政体を決める要因は、君主政においては「名誉」、貴族政的な共和国においては「地位」、純粋な民主政においては「徳」であると述べる。しかし代表制政体においては「地位は一時的で金にならない」が故に、政体を保持するためには政治的野心に餌を投げてやらなければならない。「商業による財産の期待」が、まさにこの餌の役をする。そのような商人文化は政治や軍事での栄光の魅力を減退させるであろうし、それによって民衆が「偉人」に対する「感謝」の「奴隷」にならないようにするのである(47)。

不都合な点は、平等は「代表制政体において本質的」であるのに不平等が「商業に並びあっている」ことである。それでも商業は避けられない。単純な農業経済の日々は完全に一掃された。「いかなる民主主義者であれ、いかなる民主主義者と自任している者であれ」、この事実は認めなければならないと彼は言う。商業の不平等への傾向は、民主主義的共和国にとっては脅威となる。しかしながら近代社会の政治経済学においては「無数の要因が互いに組み合わさり、均衡し、相互に中立化しあう」のであって、それらの要因はあまりにも数多いので、立法者はそれらを組織したり活用したりできない。フランセ・ド・ナントにはこの脅威を取り除き得るような単純な治療法は見つけられないのである(48)。

彼は、国家の政策によって不平等の最悪の結果はなんとか緩和しうると考える。一つのよい方法は、牛肉、羊肉、塩などの必需品には間接税をかけないことである。こうした税は逆進課税に等しく、農業を破壊する。貧者はますます貧しくなるのである(49)。彼はイギリスの「救貧税」を、乞食を根絶させたとして称賛する。乞食の存在は「国民がうまく統治されていない」ことの証である。「特別な時」すなわち革命という条件のもとでは、公共扶助は不平等や極端な貧困の一時的なうねりを緩和し得る[50]。従って平等は、急進的で民主化された代表制政体の基本原則にならねばならない。なぜならそれによって、近代人の生活と両立する真の共和主義的自由の展望が開けるからである。

三　共和主義的習俗

「近代的」諸条件についての思索は、習俗の問題と政治経済学の問題を緊密に結びつける[51]。フランセ・ド・ナントは、穏和な平等をめぐる自らの政治経済学に依拠して、民主主義的代表制政体のもとにおける近代的商業社会での共和政的習俗の計画を披露している。この社会では純粋民主主義のもとにおけるほどには習俗は要請されないが、それでも、自由と平等、法の支配を同時に達成するために、かなり有徳な習俗を必要とするのである。歴史上の民主主義を無政府状態や軍事帝国に押しやった破滅的な効果は、政治的代表制によって緩和されるものの、近代的共和国は、その壊滅を防ぐために、市民の習俗が洗練され、勤勉で用心深いものでなければならないと、彼は考える。さもなければいかなる民主主義的共和国も、商業社会の諸条件のもとでは永続しないのである[52]。フランセ・ド・ナントは習俗を「我々をごく自然に（中略）正しく誠実なものすべてへと導く、率直でまっとうな習慣」と定義する。自由のない政体は「偽りの習俗」を作り出す。すなわち王の宮廷は自己破壊的な病気であって、「国家全体に柔弱さ、貪欲、利己主義をはびこらせる」のである。これらは宮廷の家臣が耐えねばならない「不安で苦痛な状況」の結果である。専制は人々を「孤立させ」「柔弱にする」が、自由は「率直で開けっぴろげ」である。従って近代的自由のジレンマは、アンシアン・レジームの「女性的な」習俗は変わっていないのに、「古いものから新しいものへの急速な移行」はあまりに「厳しく恣意的な」習俗をもたらしたという点にある(53)。

それは、宮廷の陰謀がもたらした退廃と古代の民主主義の集会の凶暴さの間の中間の道を、共和国は見つけなければならないということである。フランセ・ド・ナントにとっては、近代社会において「民主主義者」であることは、古代の「純粋な」民主主義への尊敬を排除することなのである。近代は古代よりもすぐれているとともに、その進歩は不可逆的でもある(54)。彼は、「歴史の表面的な読解」によって鼓舞される古代の魅力に対して、若い共和主義者に警告する。一八世紀末の公私の習俗は、社会のアテネ的もしくはスパルタ的な組織の持続性を妨げる。古代人は彼らの公共の自由を「いくつかの家族的な徳の崩壊」や「人口の四分の三に及ぶ奴隷」の上に構成していた。古代にも確かに「何人かの偉人」はいたが、人々の生活の現実は、フランセ・ド・ナントが一七九五年から一七九八年にアルプス地方に身を隠していた時にそこで見た悲惨と貧困に近いものだった。歴史の進歩とともに、「印刷術、製造業、商業、大街道、新世界の発見、分析の精神」が古代の法を近代社会には不適当にしたことによって、「精神的にも物理的にも変化した」のである。要するに彼は、代表制政体の下にある近代人は古代人よりも幸福なのであり、「古い枠組みはすべて破壊された」と宣言するのである(55)。だからウィルフリード・ニッペルが、ハロルド・パーカーや恐らくはキース・ベイカーに反対して、革命家たちの「古代崇拝」に対する歴史家たちのこだわりは誇張されていると主張しているのは正しいのである(56)。

フランスはしたがって、習俗を形成するのに、古代人が誇示したのとは別の方法を探さなければならない。フランセ・ド・ナントの提案においてはまず第一に、法は公報によっておごそかに公布されねばならず、立法者自身によって厳守されなければならない。彼は国民衛兵もまた、近代の民主主義的共和国にふさわしい習俗を促進するのに効果的な方法だと考える。なぜならばそれは市民を相互に近づけ、彼らに権利の平等を教え、専制下での「孤立」に由来する「憎悪」を一掃し、若者を軍事的に養成することで「不屈の国民」を形成し、「金銭づくでもよそよそしくもない、完全に友好的な取り締まりによる秩序」を打ち立てるであろうからである。共和国の軍事的平等に対するこの種の支持は、共和暦六年フリュクチドール一九日のジュルダン゠デルブレル法にも反映している。しかしフランセ・ド・ナントは同時に、彼の共和主義をあまり急進的でも「民主主義的」でもないようにしようと努めている。彼は自分の民主主義社会に関する思想を、政治的言説の主流に溶け込ませようとしているのである。彼は、「代表制度」のもとでは「かく乱要因」になり得る「血気盛んな者」を採用することで、国民衛兵の「共和主義的な長所」が脅かされることがないようにと強く勧める。なぜならば、こうした人々による暴力を鎮めるために「民主主義的な徳の厳格さ」を手に入れることはできないからである。民主主義的な代表制政体は確かに「近代社会の中に」あり、それは、ほとんどの同時代人が「民主主義」の語で理解するような、アテネやスパルタの「民主主義」ではないというのが、彼の主張なのである。(57) このように彼は、自分の提案がすべての共和主義者に受け入れられるものにしようとしているのである。

フランセ・ド・ナントはついで、革命の混乱は「私的習俗」を危うくしたことを指摘する。それを修復するために、彼は離婚をより困難にし、結婚を奨励し、父権を強化することを提案する。(58) 女性に関しては、同時代のほぼ合意事項を彼は繰り返しており、それは共和主義者のほとんどに受け入れられていたことである。すなわち女性は夫の世話をし、子供を教育することで国家に貢献すべきであって、政治に身を投じたりサロンを率いたりするのは、彼女たちの習俗を貪欲や誘惑に迷い込ませるものだとするのである。この視点から女性の位置は私的領域にあるとされ、共和国が女性に求めるのは「有徳な母」になることなのである。(59)

教育はフランセ・ド・ナントにとって習俗を根本的に変える力である。識字化は専制に対する自由の障壁であり、国民全体に広げなければならない。「政体が平等を基盤としていても（中略）もし教育に明らかな不平等があるならば、その平等は輝く幻想に過ぎない」。なぜならば「無知な人はすぐに教育ある人の餌食になる」からである。彼はイギリスとオランダは、文盲率がより低いので、専制にそれほどさらされていないと考える。教育は重要なので、宗教的狂信から遠ざけられ、教会から切り離されなければならない。その点でフランスの状況は深刻であることを彼は心配する。彼は一五の主要な点からなる修正計画を立てるが、その基本は「貧者への無償教育」と「富者のための共和主義教育」を提供するための公立初等学校を作ることである。彼の計画では、子供を初等学校に送るのを拒否する父親は市民権を失うと規定されている。もちろん初等教育には限界がある。だからエコール・サントラルを強化しなければならない。なぜなら読み書きと算術以外にも、「人間をよりよくし、完成させるためには科学（中略）美術（中略）文学」が絶えずフランスに満ちていなければならないからである[60]。

宗教もまた、フランセ・ド・ナントの思索の「主要な対象」である。それは道徳を規定するとともに、政治体制を変更する潜在的な力を持っているのである。それは「市民的・道徳的な義務に神の裁可を与える」という利点を持っている。しかし宗教には不都合もある。それは「他愛もない実践」に資金を浪費させ、理性を「窒息」させ、「人類全体を何人かの預言者の意のままにさせる」。だから宗教を手なずけて「市民法」と両立するものにしなければならない。彼が提案する主要な主張は、漸進主義と結びついた寛容である。主として統治可能性が問題になる。立法者は宗教を単に「世俗の諸関係において」のみ扱わねばならない。改革派司教になろうとしてはいけないのである。宗教論争は世論に委ねられなければならない。彼によれば、もっとも嫌われるとともにもっとも効果がない政策は、民衆の宗教を力ずくで変えることである。宗教にすでに浸った者は抵抗し、信仰を救うためには暗殺さえするであろうと彼は言う。フランス革命はすでに「礼拝を市民的秩序の外に置くことで、偉大で荘厳な勝利を収めた」のであるから、今後は宗教を「哲学」で置き換えるのは急がない方が賢明であると彼は説く。「古木を朽ちさせるのは時間に任せておけばいい」のである。(61)

四　党派と政治の場

すでに紹介した議論以外にもフランセ・ド・ナントは、民主主義の習俗を維持するために、一方では近代の代表制政体は「公共精神」を緊急に必要とすると述べている。その語で彼が意味しているのは、新聞や政治協会での議論から生まれる「道理」である。「良い公共精神を持てば、正しく代表された国民は非凡なことをなすだろう」と彼は信じる。しかし他方では、「意見」は「革命も反革命も生み出す」諸刃の剣にもなりうることを、彼は意識している。(62)

ジャン＝ニコラ・パッシュやバザン、アントネルと同様に、フランセ・ド・ナントは党派や「徒党」を一方的に断罪してはならないとする。(63)それらは「代表制民主主義」もしくは定義し直された意味での「代表制政体」において演じるべき役割があるのだ。徒党が「賢明な議論の枠の中」に収められるならば「それらは有益であり、政府や役人に自己点検を強いる」。この注目すべき断定の根拠として、彼はイギリスの「ホイッグ党」を引き合いに出す。それは、諸党派が「国家の基本原理に関しては一致している」のであれば党派のライバル関係が「有益」であることの事例なのである。新しくてまだ脆弱な政府が党派対立を恐れるのは当然である。なぜなら新政府にとってはそのような内部抗争は「革命の延長」に等しいからだ。しかし重要なのは、党派の対立や抗争であっても、過激ではない場合には、自由な国家にとって治療としての価値があることである。徒党や党派を「政府よりも弱く」、そして政府を「法律よの方法なのである。

それは、あくまで憲法と法の限界内ではあるが、政治の場を強化するということである。反対勢力の存在の必要性は、民主主義者の政治思想の典型的な一面である。それは、例えば急進派のジャーナリストであるジョゼフ・チュロにも反映しているのであって、彼は共和暦六年に『反対派と報道の自由について』を出版し、「政治の諸制度がいかに完成されたとしても」権利の保護のためにはやはり「反対派の存在の正当性」が要請されるのであり、その正当性はなによりも報道の自由によって支えられねばならないと説いた。(65)反対勢力に対する寛容は、「人間の諸制度」は決して「完全な均衡」を作り出すことはできないが故に、一層必要なのである。絶対的な安定性は危険に満ちているのであり、そのために反対派と公共領域が解毒剤の役割を果たさなければならないとチュロは言う。「常に活動的な反対派がなければ、永続的な政体はない」のである。(66)

総裁政府が遭遇している危機に向き合うためには報道の自由が再建されねばならないとチュロは言う(67)のだが、この「古代人が知らなかった新たな勢力」はフランセ・ド・ナントにとっては危険でもあれば好都合でもある力だった。危険だというのは、それが国民の明白な委任を得ていない有力な行政官のようなものだからであり、脆弱な政府が反対するには強すぎるからであり、国家に過剰な党派主義を奨励し得るからであり、そしてそれは「イギリスやオーストリア」の資金援助を受けた王党派を助け得るからである。しかしながら、人々を啓蒙し、堅固な政府に健全な世論を提供する点では好都合でもある。アメリカ合衆国やイギリスでは「腐敗」勢力が報道の自由を窒息させようとした。フランスでは、この自由は権力を持つ者たちから軽んじられている。フランス人が、「国王の奴隷を作る」という罠にはまらなかった代わりに、報道を告発したり制約したりすることで「共和主義者に毒を盛る者」になることを、フ

ランセ・ド・ナントは嘆くのである。(68)

報道の自由の問題は共和暦七年に両院で集中的な議論の対象となり、フランセ・ド・ナントもそれに参加した。共和暦六年の大々的な議論に引き続き、共和暦七年の議論もテオフィル・ベルリエが口火を切った。国王弑逆者で五百人会の議員であり、急進派からも穏和派からも尊敬されていた人物である。(69)共和暦五年フリュクチドール一九日の法の第三五条によって二年前から報道の自由は制限されており、共和暦六年フリュクチドール九日の法はその条項の適用を延長していたが、ベルリエはプレリアルにこの法の廃止を提案したのである。(70)報道の自由に反対する議員は、報道の無制限な自由が「王党派」と「無政府主義者」を強化することを恐れた。(71)ブリュッセルのジャコバンクラブの元指導者であるジャン＝フランソワ・バレは、報道の自由が「国民の習俗と性格を腐敗させ得る」ことを心配した。(72)ジャック＝アントワーヌ・クルーゼ＝ラトゥーシュは戦争と国内の脅威の「現実」を強調し、それらを「抽象的な原則」と対比させた。(73)他の一人の議員は、戦争と不安定の「現状において」そのような自由は幻影だとした。(74)議会の外では、シィエスは以前から報道は発行の前に検閲にかけられるべきで、それは「放火犯が火をつけようとする瞬間に取り押さえるのと一緒だ」と考えていた。報道が個人の名誉になし得る「違反」を彼は心配しており、検閲によって失うものがあるのは悪しき市民のみであり、報道の自由は特別な保護の対象ではないと彼は考えた。(75)シィエスにとっては公共圏と報道の自由は「国民の一体性」を脅かすものだったというクリスチーヌ・フォーレの解釈(76)は、こうした趣旨として読まなければならない。この視点から見れば、オリヴァー・レンブクとフロリアン・ウェーバーのようにシィエスの政治思想を「民主主義的立憲主義」とみなすのはミスリーディングである。(77)元老院議員のルイ＝アントワーヌ・フーケも同じ考えから、報道による個人の名誉の毀損に対する十分な補償を設けることの重要性を指摘している。(78)

その反対の、報道の自由に好意的な発言をする議員にとっては、出版の事前検閲は排除されるべきものであり、出版後の法的措置のみが誹謗中傷の問題に対して受け入れられる唯一の救済手段だった。報道には極度に重要な公的機能があると彼らは考える。修正と監視である。ある五百人会議員によれば、恐怖政治期には特殊な「状況」を理由として報道の自由は制限された。しかし「そうした状況は常に存在した」のであり、従ってそのような理屈が報道を抑圧するために受け入れられてはならないのである。誹謗中傷は罰されねばならないが、それは報道自体とは区別され得るのである(79)。「状況」という口実は一時的にしか認められないものであり、そうした原則が際限なく「延長」されてはならないという意見は、他の議員からも支持されている(80)。ジャック＝ポール＝フロントン・デュプランチエは、報道の自由が少数派に法外な力をあたえることを恐れる人々を批判し、多数派は彼ら自身が沈黙している時にしか抑圧されないし、そうした状態は報道が強く検閲されている時にこそ生じると主張した(81)。報道の自由は「啓蒙」の普及に貢献し、それによって専制の興隆に対する防壁をなすとする意見もある(82)。ブレ・ド・ラ・ムルトは、真に自由な共和国が樹立されるためには「自分の考えを話し、書き、出版する自由」が保障されねばならず、それは「選挙の自由と選挙が定期的に開かれること」と同じくらいに重要だとしている(83)。フランセ・ド・ナントは五百人会で、政治権力は自制できないが故に「自由な新聞」の存在が必要だと述べた(84)。何人かの議員は、「無政府主義者」の存在が検閲の口実になっているが、そうした党派は本当に存在するのかを問題にした。彼らは、無政府主義者の語は「美しく強力な共和国を麻痺させるために作られた妄想」だとするのである(85)。共和派のジャーナリストを抑圧するための口実に王党派に対する不安を用いたという批判も、政府に対して挙がった。フランスの公衆を説得するために報道を自由化し(86)、「思想の独裁」を解消しなければならないとするのである(87)。

総裁政府の末期に共和主義者たちが報道の自由を、「原則」と「状況」を同時に考慮しながら論じたのは、このような言辞だった。報道の自由の問題は、政治的結合や討論や陳情の自由と分かちがたく結びついていたのである。実践においては、この問題はいくつかの政治協会に対する態度や政策と結びついていた。穏和派は、民衆が政治への参加を認められるためには長い教育の期間を経なければならないと考えていたが、民主主義者はそれには反対で、『愛国者サークルの噂（エコ・デ・セルクル・パトリオチク）』紙にその点の記述がある。すなわち「共和主義憲章」の基盤は「世論」であり、それは「民衆集会によらずしては理解も定義もできない」と言うのである[88]。

フランセ・ド・ナントは、自分の計画を共和暦二年のジャコバンの経験と区別するために、以下の指摘をする。すなわち、一七九三年以前にフランス革命を行なったのは政治協会だったこと、しかしその後、政治協会はテルミドール九日までロベスピエールとパリのジャコバンクラブに従属させられたこと、テルミドール九日が「政治協会をこの母親的な後見から解放した」ことである[89]。それ以降、政治協会は意見交換と自己教育の場であって、制度的もしくは正式な政治的機能は持たず、フランスのあらゆる地方の主権意思をダイナミックな動きとしてパリにいる代表に伝えるだけでなく、民衆に政治的自己教育の場を与えることで、その意思を形にする面でも機能している。誰かが結論を出すのではなく、皆の討論によって意思を形にしなければならない。古代の偉大な弁論家の時代は完全に過ぎ去ったのである。立憲サークルは「学びの場であるべきで、反乱のアトリエであってはならない」。政治協会が信用を得て民衆の教育を続けるために、フランセ・ド・ナントは、政治協会が法を尊重すること、「絶えず警戒の声を上げる」のを控えること、「教育なき熱狂」を避けること、憲法に賛同すること、とりわけ「純粋な民主主義」はルソーが言うように神にしか属さないのだから、それを求めるのを避けることを強調する。この議論は秩序と安定を考慮するものであるが、フランセ・ド・ナントは他方では政府に対して、革命と共和国の足固めの基礎を政治協会に求めるように忠告する。それは政治的自由と社会の活性化に関わるのである。総裁政府の下でも革命政府の時代と同様、革命家たちは無政府主義に対する恐れから生じる無用な抑圧に苦しんでいると、彼は断定する。人々の結合に関して憲法が定めた枠の中に政治協会が留まるのであれば、「教育、法への愛、共和主義をあらゆる方面に広める」ために政治協会を奨励すべきなのである。(90)

以上がフランセ・ド・ナントの戦略である。「民主主義的」な議論と感情のいくつかを採用しながら、彼は総裁政府下の言説全体における「代表制政体」と「民主主義」の区別を示すカーソルをずらしている。彼は、「下層民」に対する不当な恐怖と思われるものから離れて、民衆には善良な代表を選ぶ責任を直ちに委ねることができ、大部分の市民は初等学校、種々の道徳制度、政治協会などによって次第に自己教育ができることを訴える。こうしてフランセ・ド・ナントは代表制政体の概念を急進的にし、アントネルの「代表制民主主義」の概念に近づけるのである。こうした思想は法中心主義と結びついているが、それは民主主義的共和派が、悪条件にも拘わらず共和暦六年と七年の選挙に勝利したことにもよる。(91)共和暦七年夏の「民主主義の盛り上がり」の中で、法中心主義という原則と、執行府の「独裁」に対する防壁としての被選挙団体の優位という原則の二つに基づいて、フランセ・ド・ナントはプレリアル三〇日のクーデタを、「政治的自由」を回復したものとして、共和国の救出と一体視する。彼の目から見ると、共和暦七年の夏に続いたシィエスとフーシェによる弾圧は完全に不正なものだった。新聞を検閲し、強い政府を保証するために政治協会を追放するのは、彼にとっては、民衆を「従順にするためには不具にしなければならない動物」のように扱うことだった。フランセ・ド・ナントによって開かれた代表制政体に関する展望においては、民衆に発する権力と行動は、共和暦三年の共和主義憲法の基本原則に触れない限りは、法的にも実効性においても正当だった。自由で永続的な代表制政体は、それが「民主化」されていればいるほど、実現可能なのである。(92)フランセ・ド・ナント自身が、実質的には「代表制民主主義」を支持するために「代表制政体」という、より受け入れられている語を我がものとして用いる民主主義者の実例だった。そうするために彼はあまりに「民主主義者」と見えるのを避ける注意を払い、啓蒙の世紀の思想と革命の経験の双方の上に自身の思想を打ち立てたのである。

本稿のもとになったフランス語論文は《Démocratiser le gouvernement représentatif? – La pensée politique d'Antoine Français de Nantes sous le Directoire》というタイトルで、*Annales historiques de la Révolution française*, no.396,（Avril-Juin, 2019）pp.71-93に発表されている。

注

（1）本研究はヨーロッパ人文科学のためのキム・ヘギョン基金の資金援助により可能になった。筆者は、本稿のもとになる原稿にコメントを寄せてくれた点で、ネイサン・アレクサンダー、デヴィッド・A・ベル、レイチェル・ハマースリ、ジェイムズ・A・ハリス、キム・ハンギュル、アンナ・プラサート、ピエール・セルナ、チャールズ・ウォルトン、リチャード・ワットモア、およびヤン・ヘヨンに謝意を表する。

（2）Mogens Herman HANSEN, « The Tradition of the Athenian Democracy A. D. 1750–1990 », *Greece & Rome*, 39:1 (1992), p. 14-30; Bernard MANIN, *Principes du gouvernement représentatif*, Paris, Flammarion, 1997; Raymonde MONNIER, *Républicanisme, patriotisme et Révolution française*, Paris, L'Harmattan, 2005, p. 48, 69–70.

（3）Robert Roswell PALMER, « Notes on the Use of the Word "Democracy" 1789–1799 », *Political Science Quarterly*, 68:2 (1953), p. 203–226; Pierre ROSANVALLON, « L'histoire du mot démocratie à l'époque moderne », dans Marcel GAUCHET, Pierre MANENT et ROSANVALLON (dir.), *Situations de la démocratie*, Paris, Seuil, 1993, p. 11–29; Franco VENTURI, *Utopia and Reform in the Enlightenment*, Cambridge, Cambridge University Press, 1971, p. 90.

（4）Bernard GAINOT, « Pierre Guyomar et la revendication démocratique dans les débats autour de la constitution de l'an III », dans Roger Dupuy et Marcel Morabito (dir.), *1795. Pour une République sans Révolution*, Rennes, PUR, 1996,

p. 261–273; Claudine Wolikow, « 1789–an III : l'émergence de la « démocratie représentative », dans Roger BOURDERON (dir.), *L'an I et l'apprentissage de la démocratie*, Paris, PSD Saint-Denis, 1995, p. 53–69

(5) Bernard GAINOT, « Théorie et pratique(s) de la représentation politique », dans Jean-Clément MARTIN (dir.), *La Révolution à l'œuvre : perspectives actuelles dans l'histoire de la Révolution française*, Rennes, PUR, 2005, p. 139–149; *Ibidem*, *1799, un nouveau Jacobinisme? La démocratie représentative, une alternative à brumaire*, Paris, CTHS, 2001, p. 449–481; Minchul KIM, « Pierre-Antoine Antonelle and Representative Democracy in the French Revolution », *History of European Ideas*, 44:3 (2018), p. 344–369; Pierre SERNA, *Antonelle. Aristocrate révolutionnaire, 1747–1817*, Paris, Éditions du Félin, 1997, p. 374–381

(6) Louis-Gabriel MICHAUD (dir.), *Biographie universelle, Supplément*, Paris, Michaud, 1838, tome LXIV, p. 396–400; Auguste PRUDHOMME, *Un nouveau chapitre de l'histoire de la Révolution en Dauphiné : le fédéralisme dans l'Isère et Français de Nantes, juin–juillet 1793*, Grenoble, Allier frères, 1907

(7) Antoine FRANÇAIS DE NANTES, *Coup-d'œil rapide sur les mœurs, les lois, les contributions, les secours publics, les sociétés politiques, les cultes, les théâtres, les institutions publiques, dans leurs rapports avec le gouvernement représentatif, et sur tous les moyens propres à raffermir la Constitution de l'an III*, Grenoble, P. Cadou et David aîné, an VI, BNF LB42-1769 (以下 *CDO*).

(8) Isser WOLOCH, *Jacobin Legacy : The Democratic Movement under the Directory*, Princeton, Princeton University Press, 1970; Max FAJN, *The Journal des hommes libres de tous les pays, 1792–1800*, La Haye, Mouton, 1975; Laurence CONSTANT, *Félix Lepeletier de Saint-Fargeau : un itinéraire, de la Révolution à la monarchie de Juillet*, Paris, Découvrir, 1995; Bernard GAINOT, « Le projet de constitution de Bernard Metge », dans *L'an I ...* , *op. cit.*, p. 417–426; Francesco MASTROBERTI, *Pierre-Joseph Briot : un giacobino tra amministrazione e politica (1771–1827)*, Naples, Jovene, 1998; Christine PEYRARD, *Les Jacobins de l'Ouest : sociabilité révolutionnaire et formes de politisation dans le Maine et la Basse-Normandie*, Paris, Publications de la Sorbonne, 1996, p. 331–362; Pierre SERNA, « Rigomer Bazin et la Restauration : penser la république dans la monarchie », *AHRF*, 325 (2001), p. 53–76.

（9） John Robertson, *The Case for The Enlightenment : Scotland and Naples 1680–1760*, Cambridge, Cambridge University Press, 2005, p. 405; *Ibidem*, *The Enlightenment : A Very Short Introduction*, Oxford, Oxford University Press, 2015, p. 13.

（10） この「明確なつながり」に関しては Minchul Kim, « Volney and the French Revolution », *Journal of the History of Ideas*, 79:2 (2018), p. 221–242. も参照。

（11） Pierre Serna, *L'animal en République : 1789–1802, genèse du droit des bêtes*, Toulouse, Anacharsis, 2016 参照。

（12） Julien Bernard Dorothée Mazade, *Lettre à la Convention nationale*, Metz, 7 germinal an III (*Electronic Enlightenment Scholarly Edition of Correspondence*, https://doi.org/10.13051/ee:doc/rousjeVF0480209a1c)

（13） Richard WHATMORE, « Democrats and Republicans in Restoration France », *European Journal of Political Theory*, 3:1 (2004), p. 37–51 参照。

（14） Andrew JAINCHILL, *Reimagining Politics after the Terror : The Republican Origins of French Liberalism*, Ithaca, Cornell University Press, 2008, p. 197–242. Voir aussi Howard G. BROWN, *Ending the French Revolution : Violence, Justice, and Repression from the Terror to Napoleon*, Charlottesville, University of Virginia Press, 2006.

（15） Pierre-Antoine Antonelle, *Observations sur le droit de cité et sur quelques parties du travail de la Commission des onze*, Paris, Vatar, an III, BNF LB41-1897, p. 9; KIM, « Pierre-Antoine Antonelle … , *op. cit.* », p. 360.

（16） Guy de CHAUMONT-QUITRY, *Essai sur les causes qui, depuis le 18 fructidor, devaient consolider la République en France*, Paris, Vatar-Jouannet, an VII, BNF LB42-2393, p. 71

（17） J. G. A. POCOCK, *Barbarism and Religion*, tome II : *Narratives of Civil Government*, Cambridge, Cambridge University Press, 1999; Antoine LILTI, « La civilisation est-elle européenne ? Ecrire l'histoire de l'Europe au XVIIIe siècle », dans LILTI et Céline SPECTOR (dir.), *Penser l'Europe au XVIIIe siècle : commerce, civilisation, empire*, Oxford, Voltaire Foundation, 2014, p. 139–166; Minchul KIM, « Republicanism in the Age of Commerce and Revolutions : Barère's Reading of Montesquieu », *French History*, 30:3 (2016), p. 354–375.

（18） *CDO*, p. 11, 80

(19) *CDO*, p. 80

(20) *CDO*, p. 79.

(21) *CDO*, p. 85–88

(22) *CDO*, p. 82–83, 87

(23) この文脈については Marc BELISSA, *Repenser l'ordre européen (1795–1802) : de la société des rois aux droits des nations*, Paris, Kimé, 2006; KIM, « Pierre-Antoine Antonelle ..., » *op. cit.*, p. 363–369 参照。

(24) *CDO*, p. 80–81

(25) *CDO*, p. 86

(26) *CDO*, p. 84

(27) *L'Écho des cercles patriotiques*, Paris, an VI, BNF LC2-963, No. 1, p. 4.

(28) *CDO*, p. 88.

(29) *CDO*, p. 2. また Anne SIMONIN, *Le déshonneur dans la République : une histoire de l'indignité, 1791–1958*, Paris, Grasset, 2008, p. 302–305; Guillaume MAZEAU, « La "Terreur", laboratoire de la modernité », dans Pierre SERNA et al, *Pour quoi faire la Révolution*, Marseille, Agone, 2012, p. 85–89; KIM, « Republicanism ..., *op. cit.* ». も参照。

(30) Soulef Ayad-Bergounioux, « La « République représentative » selon Antoine Boulay de La Meurthe (1761–1840) : une figure de la bourgeoisie libérale et conservatrice », *AHRF*, 362 (2010), p. 31–54; Thierry Lentz, 'La presse républicaine modérée sous la Convention thermidorienne et le Directoire : Pierre-Louis Rœderer, animateur et propriétaire du *Journal de Paris* et du *Journal d'économie publique* », *Revue historique*, 292:2 (1994), p. 297–313; Jean Roels, *La notion de représentation chez Rœderer*, Heule, UGA, 1968.

(31) *CDO*, p. 2–3

(32) Paul CHENEY, *Revolutionary Commerce : Globalization and the French Monarchy*, Cambridge, MA, Harvard University Press, 2010; István HONT, *Politics in Commercial Society : Jean-Jacques Rousseau and Adam Smith*, Cambridge, MA, Harvard University Press, 2015.

(33) *CDO*, p. 4; Jean-Jacques ROUSSEAU, *Discours sur l'origine et les fondemens de l'inegalité parmi les hommes*, Amsterdam, Marc-Michel Rey, 1755, BNF 2012-15310, p. 10–94.

(34) *CDO*, p. 4; Marie Jean Antoine Nicolas de Caritat, marquis de CONDORCET, *Esquisse d'un tableau historique des progrès de l'esprit humain*, Paris, Agasse, an III, BNF RES P-R-820

(35) *CDO*, p. 4–5, 10, 35–36.

(36) István HONT and Michael IGNATIEFF, « Needs and Justice in the *Wealth of Nations* : An Introductory Essay », dans HONT et IGNATIEFF (dir.), *Wealth and Virtue : The Shaping of Political Economy in the Scottish Enlightenment*, Cambridge, Cambridge University Press, 1983, p. 1–44.

(37) Ruth SCURR, « Social Equality in Pierre-Louis Rœderer's Interpretation of the Modern Republic, 1793 », *History of European Ideas*, 26 : 2 (2000), p. 105–126; Thomas HOPKINS, « Pierre-Louis Rœderer, Adam Smith and the Problem of Inequality », dans Daniel CAREY (dir.), *Money and Political Economy in the Enlightenment*, Oxford, Voltaire Foundation, 2014, p. 201–223.

(38) James HARRINGTON, *The Commonwealth of Oceana; and, A System of Politics*, éd. J. G. A. POCOCK, Cambridge, Cambridge University Press, 1992; Rachel HAMMERSLEY, *French Revolutionaries and English Republicans : the Cordeliers Club, 1790–1794*, Woodbridge, Boydell and Brewer, 2005; *Ibidem*, « *The Commonwealth of Oceana* de James Harrington : un modèle pour la France révolutionnaire ? », *AHRF*, 342 (2005), p. 3–20; *Ibidem*, *The English Republican Tradition and Eighteenth-Century France : Between the Ancients and the Moderns*, Manchester, Manchester University Press, 2010.

(39) *CDO*, p. 6

(40) Étienne-Gery LENGLET, *De la propriété et de ses rapports avec les droits et avec la dette du citoyen*, Paris, Moutardier, an VI, BNF E*-1844; WOLOCH, *Jacobin Legacy …* , *op. cit.*, p. 180–185.

(41) Jean-Baptiste MAUGRAS, *Dissertation sur les principes fondamentaux de l'association humaine*, Paris, Les marchands de nouveautés, an IV, BNF R-7105, p. 14–159

（42）　訳者注：ここで「売却される国有地」と訳したのはキム・ミンチュルの原稿では「共有地」となっている。しかし *CDO* の原文では「国有地」であり、論文のここに続く文も国有地と解釈しないと意味が通じない。また国有地としてもフランセ・ド・ナントの思想の解釈や論文全体の趣旨に変更はない。それ故、訳語は *CDO* の原文に合わせた。

（43）　*CDO*, p. 5–6; Jens BECKERT, *Inherited Wealth*, trad. Thomas DUNLAP, Princeton, Princeton University Press, 2008, p. 23–49, 302.

（44）　Richard WHATMORE, *Republicanism and the French Revolution : An Intellectual History of Jean-Baptiste Say's Political Economy*, Oxford, Oxford University Press, 2000, p. 71.

（45）　Joseph PARENT-RÉAL, *Corps législatif. Conseil des Cinq-Cents. Opinion sur le projet de résolution relatif aux tribunaux de commerce. Séance du 14 prairial an VII*, Paris, BNF LE43-3175, p. 1

（46）　Vital Roux, *De l'influence du gouvernement sur la prospérité du commerce*, 2 tomes, Paris, Fayolle, an IX, tome I, p. 7.

（47）　*CDO*, p. 7–8.´ Iain McDaniel, *Adam Ferguson in the Scottish Enlightenment : The Roman Past and Europe's Future*, Cambridge, MA, Harvard University Press, 2013 も参照。

（48）　*CDO*, p. 6–7

（49）　*CDO*, p. 11–18

（50）　*CDO*, p. 73–76

（51）　James LIVESEY, *Making Democracy in the French Revolution*, Cambridge, MA, Harvard University Press, 2001.

（52）　*CDO*, p. 2–3.

（53）　*CDO*, p. 17

（54）　*CDO*, p. 7.

（55）　*CDO*, p. 30–32; WOLOCH, *Jacobin Legacy ..., op. cit.*, p. 159.

（56）　Wilfried NIPPEL, *Ancient and Modern Democracy : Two Concepts of Liberty ?*, trad. Keith Tribe, Cambridge, Cambridge University Press, 2016, p. 148; Harold Talbot PARKER, *The Cult of Antiquity and the French Revolutionaries:*

A Study in the Development of the Revolutionary Spirit, Chicago, The University of Chicago Press, 1937; Keith Michael BAKER, « Transformations of Classical Republicanism in Eighteenth - Century France », *The Journal of Modern History*, 73:1 (2001), p. 32–53.

(57) *CDO*, p. 18–21. スパルタは、一八世紀の政治や歴史の言説ではある程度は「民主主義」と考えられている : Ian Macgregor MORRIS, « The Paradigm of Democracy : Sparta in Enlightenment Thought », dans Thomas Figueira (dir.), *Spartan Society*, Swansea, The Classical Press of Wales, 2004, p. 339–362.

(58) *CDO*, p. 32–34.

(59) *CDO*, p. 49; Jean-François de SAINT-LAMBERT, *Principes des mœurs chez toutes les nations, ou Catéchisme universel*, 3 tomes, Paris, Agasse, an V, tome I, p. 169–258; Jean-Luc CHAPPEY, « Raison et citoyenneté : les fondements culturels d'une distinction sociale et politique sous le Directoire », dans Raymonde MONNIER (dir.), *Citoyens et citoyenneté sous la Révolution française*, Paris, SER, 2006, p. 279–288; Elisabeth SLEDZIEWSKI, « "L'exclusion prononcée contre les femmes" : pourquoi? », *Ibid*, p. 191–198; Guillaume MAZEAU, *Le bain de l'histoire : Charlotte Corday et l'attentat contre Marat 1793–2009*, Seyssel, Champ Vallon, 2009, p. 226–265

(60) *CDO*, p. 59–65.

(61) *CDO*, p. 52–59.

(62) *CDO*, p. 32.

(63) Jean-Nicolas PACHE, *Sur les factions et les partis, les conspirations et les conjurations* … , Thin-le-Moutier, an V, BNF LB42-329; *Le Démocrate ou le Défenseur des principes*, Paris, an VII, BNF LC2-2741, 12 fructidor, an VII; *L'Ennemi des oppresseurs de tous les tems* [*Journal des hommes libres de tous les pays*], Paris, R. Vatar, BNF 4-LC2-736 (BIS), 11 et 12 vendémiaire, an VIII; Bernard GAINOT, « Espace public et conjuration sous le Directoire. À propos d'un texte de Jean-Nicolas Pache », dans GAINOT et Pierre SERNA (dir.), *Secret et République : 1795–1840*, Clermont-Ferrand, PU Blaise Pascal, 2003, p. 57–71.

(64) *CDO*, p. 76–77.

(65) Joseph TUROT, *De l'opposition et de la liberté de la presse*, Paris, B. Mathey, an VII, BNF LB42-2190, p. 4–5.

(66) *Ibid*, p. 11

(67) *Ibid*, p. 45–48.

(68) *CDO*, p. 21–22

(69) Isser WOLOCH, *Napoleon and His Collaborators : The Making of a Dictatorship*, New York, Norton, 2001, p. 8–11.

(70) *Procès-verbal des séances du Conseil des Cinq-Cents*, Paris, BNF LE42-1, prairial, an VII, p. 546–560, thermidor, an VII, p. 141; *Procès-verbal des séances du Conseil des Anciens*, Paris, BNF LE42-3, thermidor, an VII, p. 46, 183–185; Voir aussi Malcolm CROOK, « La plume et l'urne : la presse et les élections sous le Directoire », dans Philippe BOURDIN et Bernard GAINOT (dir.), *La République directoriale : actes du colloque de Clermont-Ferrand, 22–24 mai 1997*, 2 tomes, Clermont-Ferrand, SER, 1998, tome I, p. 295–310.

(71) Michel CARRET, *Conseil des Cinq-Cents. Opinion sur la liberté de la presse. Séance du 22 prairial an VII*, Paris, an VII, BNF LE43-3204.

(72) Jean-François BARET, *Conseil des Anciens. Opinion sur la résolution du 29 prairial an VII relative à la liberté de la presse. Séance du 24 messidor an VII*, Paris, an VII, BNF LE45-1737.

(73) Jacques-Antoine CREUZÉ-LATOUCHE, *Conseil des Cinq-Cents. Opinion sur le projet relatif aux moyens de réprimer la licence des écrits. Séance du 23 prairial an VII*, Paris, an VII, BNF LE43-3208.

(74) François-Balthazar DARRACQ, *Conseil des Cinq-Cents. Opinion sur la liberté de la presse. Séance du 24 prairial*, Paris, an VII, BNF LE43-3218.

(75) Emmanuel Joseph SIEYÈS, *Des manuscrits de Sieyès*, éd. Christine FAURÉ, 2 tomes, Paris, H. Champion, 1999–2007, tome I, p. 344–346, 447–448.

(76) Christine FAURÉ, « L'espace public selon Sieyès », dans Jacques GUILHAUMOU et Raymonde MONNIER (dir.), *Des notions-concepts en révolution autour de la liberté à la fin du XVIIIe siècle*, Paris, SER, 2003, p. 84. Voir aussi Pasquale PASQUINO, *Sieyès et l'invention de la constitution en France*, Paris, Odile Jacob, 1998

(77) Oliver LEMBCKE et Florian WEBER, « Introduction to Sieyès's Political Theory », dans Emmanuel Joseph SIEYÈS, *The Essential Political Writings*, éd. LEMBCKE et WEBER, Leiden, Brill, 2014, p. 21

(78) Louis-Antoine FOUQUET, *Conseil des Anciens. Opinion sur la résolution du 29 prairial an VII relative à la liberté de la presse*, Paris, an VII, BNF LE45-1758. Voir Charles WALTON, *La liberté d'expression en Révolution : les mœurs, l'honneur, la calomnie*, trad. Jacqueline ODIN, Rennes, PUR, 2014.

(79) Joseph-Marie-Jacques BLIN, *Opinion sur la liberté de la presse*, Paris, an VII, BNF LE43-3203

(80) René ESCHASSÉRIAUX, *Conseil des Cinq-Cents. Opinion sur la liberté de la presse. Séance du 23 prairial an VII*, Paris, an VII, BNF LE43-3209.

(81) Jacques-Paul-Fronton DUPLANTIER, *Conseil des Cinq-Cents. Opinion sur la liberté de la presse. Séance du 22 prairial an VII*, Paris, an VII, BNF LE43-3207.

(82) Victor-Nicolas MOURER, *Conseil des Cinq-Cents. Opinion sur la liberté de la presse. Séance du 23 prairial an VII*, Paris, an VII, BNF LE43-3213.

(83) Antoine BOULAY DE LA MEURTHE, *Conseil des Cinq-Cents. Opinion sur la liberté de la presse. Séance du 27 prairial an VII*, Paris, an VII, BNF LE43-3231.

(84) Antoine FRANÇAIS DE NANTES, *Conseil des Cinq-Cents. Opinion sur la liberté de la presse. Séance du 23 prairial an VII*, Paris, an VII, BNF LE43-3210.

(85) arthélemy ARÉNA, *Conseil des Cinq-Cents. Opinion sur la liberté de la presse. Séance du 26 prairial an VII*, Paris, an VII, BNF LE43-3221. Voir aussi Marc DELEPLACE, « Comment sortir de l'anarchie? Un paradoxe républicain en l'an III », dans Marc BELISSA et al (dir.), *Républicanismes et droit naturel : des humanistes aux révolutions des droits de l'homme et du citoyen*, Paris, Kimé, 2009, p. 87–100

(86) Michel MARVAUD-BAUDET, *Conseil des Cinq-Cents. Opinion sur la liberté de la presse. Séance du 27 prairial an VII*, Paris, an VII, BNF LE43-3236

(87) Étienne-Gery LENGLET, *Conseil des Anciens. Opinion sur la résolution relative à l'usage et aux abus de la presse.*

Séance du 3 thermidor an VII, Paris, an VII, BNF LE45-1759.

(88) *L'Écho des cercles …* , *op. cit.*, No. 1, p. 8.

(89) *CDO*, p. 24–25.

(90) *CDO*, p. 27–30; Jean-Jacques ROUSSEAU, *Du contrat social, ou Principes du droit politique*, Amsterdam, Marc-Michel Rey, 1762, BNF RES P-R-672, p. 151; Marc DELEPLACE, « La mise en scène d'une minorité supposée : les anarchistes dans le discours politique révolutionnaire », dans Christine PEYRARD (dir.), *Minorités politiques en Révolution, 1789–1799*, Aix-en-Provence, PU Provence, 2007, p. 143–156; Christine PEYRARD, « Après les réactions, se proclamer patriote est un crime : les "fermes républicains" sous le Directoire », *Ibid*, p. 99–107; *Ibidem*, « Les débats sur le droit d'association et de réunion sous le Directoire », *AHRF*, 297 (1994), p. 463–478.

(91) GAINOT, *1799 …* , *op. cit.*, p. 452–458.

(92) Antoine FRANÇAIS DE NANTES, *Corps législatif. Conseil des Cinq-Cents. Rapport fait par Français, au nom de la commission des onze, sur la crise des 28, 29 et 30 prairial an VII. Séance du 3 messidor an VII*, Paris, an VII, BNF LE43-3259; Ronald MACDOUGALL, « La "consomption" de la Première République et le "coup d'État du 30 prairial" », *AHRF*, 275 (1989), p. 52–74. Voir aussi Rigomer BAZIN dans *Le Démocrate, op. cit.*

ルイ一六世裁判再考
――チャールズ一世裁判の解釈をめぐって――

楠田　悠貴

はじめに

一七九二年八月一〇日、フランス革命のさなか民衆のテュイルリ宮殿襲撃によって王権が停止され、宮殿内から国王の対外通謀の証拠が発見された。これをうけて、新たに招集された国民公会を中心に、憲法に国王不可侵が明記されているにもかかわらず国王を裁くことができるのか、また国王を裁く法が存在しないなかで、どの機関がどのように裁くべきかという問題をめぐって、国王裁判の予審が行われた。予審は四か月にも及んだが、一二月に裁判手続きが決定して、国王裁判の本審が幕を開けた。元国王の起訴、尋問、弁論がなされたのち、翌年一月、国民公会で指名点呼投票が実施され、その結果をもってルイ一六世は処刑されるに至った。

ルイ一六世裁判の過程は王政から共和政への移行というフランス史上最大の転換期をなし、カントが戦慄を覚えたように正式を装った法的手続きによって処刑したという点で、歴史上数多ある王の暗殺と異なっている(1)。しかし、歴史家たちはルイ一六世の死にのみ象徴的な意味を見出し、裁判の過程自体を軽視してきた。モナ・オズーフが指摘するように、王権停止、国王一家のタンプル塔幽閉、国民公会議員選挙、共和政宣言といった国王裁判の本審に先立つ展開において国王の運命がすでに決定しており、裁判が単なる形式上の問題と見なされたためである。[2] 二〇世紀中葉まで歴史家たちは、五か月間の長きにわたって国王がほとんど出廷することなく、国民公会議員が法解釈に集中するさまに憤慨し疑問を呈してきた。[3] 一九六〇年代以降、国王裁判を中心的に扱う著作が徐々に刊行されていったが、歴史家たちの関心は依然として裁判自体にはなく、国民公会の覇権争いという政治的側面にあった。[4] すなわち、共和派でありながらも革命の進展を憂慮し、裁判に躊躇ないし法的諸形式の充足を主張するジロンド派に対して、形式にこだわらず国王処刑によって退路を断ち、革命の一層の進展を望むモンターニュ派が勝利するという歴史的展開の枠組みで捉えられてきたのである。裁判の経過や形式は、もっぱら党派抗争に付随する形で理解されており、両派に属さない平原派の見解が軽視されるきらいがあった。[5] 法的側面が重視されるようになったのは、国王裁判二〇〇周年の一九九二—九三年頃である。[6] 日本でも法制史家の石井三記が、立法府が国家元首の弾劾裁判を行うアメリカ合衆国の事例を引き合いに出し、国王裁判を違法な政治裁判と見なして政治的観点からのみ考察することを批判し、むしろ適法性に固執する姿勢こそがルイ一六世裁判の特徴だと主張した。[7]

確かに、一七世紀イングランドのチャールズ一世裁判と比較すれば、ルイ一六世裁判では十分な時間をかけて裁判の可否や形式が議論されている。当時多くの人々がルイ一六世裁判の違法性を批判していたが、これもむしろ適法性への執着を表しているといえるだろう。この背景として国民公会議員の半数ちかくが元弁護士であり、彼らの法規範意識があったとしばしば指摘される。しかし、国民公会が全会一致で憲法を無視し王政廃止を決定したことに鑑みれば、この事実だけでルイ一六世裁判の特徴を説明することはできない。党派抗争はもちろん、遵法精神、対外戦争、物価変動、歴史的先例など、実に多様な要因がルイ一六世裁判に影響を及ぼしていたのである。だが、遅塚忠躬が述べるように、国民公会議員の国王の処遇をめぐる主張の結論ばかりが注目され、彼らの主張の根拠や動機については十分に検討されてこなかった(8)。

本稿では、チャールズ一世裁判への参照という観点からルイ一六世裁判を読み返す。ローレンス・ボンギは国王裁判・処刑反対派が一七世紀イングランドと同じ展開をたどることを恐れていたと明らかにしたが、クリチア・マゴーニは処刑賛成派もイングランド共和国の理論的支柱であったジョン・ミルトンの歴史解釈を援用していたとして、この先例が一義的ではなかった点を強調した(9)。しかし、チャールズ一世裁判の先例がルイ一六世裁判の経過や形式に具体的にどのような影響を及ぼしたのかについては未だ明らかでない。本稿は、国民公会の議事史料だけではなく、これまで軽視されてきた、議員が発行した大量のパンフレットや議会外の史料、さらには投票時の発言を分析することで、これを明らかにする(10)。

一　第一共和政の成立と予審の開始

国王一家の逃亡と国王の不可侵性

一七九一年六月二〇日の深夜、国王一家が逃亡を図り、翌二一日にフランス北東の町ヴァレンヌで見破られパリに連れ戻されるという事件が起こった。立法議会を牽引していたバルナーヴらはフイヤン派を結成し、国王は反革命派に誘拐されたという虚構を展開して立憲王政を骨子とする憲法の制定を目指したが、この事件以降、王政を廃止すべきだという意見が急速に台頭していった。こうしたなかで、立憲王政派は一七世紀イングランドの事例に基づきながら国王の不可侵性を訴えた。例えばデュポールは、「国王の人格の不可侵性について」と題する議会演説のなかで、個人の自由は権力均衡によって保たれており、「議会を抑制する権力が存在しなかったとき、イングランドの状況がいかにあったか」を問うて、「耐えられない独裁のもとにおかれたが、なす術もなかった」と述べた(11)。一方、ジロンド派の領袖ブリソもジャコバン・クラブで演説を行い、「敵の絶対的不可侵という理論を覆すために私が依拠するのも、まさにこの事例だ」と述べて(12)、国王が策謀や力によって基本法を覆そうとしたとき、イングランドの人々は国王が不可侵だと考えなかったと主張した。そして、抵抗権を唱えたロックや、シドニー、ミルトン、マコーレーといったイングランドの共和主義者たちの著作および名誉革命の歴史などへの参照を促しながら、国王が国家的犯罪を犯したときには国王の不可侵性は効力を失い、国民が君主を裁き退位させられると訴えた。このように、後の国王裁判で最大の争点となる国王の不可侵性が、すでに一七世紀イングランド史の事例に基づいて議論されていたのである。

罪の露呈と国王裁判の障壁

民衆がテュイルリ宮殿に押し寄せ、議会が王権停止を宣言した一七九二年八月一〇日、宮殿から大量の書類が押収され、国王が国外で反革命を指導していた王弟たちと連絡をとり、コブレンツで反革命軍に合流した元近衛兵に対して俸給を支払っていたことが明らかになった(13)。かねてから囁かれていた宮廷の対外通謀の証拠が露呈したのであるが、すぐに国王の処遇が議会で正式に議論されることはなかった。フランスが内憂外患の時期にあったためである。立法議会はすぐに国民公会議員選挙に突入したため実質的に機能しておらず、王権停止にともなって新たに執行権を担うことになった臨時執行評議会も、九月虐殺に象徴されるように王政を転覆させたパリ・コミューンを抑止できず、二重権力状態に陥っていた。また対外的にも、八月二三日にロンウィ、九月二日にヴェルダンが陥落して、オーストリア・プロイセン連合軍がパリへと迫っていた。国王の処遇を検討するよりも前に、こういった内外の危機に対処する必要があったのである。さらに、国王を裁けば国内外の王党派の反発を招き、戦況の悪化を引き起こしかねないと考えられ、むしろ人質として利用すべきだという声も聞かれた(14)。

九月二〇日、フランスがヴァルミで革命最初の軍事的勝利を収め、翌日、国民公会が正式に発足して王政廃止を宣言すると、危機的状況がわずかに好転し始め、人々の関心が国王の処遇へ向けられるようになった。一〇月一日、メルラン＝ド＝ティオンヴィル議員が国王の裁判と処刑を要求し、バルバルー議員の提案に基づいてテュイルリ宮殿で押収した書類を検討するために二四人委員会が設置された(15)。一〇月四日、同委員会を代表してデュフリッシュ＝ヴァラゼ議員が、元国王の陰謀の明白な証拠があるものの、大量の書類があるため詳細な検討に数か月の時間を要すると訴えた(16)。この発言をうけて、国民公会は立法委員会に国王裁判に関する法律上の手続きの検討を命じた。国王を裁く法や手続きが存在しなかったためである。

一七九一年憲法の第三篇、第二章には「国王の人身は、不可侵かつ神聖である」（第二条）と明記されており、国王の訴追や逮捕が禁じられていた(17)。確かに「明示または法定の〔王位〕放棄ののちは、国王は、市民の階級に属し、かつ、〔王位〕放棄後の行為については、市民と同様に起訴されかつ裁判されることができる」（第八条）とされているが、王位放棄となるのは即位に際して宣誓を行わない場合、あるいは撤回する場合（第五条）、国民に対して武力を行使する場合（第六条）、国王が立法府の要請を拒否して国外にとどまる場合（第七条）のいずれかである。したがって、一七九二年八月一〇日の王権剥奪以前のルイ一六世の行為については、国王の不可侵性が有効で起訴も逮捕もありえず、たとえ第五、六、七条に該当する国王の行為が発覚したとしても、廃位が最大の処置であって国王に刑罰を加えることは許されなかった。また、王権剥奪後のルイ一六世はタンプル塔に幽閉され議会の監視下にあったため、いかなる罪も犯せなかったはずである。国王裁判を開くには、このような法的障壁があった。

しかし、憲法をそのまま適用して元国王を無罪放免に処すのは、多くの人々にとって耐え難いことであった。八月一〇日のテュイルリ宮殿襲撃に際して国王が衛兵に民衆の虐殺を命じたという巷説が広まっていたし、国王の協力者が次々と告発されていたためである。国民公会では国王処刑にいたるまで法的問題が尾を引くことになり、ルイ一六世裁判の「牛歩」を産み出す原因となった。だが、国民公会が憲法を無視して王政廃止を全会一致で決定したことに鑑みれば、純粋な遵法精神によって躊躇したのではないだろう。多くの議員が、チャールズ一世裁判の失敗を意識していたのである。

立法委員会とチャールズ一世裁判の先例

一〇月二七日の国民公会では「下級の裏切り者」が告発されていることが指摘され、「主犯者」ルイ一六世の起訴が要求された(18)。これに対して、立法委員会のマイユ議員は次のように述べた。

> 私は、休みなくこの問題に従事している。この問題はいかなる障壁も認めるべきではないけれども、最大級の厳粛さをもって取り組まねばならない。[…]
>
> あなたがたは、かつての国王に講じようとしている措置に関して、どれほどフランス国民が非難されることになるかを知っている。あなたがたは、チャールズ・スチュアートに対して宣告された判決に関して、イングラン

ド国民がどれほど批判されたかを知っているのだ。それは、チャールズ・スチュアートが死刑を宣告されたからではなく、この重要な裁判において、諸法で規定された形式が満たされなかったためである。だからこそ歴史家たちは、最も達観した者たちまでもがイングランド人民を批判するのだ。彼らは、チャールズ・スチュアートの処罰ではなく、暗殺と呼んでいる。

この重要な先例は立法委員会にとって教訓であった。あなたがたにとっても教訓とならなくてはいけない。

［…］公会や共和国全体が待ちきれないのはもっともであるが、私が時間を無駄にしているのではないと理解して欲しい[19]（拍手喝采）。

この発言から分かるように、ルイ一六世裁判の特徴である慎重さや適法的性格の背景には、憲法の国王不可侵条項を乗り越えようという姿勢のみならず、チャールズ一世裁判の失敗を繰り返さないという意思があった。発言の最中には数々の拍手が起こっており、マイユの見解が広く支持されていたことが窺える。ただし、チャールズ一世裁判の評価をめぐって反対意見が提示された点にも注意しなくてはならない。リュル議員は、ミルトンがチャールズ一世裁判を正当だと評価したと述べてマイユの誤りを指摘し、「あなたがたは、彼の著作のうちにルイ一六世に有罪判決を下す確固たる根拠を見いだすだろう」と反駁した[20]。

一一月六日、二四人委員会を代表してヴァラゼ議員が登壇し、宮殿から押収された書類に基づいて、亡命者に対する資金流出や亡命した王弟たちと国王の謀議などについて報告した[21]。翌七日にはマイユが登壇し、国王裁判の法律上の問題に関する立法委員会の見解を報告した。マイユは、国王不可侵は国民の利益のために設けられたものであるから国王は完全に不可侵ではないと主張したうえで、国王は憲法によってその地位を得られたが、国民は憲法によらずとも主権者であるから、国民は国王に優越しているとして、国民の正当な代表機関である国民公会が裁くべきだと結論づけた。注目すべきは、通常の形式を逸脱して国民公会が裁判を担うべきだと主張するのに、チャールズ一世裁判の事例を援用している点である。マイユは「イングランドの議会は形式を逸脱したことで批判されている。しかし、この点で一致した理解がなされていない。この有名な裁判に関する我々の見解を決定することが必要不可欠だ」と述べて、イングランドの議会は国民を完全に代表していなかったが、国民公会はフランス国民を完全に代表しているため、元国王を裁くことができると主張した(22)。そして「不幸なことに、庶民院はクロムウェルの才に導かれていた。護国卿の名の下に国王になろうとしたクロムウェルは、国民公会のなかに彼の野望の墓を見いだすだろう」と述べて、イングランド史に由来する懸念の払拭を試みた(23)。すなわち、マイユは議会の国民代表性の観点で英仏を差異化することによって、チャールズ一世裁判に由来する懸念を払拭しようとしたのである。『モニトゥール』紙は、マイユが議場と傍聴席の満場一致で繰り返される拍手喝采のなか演壇を降りたと伝えており、国民公会議員の多くがイングランドの先例に躊躇しながらも、国王を裁きたいという意思を共有していたと考えてよいだろう(24)。ただし、イングランドの先例をどれほど重視すべきか、チャールズ一世裁判の失敗をどの点に見いだすか、またどのような手段を講じればイングランド人の轍を踏まないかについて、国民公会の見解は一致していなかった。まもなく開始される討論では、この点が議論の焦点となる。

二　国民公会における論争

国王裁判の経過

あらかじめ投票に至るまでの国王裁判の経過を見ておこう。一一月一三日、国民公会で国王裁判に関する討論が始まった。ここでは、国王裁判実施の可否はもちろん、どの機関がどのようにして裁くべきかといった裁判形式をめぐって、立法委員会とは異なる様々な見解が提示された。一一月二〇日、テュイルリ宮殿の隠し戸棚から国王の反革命の意思を示すさらなる証拠が発見されたことによって国王裁判を要求する声が高まり、一二月三日、国王裁判を求める動議が圧倒的多数で可決された。一二月六日、新たに設置される二一人委員会が元国王に対する起訴状を作成して国民公会に提出すること、尋問集を作成し被告に対して読み上げること、国民公会議員の指名点呼投票で判決が下されることなどの裁判手続きが決定した[25]。ようやく予審が終わり、本審が幕を開けたのである。

一二月一一日、元国王が出廷し、書記が起訴状を朗読したのち、議長のバレール議員が「ルイ、フランス人民は、あなたが人民の自由を破壊し、圧政を樹立するために多数の罪を犯したことを弾劾する」と述べて、一七八九年六月二〇日の国民議会の議場閉鎖から一七九二年八月一〇日の民衆蜂起までの国王の行動を四〇ほど読みあげ、「何か答えることはあるか」と問うていった。元国王の答えは事実そのものを否定するのではなく、「覚えていない」「私ではなく大臣がやった」など、もっぱら逃げ腰なものであった[26]。すべての尋問項目が終わったのち、元国王が証拠書類の閲覧と弁護人の選任を要求したので、国民公会は証拠書類を閲覧させるとともに、弁護人の設置についてほぼ全会一致で承認した。後日、国民公会は元国王の希望を聞きながら、最終的にマルゼルブ、トロンシェ、ド・セーズを弁護人に任命した。一二月二六日、元国王が弁護人に付き添われて出廷し、ド・セーズによって弁論が朗読された。彼はまず、君主政体において国王不可侵は当然であり、憲法に照らし合わせてみてもルイ一六世は裁かれえないことを説明した。次に、一七九一年に憲法という国民との新たな契約が結ばれたので、それ以前は問題ではなく、また大臣を通して執行権を行使していたので本来弁護の必要はないものの、起訴の根拠が薄弱であることを示すために弁論を展開すると述べて、起訴事項をひとつひとつ検討していった。ド・セーズは「それ［歴史］が、あなたたちの判決を裁き、それは数世紀に及ぶと考えてください」と述べて弁論を終え、元国王が人民の血を流したという批判に心が痛むこと、人民を愛していることを付け加えた(27)。

本審が始まってからも論争は絶えなかった。年末年始にとりわけ大きな論争を招いたのは、裁判結果を人民に批准してもらうか否かという問題であるが、その他にも三分の二以上の票で死刑を決定すべきか否か、指名点呼投票の質問の順番をどのようにすべきかといった多数の点が議論されている。このような議論は、投票の直前まで続くことになる。

モリソンとサン＝ジュスト

まず、一一月一三日の討論に最初に登壇したモリソン議員と彼に続いて登壇したサン＝ジュスト議員の演説を例にとって、穏健派と急進派の主張を見ていこう。

穏健派のモリソンは、まずルイ一六世の有罪や彼への憤りを述べて、死刑を望む処罰感情に一定の理解を示しながらも冷静になるべきだと訴え、憲法の国王不可侵条項を説明して罪刑法定主義の原則に則り元国王を裁くことはできないと結論づけた。続いて、元国王の処刑が王政復古を招き共和国の利益にならないことを、次のように主張した。

ある首が刎ねられると、それに代わって別の首が現れる。私たちの状況は変わらないままなのだ。
　イングランドは、犯罪者チャールズ・スチュアートの首を処刑台で切り落としたが、イングランドは未だに国王に従属している。反対に、より寛大なローマはタルクィニウスを追放し、長きにわたって共和政であるという幸福を享受した。(28)

モリソンの議論は、復讐心に取り憑かれた国民公会を落ち着かせ、法理論とイングランド史の事例を用いて国王裁判・処刑に反対するというものであった。

これに対して、急進派のサン＝ジュストは、マイユとモリソンの見解をともに間違いだとして退け、国王は市民ではなく敵なのだから裁くのではなく戦うべきだとして、異質者を市民法で裁くことはできないし、また「人は罪なくして王たりえない」と述べて国王が有罪であることに疑いの余地はないから、元国王は裁判を経ずに処刑されるべきだと主張した。(29)サン＝ジュストの演説は、このような国王不可侵を無視する大胆な主張ばかりが注目されてきたが、国民公会議員に広く共有されていたイングランドの先例に由来する躊躇を批判する演説でもあった。煩瑣な手続きに惑わされることなく暴君を殺害した古代ローマのブルトゥスを引用しながら裁判という慎重な手段を批判し、フランスや自分自身の運命を恐れている者がいると指摘して、国王を裁く精神は共和国を樹立する精神と同じだから、国王殺害に躊躇していては強固な共和国を打ち立てられないと次のように訴えた。

市民諸君。ローマの人民が六〇〇年間の美徳と王に対する憎悪の後に、またグレートブリテン島がクロムウェルの死後に、自分たちの努力もむなしく王の再生を目にしたとき、自由の友である善良な市民たちは、手の中で斧が震えるのを見ながら、また自由の始まりの日から人民が鉄鎖の記憶を敬っているのを見ながら、私たちのなかにどうして恐れを抱かずにいられようか。個々の争いや共通の弱さのただなかにあって、あなたがたはいかなる共和国を打ち立てようというのか(30)。

そして、「クロムウェルを思い出しながら裁判をするというのか。クロムウェルはチャールズ一世ほど簒奪者ではなかった。なぜなら、人民が圧政者に操られるままになるほどに意思が弱いとき、支配は最初にやってきた者の権利だからだ」と述べて、イングランド史に由来する懸念の払拭を試みた(31)。また、国王を処罰するための法が存在しないことについて、古代ローマの王タルクィニウスやチャールズ一世を裁く法もなかったと述べ、法的懸念の払拭に努めた(32)。

このように両者は対極に位置しながらも、チャールズ一世裁判の事例を用いて自らの見解を形成していた。他の議員も同様である。モン゠ジルベール議員は、どの演説家もこの先例から逃れることができなかったと指摘している(33)。裁判・処刑の中止や延期、あるいは慎重な裁判を要求する穏健派議員と、裁判や処刑の実現を求める急進派議員のパンフレットを分析して、イングランド史をめぐる論争を明らかにしよう。

穏健派の主張：チャールズ一世裁判との類似性

穏健派議員の多くが、チャールズ一世裁判の先例を教訓として活かすべきだと訴えた。例えば、スリニャック議員は「イングランドの事例は、私たちにとって大きな教訓である。［…］他国の災難を学んで災難に遭わないようにしよう」と述べ、[34]ギテ議員もイングランド人の轍を踏まないようにその結果を恐れるべきだと主張した。[35]彼らは、フランスのおかれた状況が一世紀半前のイングランドの状況に似通っていると考え、フランスが同じ過ちを繰り返さないように裁判や処刑に慎重な態度をとったのである。穏健派にとって、イングランド史への参照は憲法の国王不可侵条項の提示と並ぶ、最大の戦術であった。

では、なぜチャールズ一世裁判が失敗とみなされたのだろうか。まず、ルイ一六世裁判が共和政樹立の儀礼としての性格を有していたために、わずか一一年しか続かなかったイングランド共和国の事例は悪しき先例であった。[36]フォール議員は、「カペ［ルイ一六世］の処罰に何の利益があろうか。チャールズ一世の死刑によって、イングランド人は共和政の樹立を成し遂げたであろうか。否。父の処罰は息子を復興させた。フランスにおいても人民の無数の運動が同じ結果をもたらし得る」と述べ、元国王にいかなる刑罰も科すべきでないと訴えた。[37]バライヨン議員も「私たちはイングランド人のように非常に短命な共和国を建設したくはない」と述べて、国王裁判の延期を主張している。[38]

次に、独裁者の台頭を招いたことがあげられる。クロムウェルは対立党派を追放しながらチャールズ一世の処刑を主導して権力を掌握し、自ら護国卿に就任して独裁体制を樹立した。当時の国民公会ではジロンド派とモンターニュ派の間で敵対党派を排除しようとする弾劾抗争が頻発していたため、議員たちは簒奪者の台頭に敏感になっていた。実際に、最も頻繁に指摘された失敗点である。例えば、ギテ議員は次のように述べて、国王裁判に反対している。

市民諸君。誰か野心家が、人気によって獲得した信頼を利用してルイ一六世裁判の情勢を掌握し、自由に対する何らかの企てを試みないと、誰が保証できようか。共和国のなかにクロムウェルのような人物が存在しないと断言してみよ。もし、唯一人でも存在するのならば、あなたがたはイングランド議会の道を辿りながら、彼の野心への道を描いていることになるだろう(39)。

また、ガリル議員も死刑反対の動機として「なぜなら、私は黒幕としてクロムウェルのような人物を見るからだ。その人物は、ルイ一六世の死のうちに、自由に対する最も有害な結果が私たちの祖国に及ぼす運命を準備している」と述べている(40)。

他にも後世から糾弾された点があげられる。メヌソン議員は、チャールズ一世裁判・処刑が後世から非難されていると指摘して、「後世の裁き!、、立法者諸君、この言葉を熟考されたい。というのも、ある日、あなたがたもまた、後世のまえに出廷することになる。冷ややかで厳格なこの裁判官は、まったく寛大さを見せないだろう」と述べている(41)。

穏健派の議員のなかには裁判を開くべきでないと主張した議員もいたが、とりわけ本審が始まるとチャールズ一世裁判の何らかの点に反省点を見出し、その反省をふまえて裁判がなされるべきだと考えた議員がいる。穏健派は、チャールズ一世裁判のどの点が問題だと考えたのだろうか。第一に、死刑という刑罰がイングランドの悲劇を招いたと考えて、処刑に反対した議員がいる。さきにモリソン議員がタルクィニウスの追放とチャールズ一世の処刑を比較したのを見たが、この比較は一種の定型表現としてかなり多くの議員に利用されている(42)。彼らはしばしば、処刑という刑罰が人民の同情を生みだしたために、イングランド共和政が短命に終わったと考えた。例えばランベール議員は、「誰しもがイングランドで、チャールズ・スチュアートの刑罰について、いかなる早さで激怒から憐れみの情へ、憐れみの情から憤慨へと移り変わったのか知っている」と懸念を表明している(43)。第二に、チャールズ一世裁判を担った議会が、イングランド国民を代表していなかった点を批判し、人民の批准を主張した議員がいる。マレク議員は、イングランドの議会が国民代表性の点で批判されている点をふまえて、真実の主権者であるフランス人民への上訴が不可欠だと結論づけている。(44) 第三に、チャールズ一世裁判が法的手続きを満たしていなかった、あるいは性急に処刑に至った点を踏まえて、慎重な裁判を訴えた議員がいる。(45) メヌソン議員は、チャールズ一世裁判に対する不評が一世紀半経ってなお続いている原因を形式の逸脱に見出し、ルイ一六世裁判が通常の法的諸形式から逸脱しないように訴えている。(46) 以上のように、国王に死刑を科すべきか否か、人民の批准にかけるべきか否か、どのような形式でもって裁判を行うのかといった主要な論点には、チャールズ一世裁判の先例が多大な影響を及ぼしていたのである。

急進派の主張：類似性の否定とミルトンの援用

穏健派のイングランド史への言及をうけて、急進派は歴史への参照を否定するという手法をとった。例えばプロスト議員は、「チャールズ・スチュアートの裁判とルイの裁判のあらゆる比較を拒絶しよう。結果は必ずしも同じとは限らない」と述べてイングランド史への参照を否定し、死刑を訴えた。(47) 彼らは、フランスの現状と一七世紀イングランドの共通性を否定することで、悲劇は繰り返されないと主張した。具体的には、次の四点の差異を指摘している。

第一に、フランスの国民公会にはクロムウェルのような簒奪者は存在しないという見解である。例えばギエルマン議員は、ヴェルニョ議員とサル議員の懸念に応えて、どのフランス人にもクロムウェルほどの「普遍的信頼、強力な素質、魅惑的な力、軍事的才能、政治的能力、勇気、巧妙さ、そして彼がチャールズを転覆させて王位に登りつめる梯子であった悪徳さ」を見出さないと述べて、簒奪者の台頭に怯えることなく死刑にすべきだと結論づけている。(48)

第二に、フランス国民はイングランド国民より強く、再び圧政者に屈することはないという見解である。例えばデキャン議員は、ラボ・サン＝テティエンヌ議員の懸念に応えて「二つの時代における人民の性格［…］政治と道徳の関係性、啓蒙、偏見、同業団体や特権やあらゆる悪弊にささげられた戦う姿勢」の点で英仏の違いを強調し、簒奪者が台頭したとしてもフランス国民は再び圧政者の台頭を許すほど弱くないとして、元国王の死に結び付けられたあらゆる恐れや危険は空疎な脅しに過ぎないと批判した(49)。注目すべきは、圧政に屈しない強力なフランス国民像がブルトゥスのイメージと結びついている点である。ギエルマン議員は「もし闇に隠れたクロムウェルのような人物が存在していたとしても、ブルトゥスのような人物を多く見いだせる」と述べ(50)、ルシェ議員も、万が一そのような人物がいたとしても「新しいクロムウェルに最初の打撃を与える栄誉を奪い合う多くのブルトゥスをすぐに産み出すのではないか」と述べている(51)。

第三に、国民代表性という観点から英仏の議会を差異化した議員がいる。国民を投票に参加させようとする穏健派に対して、急進派はイングランドの議会は国民を代表していなかったが、国民公会は国民の正統な代表機関だから人民の批准は必要ないと主張した。例えばヴィヨ＝ヴァレンヌ議員は、チャールズ一世が陰謀によって恣意的に選ばれた五〇人に裁かれたのに対して、国民公会は人民全体によって任命されたと述べて、英仏の議会の同一視を批判している(52)。

第四に、合法性の観点からチャールズ一世裁判とルイ一六世裁判を差異化した議員がいる。セルジャン議員は、チャールズ一世裁判が後世の人々から批判されていることに怖じ気づく議員に対して、簒奪を企てる者の存否や議会の国民代表性に加えて、弁護人の存否という点でイングランドとの差異を強調し、自分たちの裁判はより公正で批判を招きにくいと述べている(53)。

以上のように、急進派の議員は様々な観点で英仏を差異化することによって、躊躇を払拭しようとした。だが、一〇月二七日のリュル議員のように、むしろイングランドの先例との類似性を前提として、ミルトンに依拠しながら国王裁判・処刑を正当化しようとした議員が数名いる。例えば、ベザール議員は最初に発行したパンフレットで、国王の不可侵性に対する自分の意見がミルトンと同じだと述べ、次に発行したパンフレットでも「ミルトンを用いて応えよう」と記して、国王が一般市民と同様に裁かれうるという旨の文章を引用しながら、国王不可侵を訴える議員たちの不誠実さと弱さを批判している。[54]急進派にとって、ミルトンは国王不可侵を打破するための武器であった。[55]

三　国民公会外の出版物

チャールズ一世裁判に関する歴史書の刊行

ルイ一六世裁判の予審が始まると、議会外でチャールズ一世裁判に関する歴史書や史料が刊行された。例えば、一六五〇年にロンドンで出版された『チャールズ・スチュアート裁判の全体のかつ真実の歴史』の再版や一六四九年から五〇年の間に出版された四つの史料をまとめた『チャールズ一世の残酷かつ残忍な死の真実の報告』の刊行である。[56]これらの著作は、刊行者の前書きで中立の立場や偽りのなさが強調されているものの、前者の前書きがクロムウェルのような簒奪者の台頭に対する注意を促しているように、国王裁判や処刑に対する懸念を含んでいたと言えるだろう。いずれの著作も版を重ねており、当時のイングランドの先例に対する関心の高さが窺える。また、『イングランドがフランスを教育する』と題する、チャールズ一世の治世からチャールズ二世の治世までのイングランド史を叙述した歴史書が、前述の『チャールズ一世の残酷かつ残忍な死の真実の報告』の前書きとして執筆されている。[57]著者は、チ

図1　『イングランドがフランスを教育する』の扉絵

ャールズ一世の起訴を人間の卑劣さと残忍さの証と述べ、イングランド国民は数世紀にわたって許されざる罪を犯したとする。そして王政復古後に制限王政こそ最も素晴らしく、無政府状態は百倍有害だと理解したと締めくくる。印象的なのは同書の扉絵である（図1）。王冠をかぶっていない女性が王冠をかぶっている女性に向けて本のページを指差しており、イングランド共和国がフランス王国を教育する寓意となっている。図の下には、「一六四九年二月八日、私は大罪を犯した。私の例にならうのは用心せよ。あなたたちが善良の神の慈悲を乞いたいのなら、無実の者の独房を開き、鉄鎖を壊せ」という本の文面が書かれており、王党派が国王救命のために書いた著作であることがわかる。

反対に、急進化を促す著作も刊行されている。一七九二年一一月一四日、ドローム県議会はミルトンがチャールズ一世裁判への批判に対して執筆した『イングランド国民の弁護論』に「フランスの現状を照射する著作」という副題を付して数千部印刷し、すべてのコミューン、県、国民公会に発送した。[58] 一二月二七日、ドローム県選出のジュリアン議員が国民公会に一部献呈し、この再刊行が称賛されている。[59]

国王裁判・処刑を批判する王党派の出版物

ルイ一六世裁判期には、王党派がもっぱら国外でイングランド史に十分な紙幅を割きながら国王の救命を訴える著作を刊行した。まず代表例として、ジャック・ネケールが故郷のジュネーヴで執筆した『フランス国民に提示するルイ一六世裁判についての省察』をとりあげよう。ネケールはルイ一六世を、自己犠牲を払って公共の自由を推進した革新的かつ善良な国王として、また、それにもかかわらず王権を剥奪された不幸な国王として描いた。そして、チャールズ一世が行った悪事を述べてルイとの類似性を否定し、それゆえにルイ一六世の殺害はチャールズ一世の殺害以上の罪になるとして、国王裁判に反対した。ルイ一六世とチャールズ一世を区別し、ルイ一六世に好意的な評価を下すのは、国民公会議員に見られない王党派特有の見解である。だがネケールもまた、イングランド人が今なおチャールズ一世裁判を後悔し続けていると指摘したうえでルイ一六世裁判との類似性を主張し、フランスがクロムウェルの足跡を辿るべきではないとして国王裁判を批判した。国民公会議員と異なる最大の特徴は、一八世紀中葉にチャールズ一世裁判を悲劇的失敗として描き大成功を収めたデイヴィッド・ヒュームの『イングランド史』を援用している点である。例えば「哲学的著作家が書いたスチュアート家の歴史を読まなくてはならない。不幸なチャールズ一世の最期の惨劇は、全員の心に抑えきれないほど堪え難い印象を与えた。もし可能であれば、人々の関心をこの点に向けてやろう」と述べ、チャールズ一世の処刑直後に国民全体が深い悲しみに覆われ、国王処刑が国民全体の汚点となったという段落を脚注に転載している[60]。国民公会議員たちは全員が共和主義者であり、最も広く読まれたヒュームの王党派的著作に言及していないが、かなり多くの王党派がヒュームの歴史叙述を頻繁に援用しながら国王救命を訴えている。

もう一点、王党派のギャラール・ド・モンジョワが亡命先のスイスで執筆した『ルイ一六世裁判に関する国民公会への意見』を取り上げたい。彼もまた英仏革命の類似性を指摘し、クロムウェルがどのように台頭したかを描写しながらルイ一六世裁判を簒奪者による権力獲得の策略だと訴えたが(61)、この著作の大きな特徴はチャールズ一世裁判に参加した裁判官たちが、不幸な運命を辿った様子を克明に描き出すことによって、国民公会議員たちに恐れを抱かせ、裁判や処刑を中止させようとした点にある。モンジョワは、「ある裁判に加担した全員の嘆かわしい最期を思い起こしてもらいたい。その裁判とは、ルイのあまりに盲目な敵どもが、あなたがたに訴え出ている裁判と酷似している」と述べて(62)、アイアトン、ランバート、アーガイル、ヴェイン、シドニーらの不幸な運命をふりかえったのち、ブラッドショーの運命を次のように叙述する。

スチュアートを裁き、刑を宣告した法廷を主宰した司法官のブラッドショーについて、私は震えることなくこの不幸者の運命を思い描くことができない。彼は天と人々からはっきりと呪われ、カインのようにさまよって、様々な扮装をしてヨーロッパを放浪した。彼の表情から激しい非難を受けていることが読み取れた。ハーグにいた日、宿屋でテーブルに数人が腰掛けていたところ、イングランド人が入ってきてブラッドショーに驚いたようだった。彼はブラッドショーをじっと見つめて変装にもかかわらず気づき、叫んだ。「みなさん。彼です。彼こそが私の指導者たる王に死刑を宣告した極悪人です！私は、彼を長いあいだ探していました。天のおかげです！やっとこの怪物を見つけることができました。彼の罪に見合わないでしょうが、私が彼を罰します！」この最後の言葉を放ちながら、イングランド人は短剣をきらめかせ、ブラッドショーの心臓へと突き刺した。そして、同席者たちに向かって言った。「安心してください。私がしたことはおぞましいことです。しかし、私は自分の務めを果したにすぎません」彼は全員一致の拍手を受けた。罰された犯罪があまりにおぞましいものだと思われたために、彼の行動は俊敏かつ雄々しいと判断されたのである。イングランド人は障害なく立ち去り、翌日、ロンドンに向けて旅立った。これがブラッドショーのおぞましい最期である。[63]

モンジョワは続けて、イングランドの国王弑逆者たちが受けた不幸の例外なさは大きな教訓だと訴えており、つまるところ国王を死刑に追いやった議員たちの運命を克明に描き出すことによって、国民公会議員たちに恐れを抱かせ、裁判や処刑を中止させようとしたのである。注意すべきは、確かに、チャールズ一世の死刑判決文に署名した国王弑逆者のなかには、一六六〇年の王政復古に際して凄惨な待遇を受けた者がいるものの、モンジョワが挙げた人物のなかには国王裁判に参加していない者が含まれるなど、史実と異なる箇所が多く、ブラッドショーの死も史実とまったく異なっているという点である。[64]だが、いずれにせよ急進派の議員たちが批判したように、イングランドにおける国王弑逆者の運命は、国民公会議員に少なからぬ恐怖を与えていたであろう。[65]

四　指名点呼投票から国王処刑へ

指名点呼投票

元国王に対する判決は、一七九三年一月一五日から一九日にかけて国民公会で行われた四回の指名点呼投票で決定

表１　第３回指名点呼投票におけるチャールズ１世裁判への言及（登壇順）

議員氏名	第１回	第２回	第３回	第４回
エティエンヌ・シャイヨン	有罪	賛成	戦時中の勾留、平和時の追放	賛成
ミシェル・ジャンティ	有罪	賛成	全般的平和および自由の確立まで勾留、その後戦争後に国外追放	棄権
エティエンヌ・モルヴォ	有罪	賛成	勾留および平和時の追放	賛成
ジョゼフ・ザンギアコミ	有罪	賛成	戦時の勾留、公共の安全が許す時に追放	賛成
ニコラ・フランソワ・マリ・アンラール	有罪	反対	戦争時の勾留、平和時の追放	欠席
ジャン＝アンリ・バンカル	有罪	賛成	人質として投獄、ただし敵の侵入時には殺害、戦争後に永久追放	賛成
ピエール・フィリップ・ドゥブレ	有罪	賛成	勾留、共和国確立後に追放	賛成
パルドゥ・ボルダス	有罪	反対	永久勾留	反対
ジャン＝バティスト・スリニャック	有罪	賛成	戦時の勾留、平和になったら永久追放、違反して帰国した場合には死刑	賛成
フランソワ＝クレマン・プリヴァ＝ド＝ガリル	有罪	賛成	平和および新政府の承認まで勾留、その後国外追放	賛成
ミシェル・アゼマ	有罪	反対	死刑	反対
ジャン・デュプラ	有罪	賛成	死刑	反対
ルイ＝フィリップ・デュモン	賛成	賛成	戦時中の勾留、共和政府確立時の永久追放	賛成
ルネ・アラスール	有罪	賛成	平和まで勾留、平和時の追放	賛成
ピエール・ギヨマール	有罪	賛成	戦時の一時的勾留、平和時の追放	賛成
クロード＝アントワーヌ＝オギュスタン・ブラド	有罪	賛成	国王一家の追放後、死刑	反対

された(66)。第一回の投票では有罪か無罪かが問われ、裁判の違法性を根拠に明確な回答をしなかった議員や欠席した議員がいるものの、はっきりと無罪に投じる議員はおらず、全議員七四九名のうち有罪六九一名という圧倒的多数で有罪とされた。第二回の投票では人民の批准の是非が問われ、反対四二五名、賛成二八六名、棄権一〇名、欠席二八名で、人民の批准にかけないことが決定した。第三回の投票では科すべき刑罰が問われ、死刑に投じた者が三八七名、拘禁や追放など死刑以外の刑に投じた者が三三四名、欠席二三名、棄権五名であり、元国王に死刑が科せられることが決まった。第四回の投票では、死刑執行時期が問われ、五九名がさまざまな理由から投票せず、処刑を延期すべきとしたのが三一〇名、延期すべきでないとしたのが三八〇名であった。

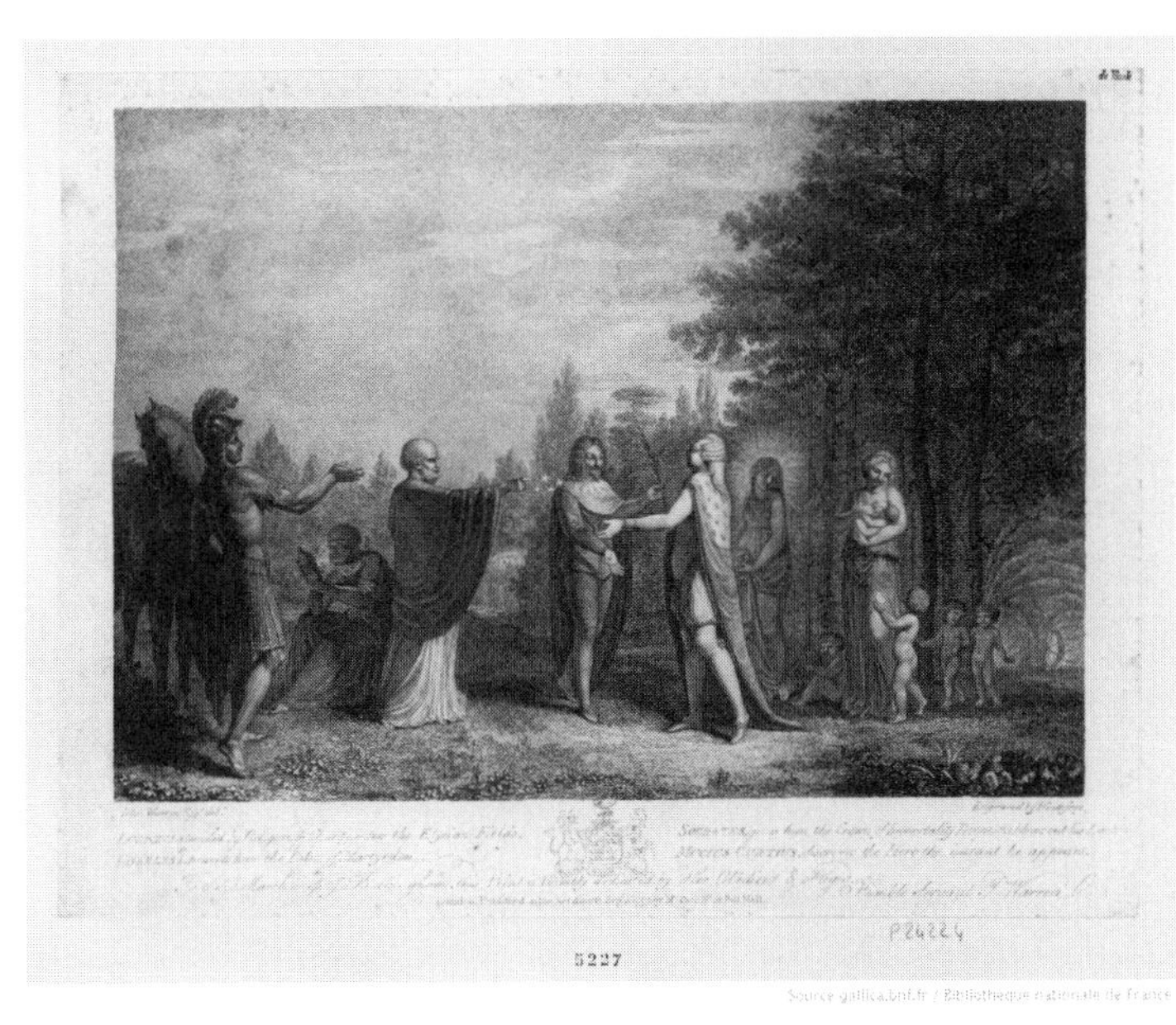

図２　エリゼの野でチャールズ１世に迎えられるルイ16世

以上の結果をもって、元国王が人民の批准を経ずに即刻死刑に処されることが決定した。

ここではっきりと明確に言及した一六名の議員に注目したい[67]。第三回の投票では、議長が「『はい』もしくは『いいえ』で答えよ」と述べなかったため、多くの議員が科されるべきだと考える刑罰とともに、その根拠を説明している。表1のように、一三名が死刑以外の刑罰に投票しており、イングランドの先例を積極的に喚起したのは穏健派であったことが読み取れる。発言内容はこれまでと同様で、彼らはイングランドのように共和国が短命に終わり、簒奪者の独裁に陥ることを危惧していた。どの点を教訓にしたのか、はっきり述べていない議員もいるが、少なくとも八名がクロムウェルに言及しており、簒奪者の台頭が最大の懸念であったことが窺える[68]。

国王処刑

一七九三年一月二一日の朝、かつての国王ルイ一六世はコンコルド広場の断頭台で処刑された。これによって、英仏革命の類似意識は頂点に達したように見える。ルイ一六世の処刑がチャールズ一世処刑の記念日として報じられ、同年中頃にはチャールズ一世がエリゼの野でルイ一六世を出迎える様子が描かれたように（図2）、あらゆるところでルイ一六世がチャールズ一世になぞらえて語られ、描かれるという現象が生じている。[69]

おわりに

王党派の貴族ラリ＝トランダルがアンリ三世の暗殺者ジャック・クレマンやアンリ四世の暗殺者ラヴァイヤックが引用されないことに驚いたように、[70]フランスが共和政へと大転換を遂げるなかで参照したのは自国の国王弑逆の歴史ではなく、一世紀半前のイングランド共和国の歴史だった。ルイ一六世裁判の焦点は、チャールズ一世裁判が招いた悲劇をどのようにして繰り返さないかという問題にあり、処刑賛成派、共和主義の穏健派、王党派の三者がそれぞれ異なる歴史解釈を受容し利用したのである。処刑反対派によるチャールズ一世裁判の失敗の提示は国王裁判・処刑を阻止することはできなかったものの、これこそが長期にわたる慎重な議論や法尊重主義的な性格をもたらし、また多くの穏健な票を生んだと考えられる。リン・ハントが述べるように、「国民公会の議員たちは、ためらいがちに後ずさりするうちにそこ［王の抹殺］に至ったにすぎない」のである。[71]

付記　本稿は、公益財団法人松下幸之助記念財団二〇一六年度研究助成、および公益財団法人サントリー文化財団二〇一七年度若手研究者のためのチャレンジ研究助成による研究成果の一部である。

図版

図1　*L'Angleterre instruisant la France, ou tableau historique et politique du règne de Charles Ier et de Charles II*, A Londres: et se trouve à Paris, Chez Lepetit, 1793.

図2　Jean GODEFROY et John WARREN, « Louis XVI, attented by Religion & Charity, erters the Elysian Fields... », London, 1793 (BnF, département des estampes, coll. De Vinck, no 5227/coll. Hennin, n° 11481).

注

（1）イマヌエル・カント著、樽井正義／池尾恭一訳『カント全集11：人倫の形而上学』岩波書店、二〇〇二年、一六五―一六七頁。

（2）モナ・オズーフ著、垂水洋子訳「国王裁判」、フランソワ・フュレ／モナ・オズーフ編、河野健二／阪上孝／富永茂樹監訳『フランス革命事典』第一巻、みすず書房、一九九八年、一四四頁。

（3）例えば、カーライルは「愚かな人類のなす最も悲惨な作業」だと述べている。Thomas CARLYLE, *The French Revolution. A History*, New York, The Modern Library, 2002, p. 582. ジョレスも、国王不可侵をめぐる議論が無駄だったと述べ、誰の裁判であるのかについて度々疑問を抱きながら、国王裁判が国民公会議員たちの弾劾抗争に変貌していたと指摘している。Jean JAURÈS, *Histoire socialiste de la Révolution française*, t. 5, ch. 1, Paris, Éditions sociales, 1972, p. 11-173.

（4）ソブールは、「国民公会は規則的に裁判を開始する。プロパガンダの意図であろうか、それとも世論をいたわる懸念であろうか、、」と述べており、裁判という形式を経たことについて明確な態度を示していない。Albert SOBOUL, *Le procès de Louis XVI*, éd. revue, Paris, Gallimard, 2014, p. 24.

（5）例えば、人民の批准への賛否や投票方式に関する議論について、モンターニュ派とジロンド派がそれぞれ死刑賛成・反対に有利になるように主張したとされてきたが、ほぼすべての国民公会議員が弁護人をつけることに賛成しているなど、政治的観点だけで裁判形式を説明するのは不可能であろう。

（6） Claude GOYARD (dir.), *Le bicentenaire du procès du roi*, Paris, F.-X. de Guibert, 1993. また、手続きが極度に簡略化された恐怖政治期の革命裁判との連続性が問われている。E. g. Mona OZOUF, « Procès des formes et procès de la Révolution », *Commentaire*, n° 132, 2010, p. 921-926.

（7） 石井三記「フランス革命期の国王裁判における法的側面」『法政論集』一八六号、二〇〇一年、一九五―二四〇頁。

（8） 遅塚忠躬「ルイ一六世の裁判に関する国民公会議員の意見を示す諸史料」『専修大学歴史学研究センター 年報』第一号、二〇〇四年、一―二頁。国民公会議員のパンフレットを分析したパトリックの著作も、主たる関心は党派分類にあり、議員の動機や根拠にまで踏み入っていない。Alison PATRICK, *The Men of the First French Republic. Political Alignments in the National Convention of 1792*, Baltimore, Johns Hopkins University Press, 1972.

（9） Laurence L. BONGIE, *David Hume. Prophet of the Counter-Revolution*, 2nd ed., Indianapolis, Liberty Fund, 2000, p. 141-176 ; Clizia MAGONI, « La référence à l'Angleterre et au républicanisme anglais pendant le procès de Louis XVI », *La Révolution française : Cahiers de l'Institut d'histoire de la Révolution française* [en ligne], n° 5, 2013 (mis en ligne le 31 décembre 2013, consulté le 03 décembre 2014. URL : http://lrf.revues.org/962). ウォルツァーの著作は英仏における国王裁判の比較の視点が充実しているが、彼はルイ一六世裁判に先例はなかったと述べており、チャールズ一世裁判がルイ一六世裁判に影響を及ぼしたという視点は希薄である。Michael WALZER, *Regicide and Revolution. Speeches at the Trial of Louis XVI*, 2nd ed., New York, Columbia University Press, 1992, p. 45.

（10） 演壇に立てる人数が限られていたため、議員の多くは公会の支援を得てパンフレットを刊行した。議員総数の約四割に相当する少なくとも二九五名が、異版・再版を除いて約四一〇点ものパンフレットを発行しており、議員の主張の根拠や動機を把握するのに欠かせない史料になっている。詳しくは、ベルンシュタイン文庫の史料集に付された遅塚忠躬の「解題」を参照されたい。*Opinions des conventionnels sur le jugement de Louis XVI. Recueil des brochures conservées à la Bibliothèque de Michel Bernstein*, sous la direction de Tadami Chizuka, 6 tomes, Tokyo, Presses universitaires de Senshu, 2008. 本稿では、このコレクションに収録された史料を用いる場合、書誌情報の末尾に［巻数 - 史料番号］を付す。

（11） *Archives parlementaires*, t. 28, p. 266.

（12）Jacques Pierre BRISSOT, *Discours sur la question de savoir si le roi peut être jugé, prononcé à l'Assemblée des Amis de la Constitution, dans la séance du 10 juillet 1791*. Imp. Nat., s.d. (1791). p. 10 [VI-56].

（13）Edmond SELIGMAN, *La justice en France pendant la Révolution (1791-1793)*, t. 2, Paris, Plon-Nourrit, 1913, p. 378-381.

（14）*Ibid.*, p. 382-385.

（15）*Archives parlementaires*, t. 52, p. 266-268.

（16）*Archives parlementaires*, t. 52, p. 306-307.

（17）以下、一七九一年憲法については、東京大学社会科学研究所編『一七九一年憲法の資料的研究』東京大学社会科学研究所、一九七二年、四二一―四三頁を参照。

（18）*Archives parlementaires*, t. 53, p. 8.

（19）*Loc. cit.*『議会議事録』と『モニトゥール』紙には、マイユの発言に若干の違いがある。『モニトゥール』紙によれば、マイユはチャールズ一世裁判が批判される根拠として、「あまりに性急にチャールズを裁いたためであり、あらゆる形式を逸脱したため」と述べたとされており、形式の逸脱に加えて、性急さも問題とされている。*Réimpression de l'ancien Moniteur*, t. 14, n° 302, p. 310.

（20）*Archives parlementaires*, t. 53, p. 9.

（21）Charles Éléonor DUFRICHE-VALAZÉ, *Rapport fait à la Convention nationale, au nom de la Commission extraordinaire des vingt-quatre, le 6 novembre 1792, Sur les crimes du ci-devant roi, dont les preuves ont été trouvées dans les papiers recueillis par le comité de surveillance de la commune de Paris*, Imp. Nat., s.d. [VI-Sup. II-1].

（22）Jean-Baptiste MAILHE, *Rapport et projet de décret, présentés à la Convention nationale, au nom du Comité de législation, le 7 novembre 1792*..... Imp. Nat., s.d., p. 20 [VI-Sup. II-2].

（23）*Ibid.*, p. 21.

（24）*Réimpression de l'ancien Moniteur*, t. 14, n° 314, p. 420.

（25）*Archives parlementaires*, t. 54, p. 400-401.

（26）*Archives parlementaires*, t. 55, p. 7-15. チャールズ一世は自らの裁判に真っ向から歯向い処刑されるに至ったとして知られる。ルイ一六世はヒュームの『イングランド史』を読んでおり、この先例から大きな影響を受けたと推測される。E. g. Aurore CHÉRY, « Louis XVI et l'ombre portée de Charles Ier d'Angleterre dans la France du XVIIIe siècle », dans Paul CHOPELIN et Sylvène ÉDOUARD (dir.), *Le sang des princes. Cultes et mémoires des souverains suppliciés (XVIe-XXIe siècle)*, Rennes, Presse universitaire de Rennes, 2014, p. 100.

（27）*Archives parlementaires*, t. 55, p. 634. ド・セーズの発言は、チャールズ一世裁判に対する後世の否定的な評価とその加担者に対する迫害を思い起こさせようとしたものであろう。

（28）Charles-François-Gabriel MORISSON, *Opinion concernant le jugement de Louis XVI*. Imp. Nat., s.d., Lég., 9, p. 15 [III-15]. モリソンは、次のパンフレットでもこの比較を用いている。Id., *Seconde opinion concernant le jugement de Louis XVI*. Imp. Nat., s.d., p. 6 [VI-24].

（29）Louis-Antoine-Léon SAINT-JUST, *Opinion concernant le jugement de Louis XVI; Séance du 13 novembre 1792*. Imp. Nat., s.d., Lég., 8, p. 7 [VI-66].

（30）*Ibid*., p. 3-4.

（31）*Ibid*., p. 7.

（32）*Ibid*., p. 8. サン＝ジュストは、国民公会で弁論が行われた一二月二六日に再び演壇に立ち、「もし暴君が自らを起訴する人民に訴えかけようとするなら、彼は厚かましくもチャールズ一世が決してしなかったことをしている」と述べて人民の批准に反対した。Id., *Discours prononcé le 26 décembre à la Convention sur Louis XVI*. Imp. Nat., s.d., p. 11 [V-58].

（33）François-Agnès MONT-GILBERT, *Sur le jugement de Louis*. Imp. Nat., s.d., Lég., 86, p. 23 [I-49]. シャセ議員も、各人が自分の見解を強調するためにチャールズ一世の事例との比較を用いたと指摘している。Charles-Antoine CHASSET, *Sur l'affaire de Louis*. Imp. Nat., s.d., Lég., 123, p. 9 [VI-9].

（34）Jean-Baptiste SOULIGNAC, *Sur cette question: Quelle peine sera infligée à Louis?* s.l.n.d., p. 2 [II-31].

（35）Joseph GUITER, *Sur la question suivante: Louis XVI peut-il être mis en jugement?* Imp. Nat., s.d., Lég., 38, p. 6 [VI-17].

(36) ダルティゴワイト議員はジャコバンクラブにおける演説で、チャールズ一世の事例によって、元国王の刑罰が息子を王位に就けることになると恐れられていると指摘した。Pierre-Arnaud DARTIGOYTE, *Opinion sur la question de savoir, si Louis XVI peut être jugé; comment et par qui il doit être jugé ? etc.*, Paris, Imp. de René Legrand, s.d., p. 4 [VI-Sup. I-1].

(37) Pierre-Joseph-Denis-Guillaume FAURE, *Sur le procès du roi.* Imp. Nat., s.d., Lég., 77. p. 3 [I-45]. ブルボン家がカペ家の傍系に当たるため、王位剥奪後のルイ一六世は「ルイ・カペ」と呼ばれた。

(38) Jean-François BARAILON, *Considérations sur la nécessité d'ajourner le jugement de Louis et de sa femme*, Imp. Nat, s.d., Lég., 260, p. 8 [I-1].

(39) GUITER, *Op. cit.*, p. 6 [VI-17].

(40) François-Clément PRIVAT DE GARILHE, *Motifs énoncés par Garilhe, en répondant à l'appel nominal sur cette question: à quelle peine Louis XVI sera-t-il condamné?* Imp. Nat., s.d., p. 3 [III-26].

(41) Jean-Baptiste-Augustin MENNESSON, *Mon avis sur le jugement du dernier roi.* Imp. Nat., 1792, Lég., 122, p. 5-6 [III-35].

(42) ケルサン議員は、「『チャールズ一世には後継者がいたけれども、タルクィニウス一族には後継者がいなかった』という、とても賢明なこの言葉、この指摘は、彼らを穏健派の採択へと決定づけた」と述べている。Armand Guy KERSAINT, *Opinion sur cette question: Quel parti la Convention nationale doit-elle prendre touchant le ci-devant roi & sa famille?* Imp. Nat., s.d., Lég., 25, p. 7 [IV-61]. この比較は、国民公会外の新聞などでも散見される。また、興味深い事例として、チャールズ一世の処刑とジェームズ二世の追放を比較した議員が数名いる。ジロ議員は、チャールズ一世処刑後に国王弑逆者のクロムウェルが圧政者となり、無秩序の暴政にうんざりしていたイングランド人民は再びスチュアート家の軛に戻ったが、チャールズよりも残酷なジェームズ二世を追放したところ、不完全ではあるものの、当時までに獲得されたなかで最も良い国制となったと振り返る。そして、このふたつの事例を教訓にして処刑よりも追放が好ましいと結論づけた。Jean-Baptiste GIROT-POUZOL, *Motifs de l'opinion sur le jugement de Louis.* Imp. Nat., s.d., p. 4-6 [I-42].

(43) Charles LAMBERT, *Supplément à l'opinion sur le monde de jugement de Louis*, Imp. Nat., s.d., Lég., 159, p. 4 [IV-

56].

（44） Pierre MAREC, *Sur l'appel au peuple du jugement du ci-devant roi*. Imp. Nat., s.d., p. 6 [III-22].

（45） ジュリアン議員は、「あなたがたに提案されているゆっくりとした、複雑な措置を正当化するために、チャールズ・スチュアートの裁判が引用されている」と指摘している。Marc-Antoine JULLIEN, *Sur le jugement de Louis*. Imp. Nat., s.d., Lég., 102, p. 2 [IV-8].

（46） MENNESSON, *Op. cit.*, p. 5.

（47） Claude Charles PROST, *Sur le jugement de Louis*. Imp. Nat., s.d., Lég., 165, p. 7 [IV-31].

（48） Claude Nicolas GUILLERMIN, *Réfutation de plusieurs objections de Salles et de Vergniaud, sur le procès de Louis Capet; Et développement de l'opinion de C.-N. Guillermin*. Imp. Nat., 1793, Lég., 215, p. 14 [I-30].

（49） Bernard DESCAMPS, *Opinion ou le cri de la vérité & de la justice dans la décision à prononcer sur l'affaire de Capet*. Imp. Nat, s.d., Lég., 256, p. 26-27 [I-8].

（50） GUILLERMIN, *Op. cit.*, p. 15.

（51） Louis LOUCHET, *Deuxième opinion sur le procès de Louis*. Imp. Nat., s.d., Lég., 219, p. 5 [I-5].

（52） Jacques Nicolas BILLAUD-VARENNE, *Sur le jugement de Louis*. Paris, Imp. de Républicain, s.d., p. 14 [III-49].

（53） Antoine-François SERGENT, *Sur le jugement de Louis*. Imp. Nat., 1793, Lég., 162, p. 12-13 [V-26].

（54） François Siméon BÉZARD, *Sur le procès du ci-devant Roi*. Imp. Nat., s.d., Lég., 18, p. 1 [III-54]; Id., *Sur l'état actuel du procès de Louis*. Imp. Nat., 1793, Lég., 157, p. 7 [III-28].

（55） アゼマ議員は、ミルトンに言及しながらイングランド史を称賛している。「人々が言うところのイングランドの不名誉は、人々の誤った偏見と盲目さ、とりわけ善良で寛大で率直で忠実なフランス人民による誤った偏見と盲目さの結果でしかない。［…］大部分の歴史家や著作家、この事件と同時代の知識人は、イングランドを侮辱するどころか、反対に、イングランドの活力と勇気と正義によって称賛している。とりわけ失楽園の著者ミルトンだが、他の者も同様である」。Michel AZÉMA, *Sur le jugement de Louis*. Imp. Nat., 1792, p. 12 [III-60].

（56） *Histoire entière et véritable du procez de Charles Stuard, roi d'Angleterre. Contenant, en forme de Journal, tout ce qui s'est faict et passé sur ce sujet dans le Parlement, et en la Haute Cour de Justice; Et la façon en laquelle il a été mis à mort. Au mois de Janvier, 1648 et 49. Le tout fidelement receuilly des pièces authentiques et traduit de l'Anglois*, A Paris, Réimprimé par Chaudrillié sur l'édition de J. G. imprimée à Londres en 1650, s.d.(1792) ; *Relation véritable de la mort cruelle et barbare de Charles I, roi d'Angleterre; Arrivée à Londres le huitième février mil six cent quarante-neuf. Avec la Harangue faite par Sa Majesté sur l'échafaud. Traduite de l'Anglais en Français par J. Ango, sur l'imprimé à Londres chez F. Coles*, Réimprimée A Paris, Par Lepetit, 1792.

（57）*L'Angleterre instruisant la France, ou tableau historique et politique du règne de Charles Ier et de Charles II. Servant d'introduction à la Relation de la mort cr... et b... de Charles Ier, suivie de sa harangue sur l'échaffaud*, A Londres; et se trouve à Paris, Chez Lepetit, 1793. ただし、実際の出版は国王処刑に間に合わなかったとされる。

（58）John MILTON, *Défense du peuple anglais, sur le jugement et la condamnation de Charles premier, roi d'Angleterre. Ouvrage propre à éclairer sur la circonstance actuelle où se trouve la France*, à Valence, chez P. Aurel, Imprimeur du Département de la Drôme, 1792.

（59）*Archives parlementaires*, t. 55, p. 705.

（60）Jacques NECKER, *Réflexions présentées à la nation française sur le procès intenté à Louis XVI*, Paris, Chez Volland, 1792, p. 30.

（61）[Galart de MONTJOIE], *Avis à la Convention nationale sur le jugement de Louis XVI*, à Genève et se trouve à Paris, chez les Marchands de Nouveautés, 1793, p. 7-9.

（62）*Ibid.*, p. 11.

（63）*Ibid.*, p. 11-12.

（64）詳しくは、今井宏「ピューリタン革命における『国王弑逆者』たち」『史論』、一九九四年、一―一九頁を参照されたい。ブラッドショーは、王政復古の前年にマラリアのような病気で死んでいたものの、彼の遺体はウエストミンスター寺院からクロムウェル、アイアトンの遺体とともに掘り起こされ、タイバーンで改めて「処刑」され、遺体が晒された。Sean KELSEY, « Bradshaw, John, Lord Bradshaw », *Oxford Dictionary of National Biography*, online ed., Oxford, Oxford

University Press, 2004 (https://doi.org/10.1093/ref:odnb/3201, accessed 2 December 2019).

（65）例えば、サン＝ジュストは、「ある者たちは、のちになって自分たちの勇気のために刑罰を受けることを恐れている」と指摘している。SAINT-JUST, *Opinion concernant le jugement de Louis XVI; Séance du 13 novembre 1792*, p. 3 [VI-66].

（66）具体的な票数や集計に関する混乱については、遅塚忠躬「フランス革命における国王処刑の意味」遅塚忠躬／松本彰／立石博高編著『フランス革命とヨーロッパ近代』同文舘、一九九六年、一二四—一三三頁を参照されたい。

（67）『モニトゥール』紙と発言内容にやや違いがあるが、より詳細な『議会議事録』を参照した。*Archives parlementaires*, t. 57, p. 342-407. 議長は刑罰を問うただけなので、主張の根拠を明らかにしなかった議員が相当数いる。また、簒奪者出現への懸念を述べたり歴史を教訓にしたと述べたりしていても、はっきりとチャールズ一世裁判に言及していない限り数に加えていないので、イングランド史を動機に投票した議員が一六名しかいなかったわけではない。

（68）最も過激な投票（人民投票反対・死刑賛成）をしたアゼマ議員は、タルクィニウスとチャールズの格言が「うんざりするほど繰り返された」と述べて穏健派の主張を批判するために言及したにすぎず、続けて英仏の差異を強調している。*Archives parlementaires*, t. 57, p. 390.

（69）*Révolutions de Paris dédiées à la nation*, 15ème trimestre, n° 185, p. 211-215.

（70）Trophime-Gérard de LALLY-TOLENDAL, *Plaidoier du comte de Lally-Tolendal, pour Louis XVI*, Londres: et se vend chez Elmsly, Strand; chez Owen, Piccadilly; et chez De Roffe, Gerrard-street, 1792, ch. 2, p. 21. ラリ＝トランダルは国王の弁護人に立候補した一人である。彼は「私の義務は、この悲劇のあらゆる状況について、ある人にはしっかりと思い起こさせ、ある人には詳しく知ってもらうことである。この悲劇をもう一度繰り返すかどうか決断するのは、あなたである」と述べ、長々とチャールズ一世裁判に言及している。*Loc. cit.*

（71）リン・ハント著、西川長夫／平野千果子／天野知恵子訳『フランス革命と家族ロマンス』平凡社、一九九九年、一〇六頁。

空間の革命
——共和暦二年のルアンにおける街路、祭典、自由の木——

竹中　幸史

はじめに

フランス革命期には様々な変革が進められたが、その一つに「空間」の革命がある。州や地方の特権廃止、県制度の導入、メートル法の施行などがこれにあたるが、最も野心的なものとして知られているのは、キリスト教やアンシアン・レジームを想起させる自治体名の変更である。この動きは一七九〇年に始まり、一七九二年九月にも数例見られるが、共和暦二年、政府が空間の非キリスト教化・革命化推進を明言したことによって、全土で一気に加速した。すなわちヴァンデミエール二六日（一七九三年一〇月一六日）、国民公会が「一七八九年以降に名称を変更した自治体は、それらが採用した名称を地区委員会に伝えること、また王政、封建制、迷信［キリスト教］の記憶を想起させる名称を変更する自治体は速やかにこれに努め、二か月以内に議事決定を国民公会地区委員会に送付すること」[1]を命じたため、キリスト教や王政にまつわる名称を持った三〇〇〇前後の自治体が改名することになったのである。

しかしロベスピエールの処刑後、激しい逆振れが生じ、多くの自治体は旧名を回復した。そして王政が復古した後、一八一四年七月八日、ルイ一八世は全ての自治体に革命以前の名に戻すよう指示して、この運動は一応の収束を見た。政治体制の変化にともなう、こうした空間の革命は、古今東西まま見られる。わが国においても明治維新のさいに廃藩置県、度量衡取締条例、また廃仏毀釈や神仏分離運動が展開されていた。しかし、山岳信仰に結び付いた富士山頂の地名や寺社の名称の変更が見られたものの、フランス革命に見られたような全国的な自治体名変更の動きは起きていない。実のところ、空間の徹底的な革命は、フランス革命やロシア革命（およびソビエト社会主義共和国連邦の展開）などで一部見られる特異な現象なのである。(2)

フランス革命期の自治体名変更を歴史学的に初めて分析したのはヴォヴェルである。(3)しかし彼はこの地名変更を網羅的に調査したわけではない。彼は、革命的地名変更を考えるにあたって、市町村の順応主義（例えば、地名から「聖」を外しただけなどの例）を除外し、「意味のある」地名変更だけを数えあげて考察している。これによれば、自治体名に採用された革命に関連する語は「自由」（一八一例。以下同）、「平等」（四〇）、「友愛」（一七）、「市民の」「共和国の」（二一）などである。中央山塊周辺を中心に、「モンターニュ」は二六三も登場する。自由の殉教者や思想家の名で多いのは、マラー（五三）、ルペルチエ（二五）、シャリエ（一一）であり、人民の友の人気が突出している。七つの自治体はルソーを選び、一二の自治体はローマ共和政初の執政官ブルトゥス（ルキウス・ユニウス＝ブルトゥス）を採用した。ただヴォヴェルはこれらの自治体がいつ旧名に戻ったのか、明らかにしていない。

この地名変更の影響・持続に注目したのがマレショである。彼は共和暦二年に地名変更をなした二七五二の自治体のうち、一〇％近くが一八〇一年以後もその地名を保持していたことを明らかにした。(4)この指摘からは、従来言われていたのとは異なり、空間の革命が決して共和暦二年のみの一過性の現象ではなかったこと、またモンターニュ派独裁に対する順応主義や単なる強制ではなく、住民の支持を一定程度集めていたことが推測される。さらに彼は、空間の「世俗化」、非キリスト教化に伴う新地名が短命に終わるのが多かったのに対し、封建制や王政を標的にしたものは継続して使用される傾向を指摘した。事実、王政にまつわる名称を変更した自治体は、その半数近くが統領政府期、帝政期においても新名称を保持していた。なお今日に至っても、八六の都市が共和暦二年に採用した名称を維持している。

ヴォヴェルとマレショは非キリスト教化の指標として自治体名変更に注目し、非キリスト教化運動の地図を作成しようと試みたが、これら先行研究には問題がある。なぜなら大半の自治体は自治体名を変更しなかったが、一方で、街路、大通りや広場などの名称を変更する措置を取ったからである。自治体名にのみ注目して空間の革命の大小を論じることは、むしろ運動の影響を見誤ることになる。そこで本稿では、共和暦二年のルアンにおける街路・広場を取り上げ、革命期の名称変更の意味を再考する。

さらに本稿では空間の革命に関連して、革命祭典と自由の木に関しても若干の考察を試みる。フランス革命期には革命の諸事件や、革命のために命を落とした「自由の殉教者」らを称える祭典が多く挙行されたが、そうした祭典ではほとんどの場合、祭典行列が組織された。同様に革命のシンボルとして自由の木が市内各地に植樹されたが、これら行列のコースや自由の木植樹といった空間の利用は、街路名変更といかなる関係にあるだろうか。以上の三点を取り上げ、ルアンにおける空間の革命の実態に迫りたい。

一　街路名の変更

フランスの都市の街路に名称が与えられるのは中世にさかのぼる。パリの地名辞典を編んだステファヌによれば、一三世紀にパリの一部の通りに名前が付けられたという[(7)]。その後、王権や宗教また著名な住民にちなんだ街路名が生まれ、人々に知られてゆく。メルシエが紹介しているように、パリでは一七二八年、街路名が公示され、間もなく番地も表示されるようになるが、住民らはおよそ無頓着であった[(8)]。しかしフランス革命期になると、街路名と家屋の地番づけは重要な意味をもつことになる。なぜなら一律の課税や徴兵など住民を管理するために、居地が利用されることになったからである。

こうしてようやく認知され始めた街路名だが、パリのミラボー地区では早くも一七九二年九月末に、テブー通りがブルトゥス通りに、サン＝ジョルジュ通りがウィリアム・テル通りに変更されるなど、街路名の変更が起きている[(9)]。そして国民公会からパリの名称変更案をだすように委託されていたグレゴワールは、共和暦二年ニヴォーズ一七日（一七九四年一月六日）、自身の案を披歴する。彼は、街路を、革命の理念を教示すべきものとして考えたらしい。その案には、「槍」広場と「愛国心」通り、「八月一〇日」通り、また「球戯場の誓い」通りとを接続することや、革命広場から「憲法」通り、さらに「幸福」通りへ向かう導線を設けることなどが示されており、パリ市内に革命の縮図を出現させる意図があった[(10)]。入り組んだ街路をもつパリにおいてかような計画の実現は難しかったが、それでも七三の街路が改名された。また一六の広場、九つの河岸通り、五つの橋、また二つの交差点および一つのブールヴァールの名称が変更されたという[(11)]。

ルアンに目を転じよう。復古王政期に当地の街路名の辞典を刊行したペリオは「一七九四年はじめの数日間にその街路や広場の大部分に革命的でこっけいな名前が与えられた」と述べている[12]。実際には共和暦二年ブリュメールとニヴォーズの二度、ルアン市評議会は街路や広場の名称を変更したのだが、これまでルアンにおける街路名の変化を分析した研究は存在しない。そこで筆者は市評議会議事録、新聞、辞典、同時代人の日記と地図を参照して、市内の地名変更を調査した[13]。その結果、ルアンにおいて、一五二の街路 rue の名称が変更されたことが明らかになった。同様に改名されたブールヴァールとクールは一七、袋小路（キュル・ド・サックないしはアンパス）は五、広場は一八であり、総計は一九二にのぼる。

内訳を概観しよう。ルアンにはキリスト教にまつわる街路名が多いが、これらは一掃される。五〇を数える「聖」のついた地名、さらに「十字架」「天使」「アベ」また「アダム」「カルム」「ジャコバン」「オーギュスト」「コルドリエ」「ベギン」などの名前もおおかたなくなってしまう。なお大聖堂は理性の神殿に、聖トゥアン教会はデカディの神殿に改名された[14]。

王政・封建制に関する名称や、旧体制期に活躍した法服貴族やアリストクラートにまつわる名称も変わった。さらに興味深いことは、特に宗教的・政治的に問題のない名称も変更されたことである。アカール通りやシェーヌ通りなどは、かつての住民の名前や通りを塞いでいた鎖を表わしていただけなのに、「アンジェ」通りや「統一」通りに変更された。「鳥の園」「笑う犬」といったユーモラスな街路名も消失しており、このことは空間の革命が単なる世俗化やアンシアン・レジームへの攻撃ではないことをうかがわせる。

では、新しい名称にはどのようなものがあるか。それは①地名②人名③革命的価値観の三つに大別できる（表1）。

①　一般に街路名に地名がつけられるとき、その道路の向かう先が当てられることが多いが、ここではそうした命名

表1　共和暦2年ルアンにおける主な新街路名

地名に由来するもの	アラス、アンジェ、オントスコート、カレー、サル＝リーブル、シャンベリー、ジュマップ、ソミュール、ソンム、ダンケルク、チオンヴィル、トゥール、ドルドーニュ、ノール、フィラデルフィア、ポンタマルク、メス、モゼル、モブージュ、リール
人名にちなむもの	ウィリアム・テル、ヴォーヴァン、ヴォルテール、ウティカのカトー、ガイウス・ムキウス、ガスパラン、コルネイユ、シャリエ、ジャン・バール、ジュルダン、ソクラテス、ダンピエール将軍、ドゥゲ・トゥルアン、バラ、ビュフォン、フォントネル、フランクリン、ブルトゥス、ペール・デュシェーヌ、ボーヴェ、ボルディイエ、マブリ、マラー、メール・デュシェーヌ、モリエール、ルソー、ルペルチエ
革命的価値観にちなむもの	愛国者、アッシニア、大鎌、革命、カルマニョル、技芸、協調、クラブ、軍曹、憲法、伍長、鼓笛隊、産業、再生、サン＝キュロット、志願兵、市民、自由、自由人、人権、人類愛、人民、正義、宣誓、創立、祖国、打倒された偏見、デマゴーグ［民衆の指導者の意］、天性、平等、統一、法、ボネ＝ルージュ、モンターニュ派、槍、理性、労働

法にはなっていない。パリやル＝アーヴル、近郊の街エルブフの名が消えているからである。一方、国内外における革命戦争の戦場の名であるアンジェ、ソミュール、チオンヴィル、オントスコート、ダンケルク、ジュマップ、モブージュのほか要塞都市ポンタマルク、リール、サル＝リーブル、北部・国境地域の県名ノール、モゼル、ソンム、同様の都市名アラスやカレーが採用されている。また比較的最近フランス領になったシャンベリー（サヴォワ）やメスの名が意図的に選択されていることもあわせ、これらには市民に祖国の領土を意識させる狙いがあろう。この地名選択には地名変更の時期がヴァンデでの農民反乱や北部国境での戦争が激化した直後であることが関わっていると思われる。

②　街路名に採用された人物は、総勢二七名である。革命のために命を落とした自由の殉教者としてマラー、ルペルチエ、シャリエ、ガスパラン、バラ、ボーヴェ、ボルディイエ、ジュルダンを見つけることができる。ガ

スパランは南仏への派遣議員、ボルディィエとジュルダンは、一七八九年八月にルアンでおきた食糧暴動の首謀者であり、セーヌ河岸で処刑された、ルアン独自の自由の殉教者である。なおルイ＝ミシェル・ルペルチエはその所領からルペルチエ＝ド＝サン＝ファルジョーと通称されるが、彼の名が街路名に採用される時はルペルチエ＝ファルジョー通りとなっており、ここでも「聖」は落とされた。

文人としてはコルネイユ、フォントネルといったルアン出身の識者のほか、ルソー、ヴォルテール、マブリ、フランクリン、モリエール、ビュフォンらが名を連ねる。軍事関係としてはヴォーヴァン、ダンピエール将軍そしてジャン・バール、ドゥゲ・トゥルアンという二名がいる。この二名はルイ一四世治世下に活躍した私掠船の船長である。

古代・中世の人物として挙げられるのはソクラテス、ブルトゥス、ガイウス・ムキウス（ガイウス・ムキウス＝スカエウォラ）、ウティカのカトー（小カトー）、ウィリアム・テルである。ガイウス・ムキウスはエトルリア王に捕縛された際、自身の左手を失っても祖国への忠義を貫いたローマ市民である。また小カトーは元老院派の指導者としてカエサルの専制に最期まで抵抗した政治家であった。このように、古代共和政の確立者や圧政への抵抗を示した英雄の名が選択されている。なおペール・デュシェーヌ、メール・デュシェーヌの名もつけられ、奇妙なことに、彼らの死後一年間も用いられている。

③

最後に革命的価値観を表わす街路名を挙げておこう。新時代の標語としては革命、自由、平等、友愛のほかに再生、祖国、統一、愛国者、人権、市民などがあげられよう。革命の新しいシンボルとしてはサン＝キュロット、サン＝キュロットのかぶる赤いフリジア帽を意味するボネ＝ルージュ、同じくサン＝キュロットの服装および愛唱歌カルマニョル、民衆の権力を象徴する槍、市政に大きく関与するクラブの名が見える。啓蒙を称えるような理性、人類愛、技芸もあれば、革命の成果として法、憲法、アッシニア、デマゴーグ〔民衆の指導者の意〕、モンターニュ派、打倒された偏見もある。また伍長、鼓笛隊、志願兵、軍曹など兵士を示す名称も散見されるが、これは戦時であることと共に、「平等」が兵士のイメージで表象されていたことも関係しているだろう。

このように都市における地名変更では、非キリスト教化の推進だけではなく、地名を通じた祖国愛の鼓舞と、理想的とされる人名や神格化された言葉の流布による共和主義イデオロギーの浸透が図られているのである。

二　革命祭典と自由の木

次いでルアンにおける革命祭典と自由の木を取り上げよう。祭典における行列コースは、組織者の思惑や心性、すなわち誰がこの祭典を見るべきか、または誰の視線が意識されているかを示している。そこで一七九〇年から九二年までの行列を検討すると、主に市南西部や南部の川沿いを通過して、市東部のシャン＝ド＝マルスに向かっている。市南西部は当時の政治指導層である商人・自由業者らブルジョワの居住地区であった。一方、行列は民衆居住地区の北東部をほとんど通過していない（図1）(15)。

しかし一七九二年一二月、聖バルバラの祭典において変化の兆しが現れる。このときに行列は初めて民衆居住地区を経由している(16)。一七九三年八月一〇日に行われた「統一の祭典」の行列コースは、非常に象徴的である。この祭典は一七九〇年と九二年の連盟祭を意識した構成をもっており、祭典会場（シャン＝ド＝マルス。当日はシャン＝ド＝ラ＝フェデラシオンと呼ばれた）、兵士による宣誓などの儀礼も、これにならっている。行列の出発地と目的地も、連盟祭

連盟祭（1790 年 7 月 14 日）

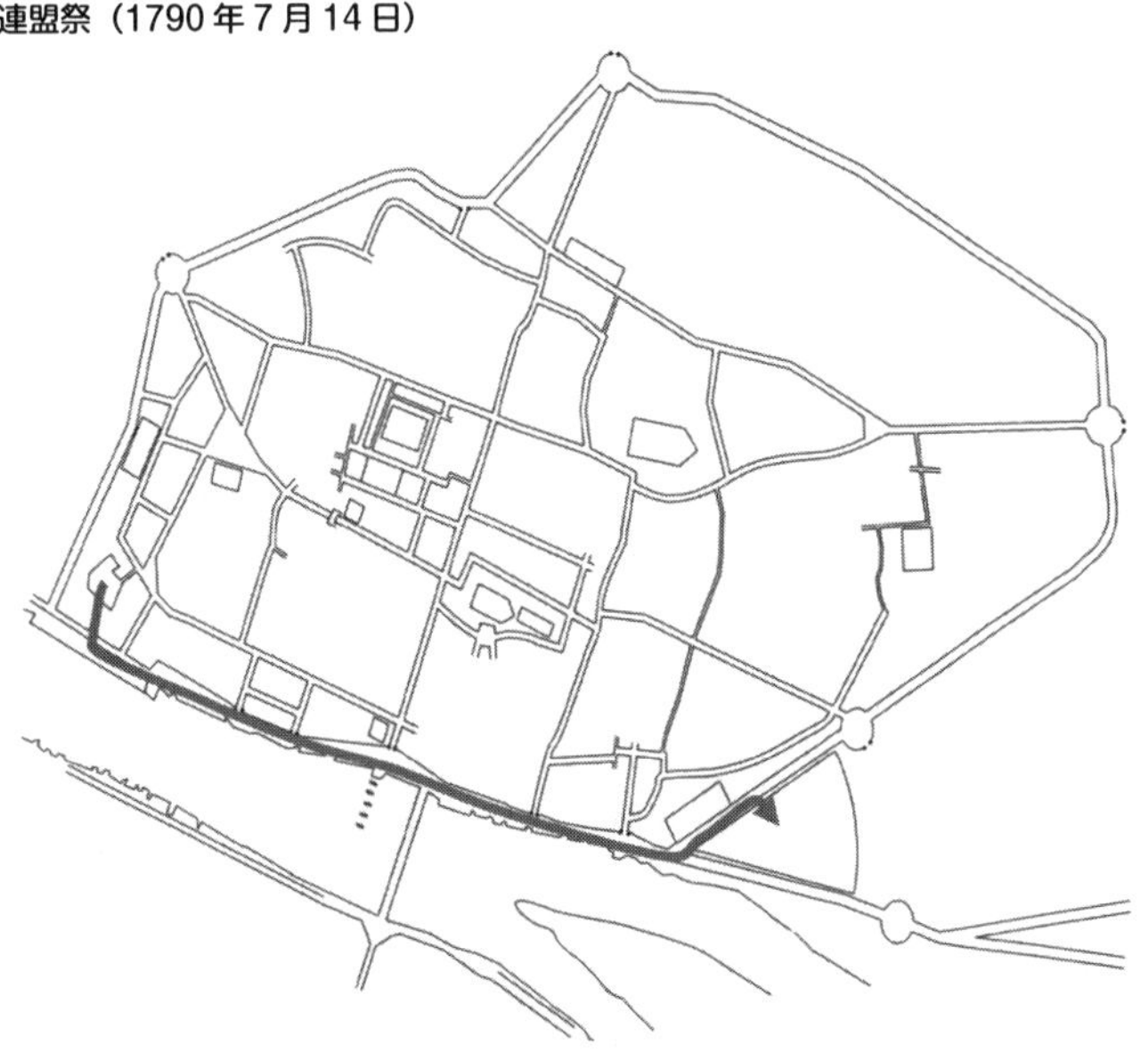

連盟祭記念の祭典 (1792 年 7 月 14 日)

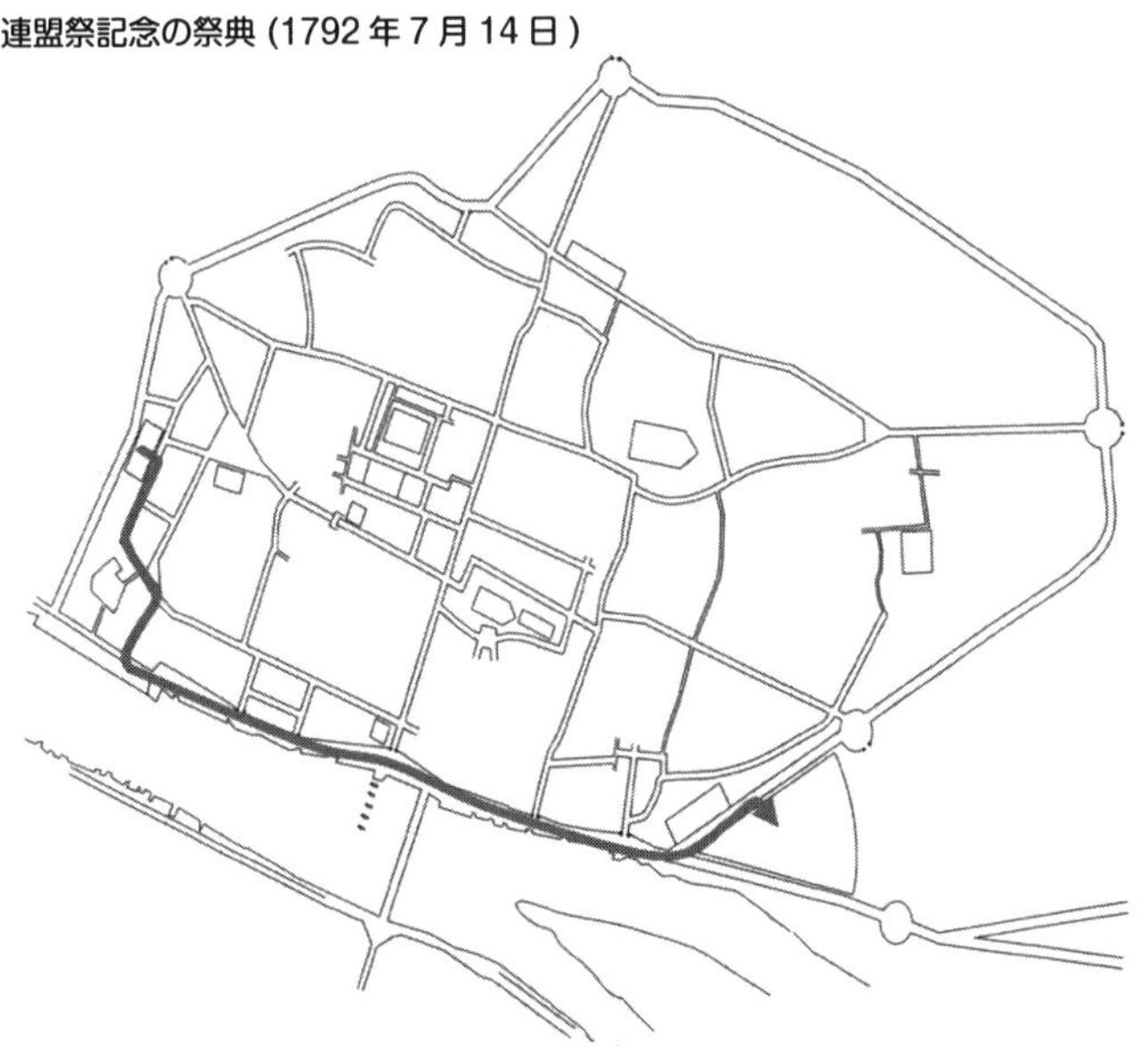

図 1　祭典行列コース (1790 年・1792 年)

聖バルバラの祭典 (1792 年 12 月 4 日)

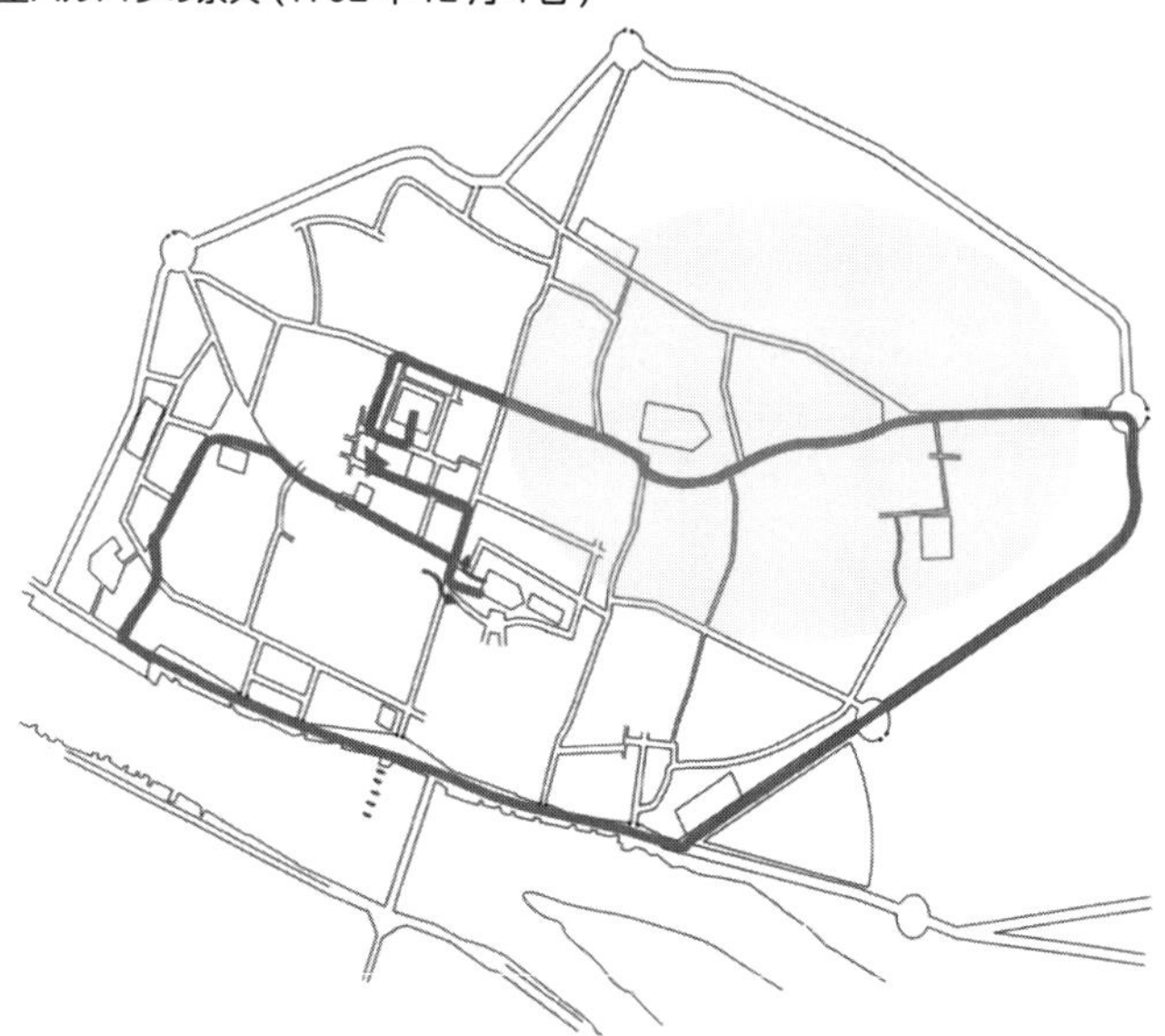

統一の祭典 (1793 年 8 月 10 日)

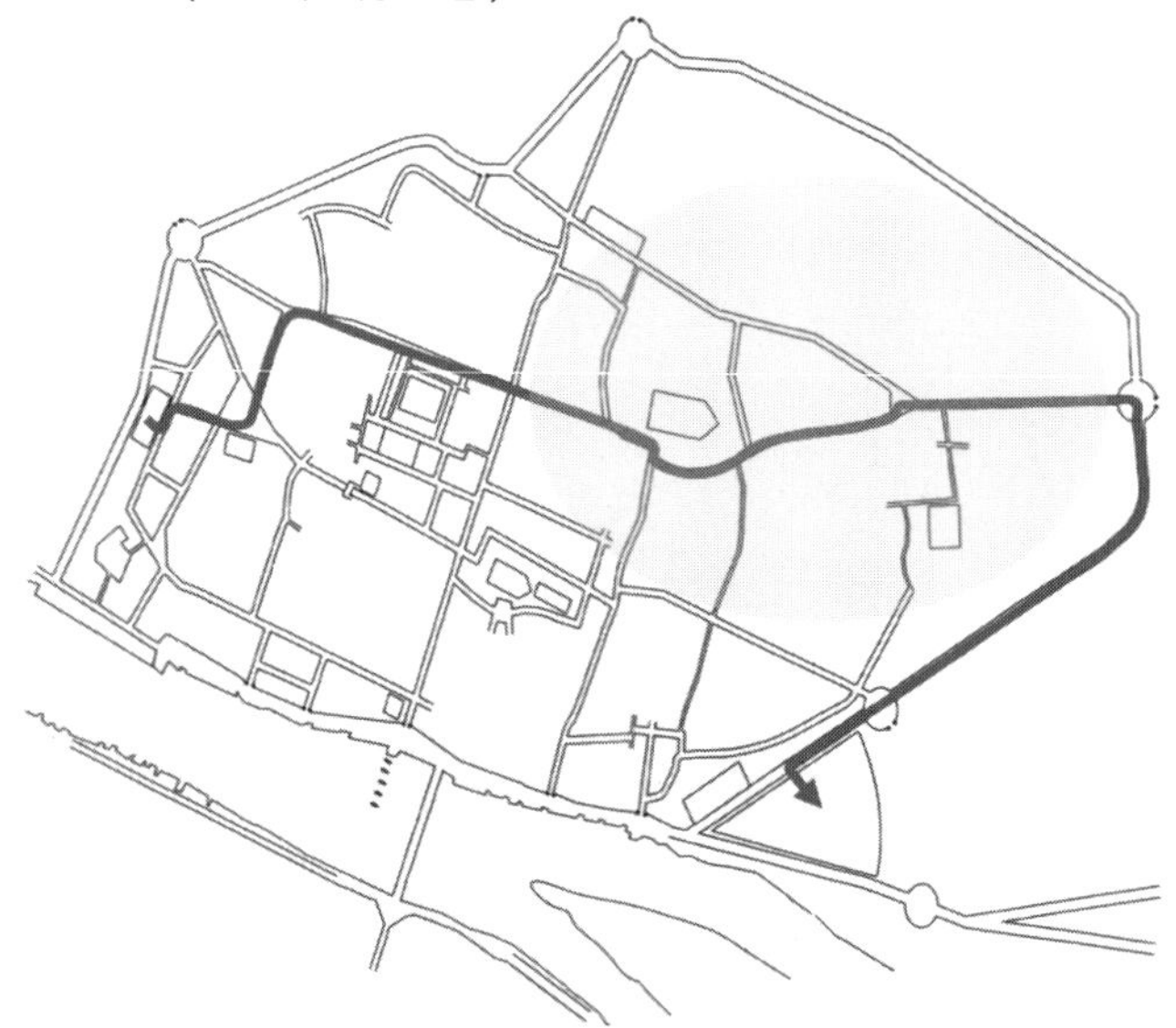

図 2　祭典行列コース (1792 年末・1793 年)

と同じである。しかしこの時の行列のコースは市南部を通らず、あえて民衆居住地区を通過している。祭典が民衆の視線を集め、新たな連盟に彼らが加わることを促しているのである（図2）[17]。

共和暦二年、祭典における空間の利用はさらに変化する。共和暦二年フリメール三日に行われた「ボルディィエとジュルダンの記憶のための市民祭典」においては、彼らの処刑された場所に二人の記念碑が建立されて、さらには彼らの名前をセーヌ河沿いの大通りに与えることが決められた。これはルアンにおける「負の記憶」を抹消する試み、空間の浄化といえよう[18]。

その七日後に行われた理性の祭典では、空間の革命はいっそう明確になった。この日の祭典行列は四つの「停留所」を経由して進み、それぞれの場所でセレモニーが行われる（図3）[19]。まずルジュマール広場においては、火刑の儀礼がなされ、次いで自由の木が植樹される。その後、市役人がこの広場を革命広場と改称することを宣言する。この広場は一七九三年一月に王党派による国王助命嘆願デモが行われた場所であり、名称変更は王制に関する記憶の抹消を狙ったものである[20]。その後、行列はシャン＝ド＝マルスにおいて火刑を行い、大聖堂に到着する。ここでは大聖堂を理性の神殿とすることが宣言された。さらに新市場広場では、自由の殉教者の像の除幕式が行われ、その後、広場の名称変更が宣言された（新市場広場からモンターニュ派広場へ）。これらは全て、王政やキリスト教的色合いの濃い広場を葬り去り、共和政の空間にすべく再生を試みているのである。

さらに行列のコースを検討しよう。行列は、ルジュマール広場（革命広場）、革命通り、マラー広場、公会通り、公会広場、自由大通り、シャン＝ド＝マルス、ボルディィエ河岸、ジュルダン河岸、大聖堂（理性の神殿）、新市場広場（モンターニュ派広場）と進む。すなわち反革命の克服から始まり、自由の殉教者の間を抜けて、モンターニュ派へ至るコースを通じて、市民がルアンにおける革命の進展と都市の再生を理解するようになっているのである[21]。

理性の祭典（共和暦２年フリメール10日）

ルジュマール広場
（革命広場）

新市場広場
（モンターニュ派広場）

大聖堂（理
性の神殿）

A

B

C

D

E

シャン＝ド＝
マルス

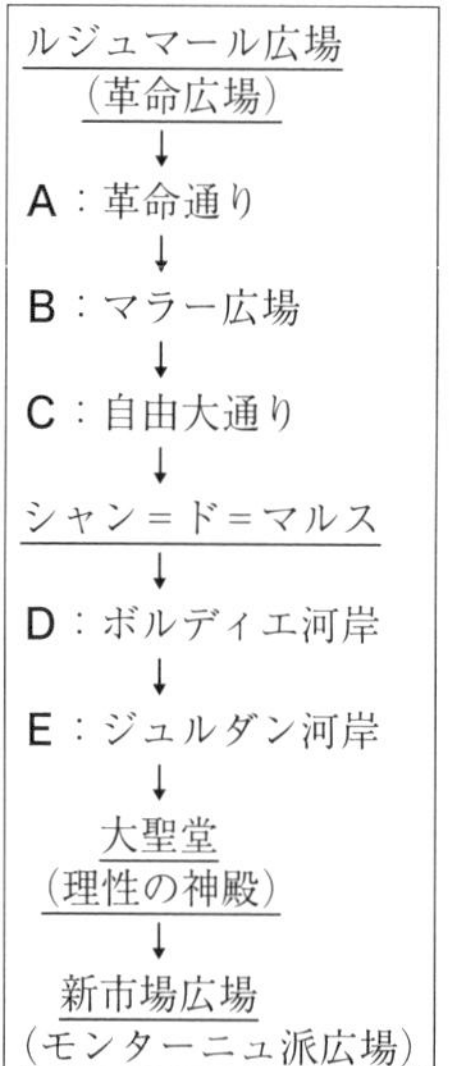

図３　祭典行列コース
（共和暦２年フリメール）

トゥーロン奪還祭典（共和暦２年ニヴォーズ 20 日）

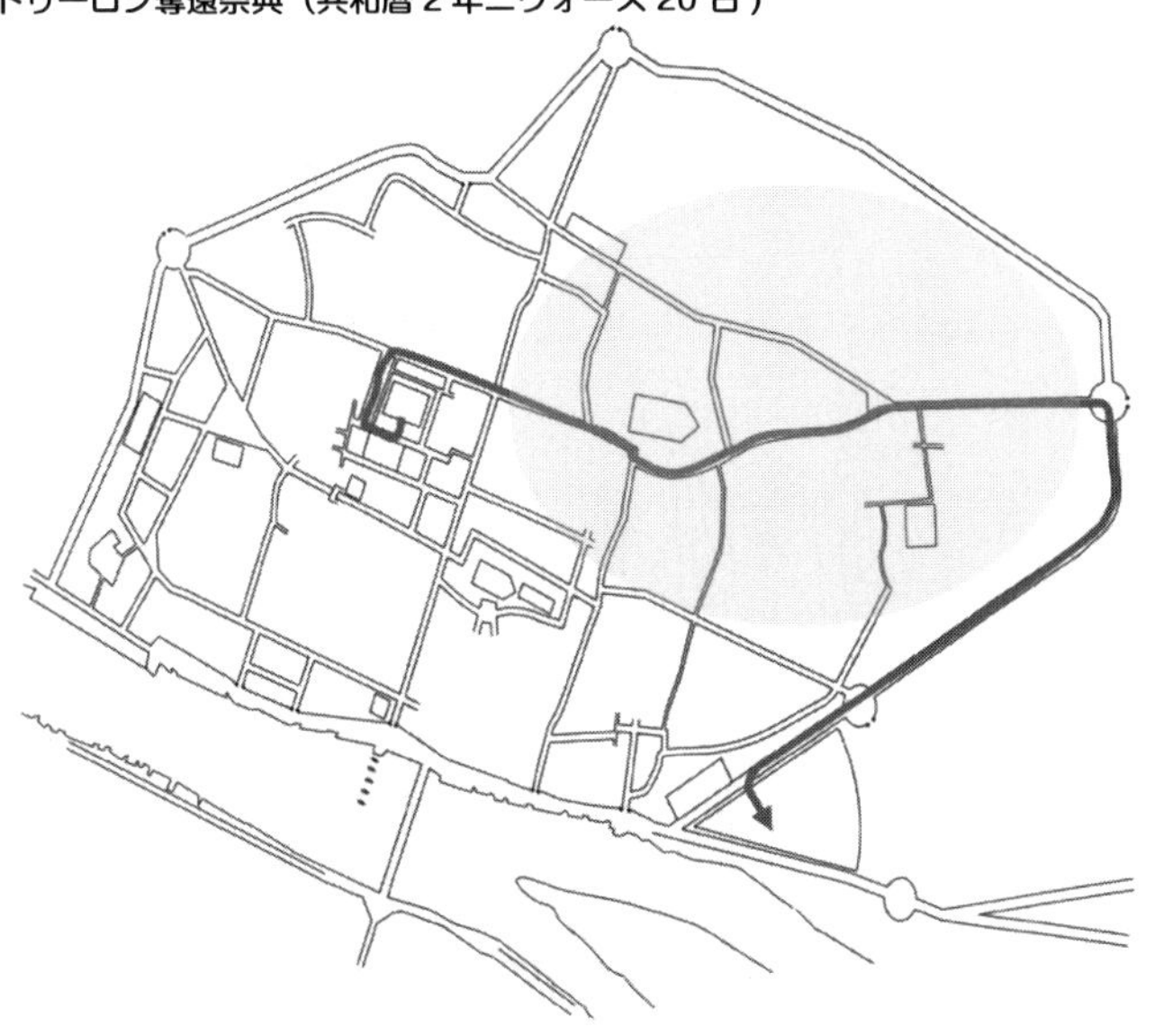

暴君の死記念日の祝典（共和暦２年プリュヴィオーズ７日）

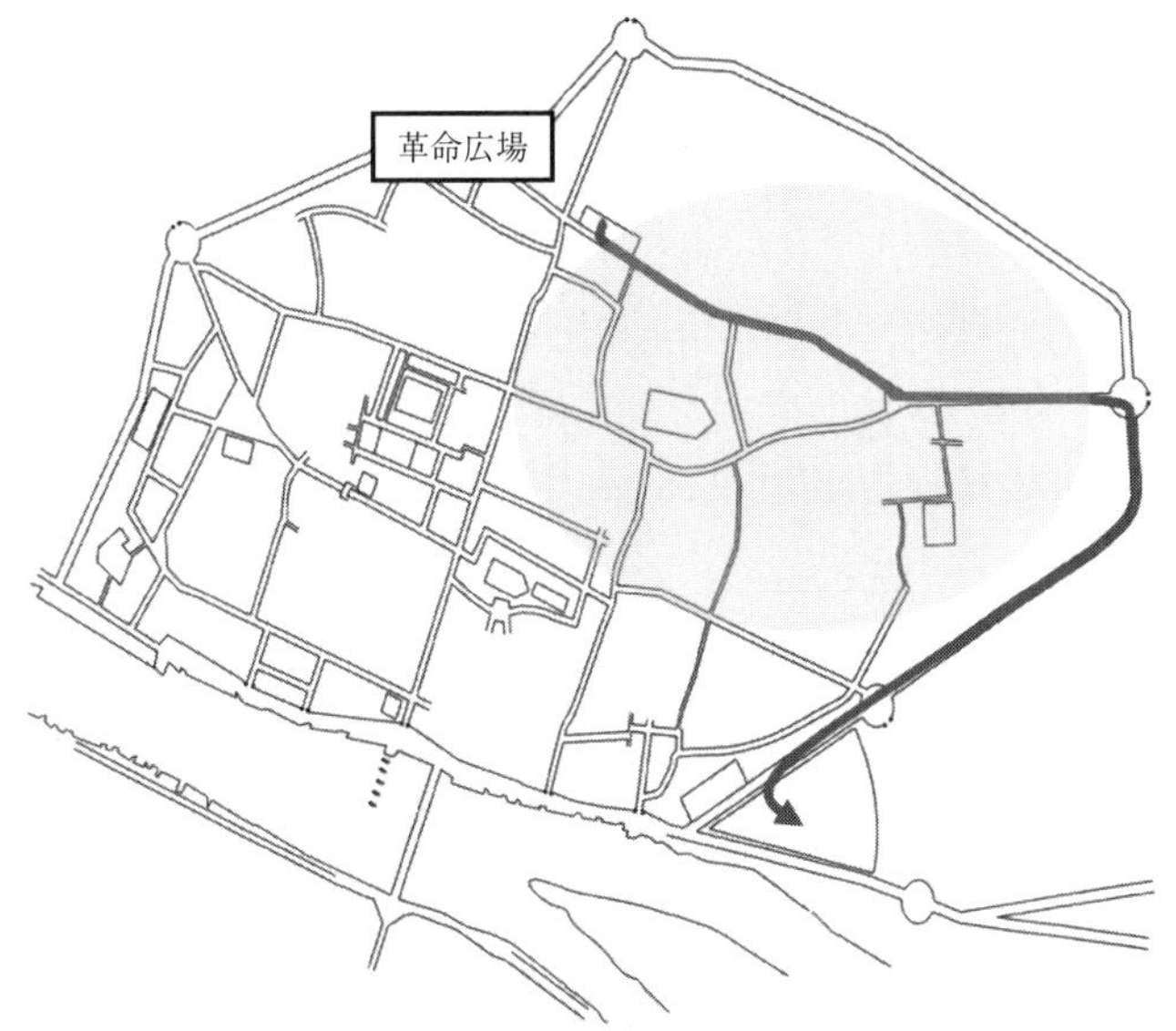

図４　祭典行列コース（共和暦２年ニヴォーズ・プリュヴィオーズ）

また「暴君の死記念日の祝典」（プリュヴィオーズ七日）では、革命広場で火刑セレモニーを行った後、行列がシャン＝ド＝マルスへ向かっており、理性の祭典と同じコースをたどっている。国王処刑一周年を機に、反革命の克服という印象を今一度与えようとする意図の表れであろう（図4）[22]。その他の祭典も、市北東部の民衆居住地区を通過しているのだが、これら行列コースの設定が教育的効果を期待してのことであることは論を俟たない。

この「教育」実践の顕著な一例をあげよう。国民公会が国民の道徳教育の一環として国民祭典の組織を制定したが、その法令を受けた最初の実践ともいえる祭典は、最高存在の祭典ではなく、「五月三一日の記念祭典」（プレリアル一二日）であった。ルアンにおけるこの祭典では、行列がこれまでにないコースをたどっている。市庁舎を出発した行列は、ボネ＝ルージュ広場憲法通り、デモクラット通り、市民通り、マルパリュ通り、カルマニョル通り、ウィリアム・テル通り、ウィリアム・テル門を通って、シャン＝ド＝マルスへ向かう。初の国民祭典においてカルマニョルやウィリアム・テルといった通りが選択されたこと、かつ民衆の居住地区を避けて彼らのエネルギーの暴発を抑えていることは、モンターニュ派の伝えたい価値観を明確に示していよう。（図5）[23]

ついで自由の木について取り上げよう[24]。中世以来、フランスの各地では共同体の繁栄を祈願して「五月の木」が植えられてきたが、革命期に入ると、しばしば領主層に対する反抗のしるしとして植樹がなされるようになる。更に一七九〇年から九一年にかけて、共同体の再生、人間の再生、革命支持を祝賀しても植えられた。このころ木は「自由の木」と呼ばれるようになるが、その数は累計六万に及ぶと言われる。

ルアンにおける自由の木は、一七九二年六月二〇日未明、旧高等法院中庭に初めて登場した。その後、自由の木は広場や兵舎に立て続けに植樹されたが、革命祭典においては一七九二年七月にシャン＝ド＝マルス、一七九三年三月にはシャン＝ド＝マルスと大聖堂前広場に植樹されている[25]。自由の木が革命推進の象徴となってゆく様子が看取でき

5月31日の記念祭典（共和暦2年プレリアル12日）

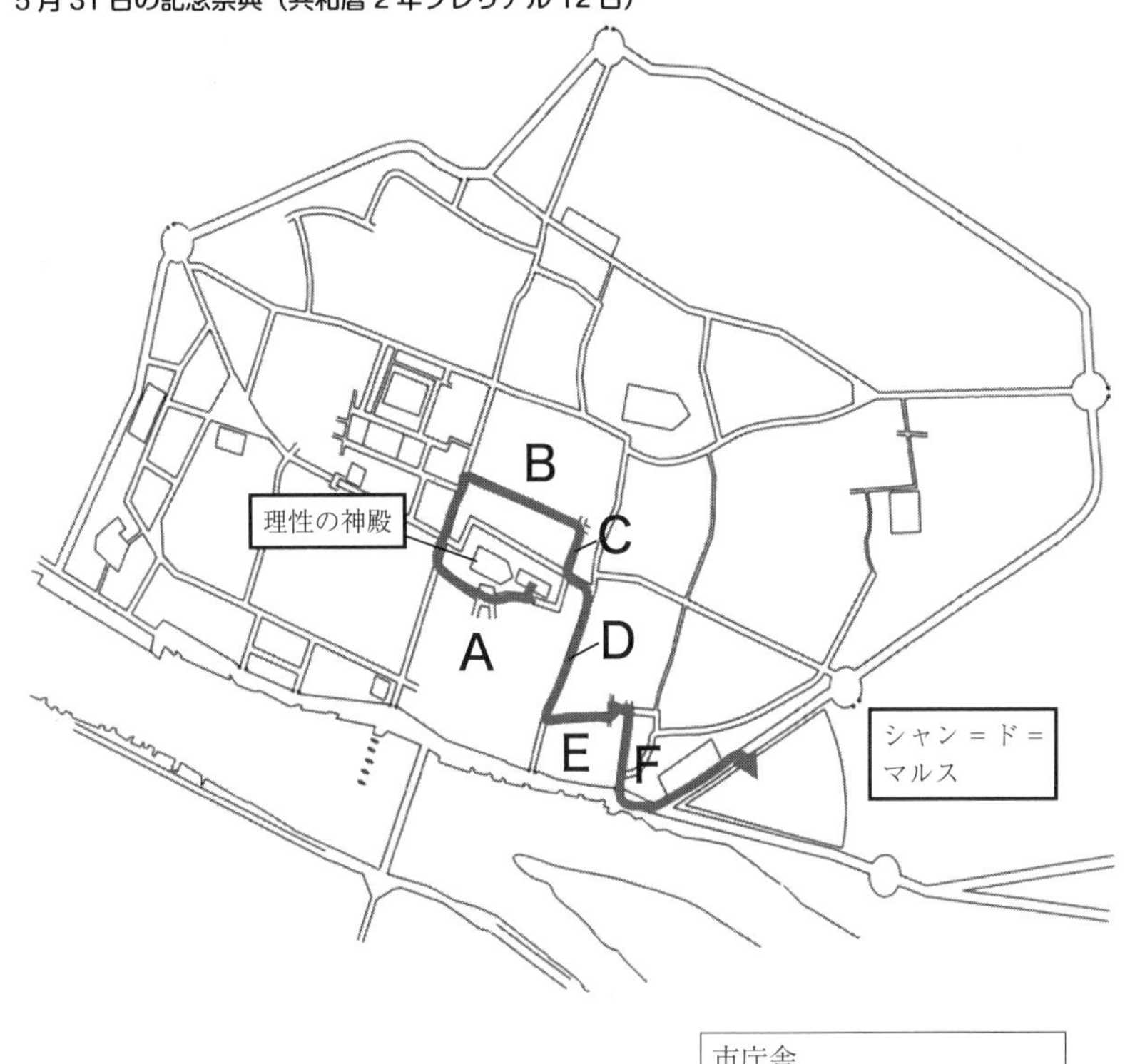

市庁舎
↓
理性の神殿
↓
A：ボネ＝ルージュ広場
↓
B：憲法通り
↓
C：デモクラット通り
↓
D：マルパリュ通り
↓
E：カルマニョル通り
↓
F：ウィリアム・テル通り
↓
シャン＝ド＝マルス

図5　祭典行列コース
（共和暦2年プレリアル）

るが、一方でこれへの攻撃も見られるようになる。ルジュマール広場における自由の木は一七九三年一月、白昼引き抜かれた後に燃やされ、六月には大聖堂前広場の自由の木が夜陰に乗じてサーベルで切りつけられる事件も発生している。(26)

さて共和暦二年、街路名変更と軌を一にするように、自由の木は市内に増加する。先述した理性の祭典のあとにも、フリメール三〇日に「施療院 Hôtel-Dieu 中庭における自由の木植樹祭典」、ヴァントーズ一三日に「証券取引所跡地における自由の木植樹祭典」が行われたほか、ヴァントーズ一〇日の「奴隷制廃止の祭典」においては県庁舎中庭に新しく自由の木が植樹された。また「暴君の死記念日の祝典」では、革命広場の自由の木の周囲でロンドが行われた。(27)大ブルジョワの集う場であった旧証券取引場における植樹や、奴隷制また暴君を超克するセレモニーにおける自由の木は革命のいっそうの進展を象徴するものであった。

さらに注目すべきは、祭典以外でも、自由の木植樹のセレモニーが増加することである。このことには国民公会の出した二つの法令が影響している。すなわち国内全ての市町村に「生きた（根の生えた）」自由の木植樹を命じたニヴォーズ六日の法令と、自由の木が存在しないフランス共和国の全ての自治体に対しジェルミナル一日に植樹するよう命じたプリュヴィオーズ三日の法令である。これをうけてルアンでは一種の植樹ブームが起きる。学校の生徒、国民衛兵や住民などによって自身の愛国心を示す機会として植樹セレモニーの開催が請願され、市評議会の民衆協会の出席するなか行われたのだが、その数はニヴォーズに一度、プリュヴィオーズに五度、ピーク時のヴァントーズには実に二五度にのぼったのである。(28)

そこで共和暦二年以後に自由の木が植樹された一〇の広場の名称を確認しよう。再生（旧名ピュセル、以下同）広場、共和国（旧市場）広場は、いずれもジャンヌ＝ダルクにちなむ場所である。後者は彼女が火刑に処された広場であっ

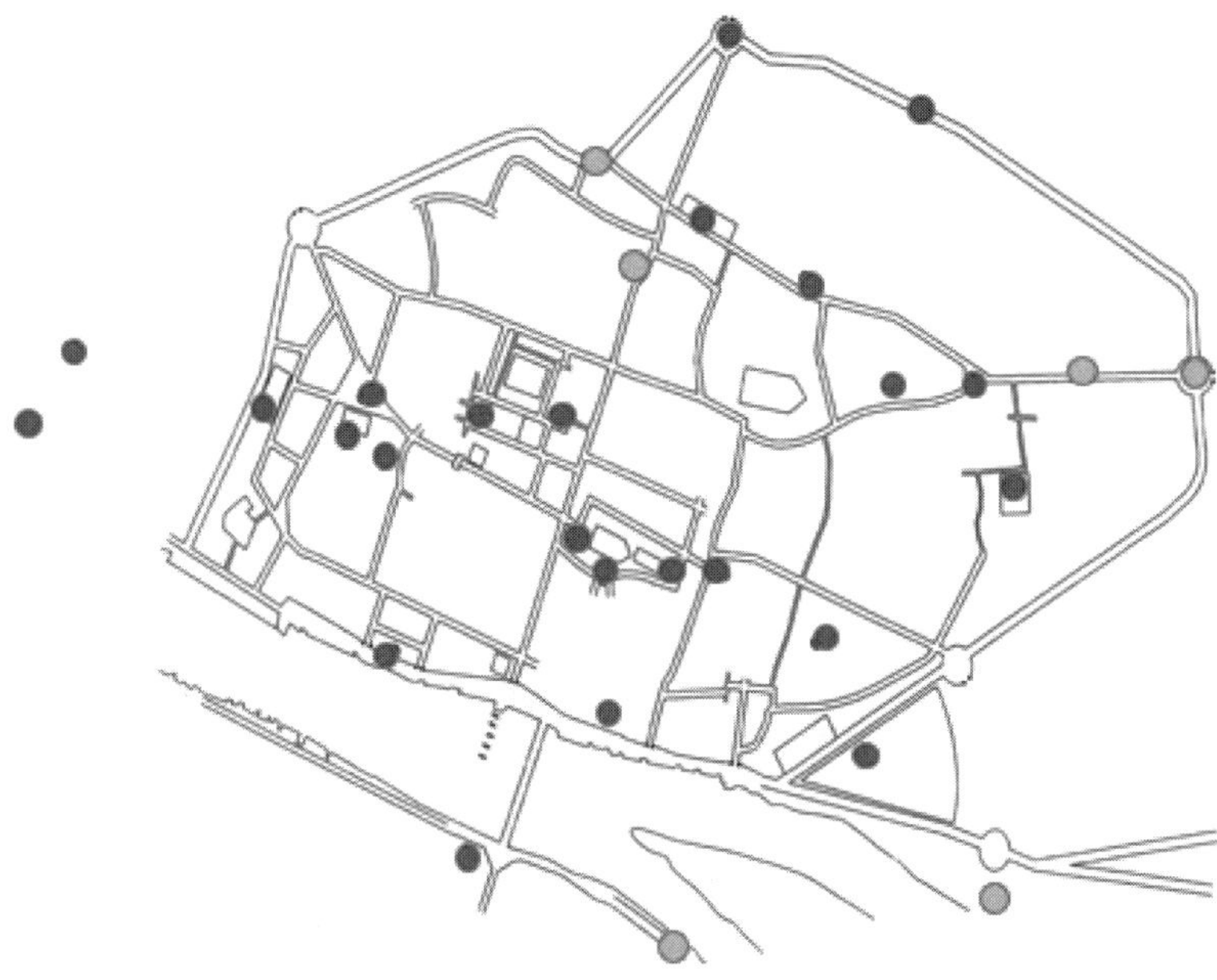

● 植樹場所が特定されるもの（ブルジョワ居住地区に相対的に多いことがわかる）

● 植樹が推定される場所

図6　自由の木が植樹された場所（1793年—共和暦2年）

た。さらに統一（サン＝テロワ）広場、市庁舎（大司教館）中庭、マラー（ラ＝クロワ＝ド＝ピエール）広場、人類愛救済院（施療院 Hôtel-Dieu）中庭もキリスト教にまつわる記憶を有していた空間だった。理性の神殿（旧大聖堂）に南接するボネ・ルージュ広場の旧名カランドも兄弟団に由来するとされており、ここでも「再生」の試みが見られる[29]。このほかモンターニュ派（新市場）広場のほか、平等（旧外堡）広場、豊穣（旧バス＝ヴィル＝トゥール）広場はいずれも建設が中世にさかのぼる広場だが、これらも含めて、自由の木が植樹された広場は全て革命を称える名称を有していたのである。図6には市内外の植樹場所を示したが、相対的にブルジョワ居住地区に多くなっている。以上から、植樹が旧体制との断絶を企図した、空間の革命の一環であった

表2　共和暦3年に旧名に復帰しなかった街路・広場（王政にまつわる名称）

旧体制期の名称	共和暦2年の名称	共和暦3年の名称	旧名に復帰した年
王妃	大通り	同左	1814
祈る国王	共和国民	同左	1814
国王	自由な（libre）	同左	1814
アンリ4世（広場）	旧要塞	同左	1814
王太子	自由	パリ	現存

ことは明瞭であろう(30)。

三　共和暦三年の揺り戻し

共和暦三年春になると、今度は逆のベクトルで、名称変更の波が訪れた。まずヴァントーズ六日には、シャン＝ド＝マルスの「山」のモニュメントが破壊され、またボルディエとジュルダン両河岸がパリおよびル＝アーヴルの名称にもどることが宣言された。そしてジェルミナル八日、ルアン市評議会は市内の街路や広場を旧名に復すことを決定したのである(31)。しかしながら、この決定には一部の街路・広場が対象から外されたり、新たな名称がつけられたりしていた（三五例）。このとき「聖」の名称が復活しなかったのは、九例ある。しかし今日に至るまで復帰しなかったのは、街路自体が消失したサン＝ピエール＝デュ＝シャテルを含め、四例に過ぎないことを考慮すれば、自治体名と同様に、空間の「世俗化」はごく短期の現象であったといえよう。

では復帰が遅れた地名は何か。それは王政を想起させる名称である（表2）。「国王」「王妃」やアンリ四世は復古王政期まで帰ってこない。Cour Dauphin にいた王太子はついに戻らなかった。またクロヌ、モントロン、ミショディエール、ソメニル、チロ、モシオン、ラ＝ロシュフコー、ベルグラドの街路名は旧体制期ルアンにおける八人の政治家・官僚の名にちなんでおり、これらも封建制を想起させるゆえに旧名に復すことは認められなかった。このように保守的とみられがちなルアンにおいても、旧体制への露骨な復帰は避けられたのである。

では、新名称はどうなったのか。二七名いた「英雄」のうち総裁政府期にも残ったのは、コルネイユ、フォントネル、ビュフォン、ヴォルテール、ソクラテスの五名の文人に過ぎず、また新たにラシーヌと医師ルキャ、ルノートル、マレルブ Malherbes（マルゼルブ Malsherbes とも表記）が加わっている。パンテオン入りし、ルアンでも祝賀祭典（共和暦二年ヴァンデミエール二〇日、一七九四年一〇月一一日）があったというのに、ルソーはジャコバン的とみなされて消えてしまった。古代の人物はアテナイの哲学者だけが残った。革命の概念を示す街路名で残ったものは、「社会契約」「自由」「国民の」「共和国」だけである。かように公共空間においては、民衆的性格を有さないもの、非ジャコバン的名称だけが残されたのである。

ただし空間における反ジャコバンの動きは既に共和暦三年（一七九四年）秋に、すでに生じていたようである。同三年ヴァンデミエール三〇日（一七九四年一〇月二一日）の「勝利の祭典」において、これは象徴的に表れている。この日の行列は「五月三一日の記念祭典」と同様の出発地と目的地を有し近似したコースをとるにも拘わらず、慎重にもデモクラット通り、カルマニョル通りやウィリアム・テル通りなどを経由しない。民衆の権力やサン＝キュロットを想起させる街路は避けられているのである（図7）[32]。

またこの後、祭典行列は共和暦四年の「若者の祭典」を除き、市の北東部を経由しない[33]。自由の木に関しては、共和暦二年ジェルミナル一日以後、新たな植樹が禁止されている。それでも市民は八本を自発的に植樹しているが、あくまで私的なものとされ、セレモニーは行われなくなっていた[34]。かくして共和暦三年以降、ルアンからジャコバン的空間は姿を消し、また顧みられなくなっていったのである。

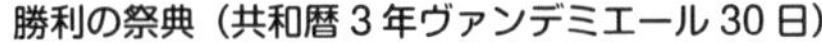

B
C
A
D
E
F
G
シャン＝ド＝マルス

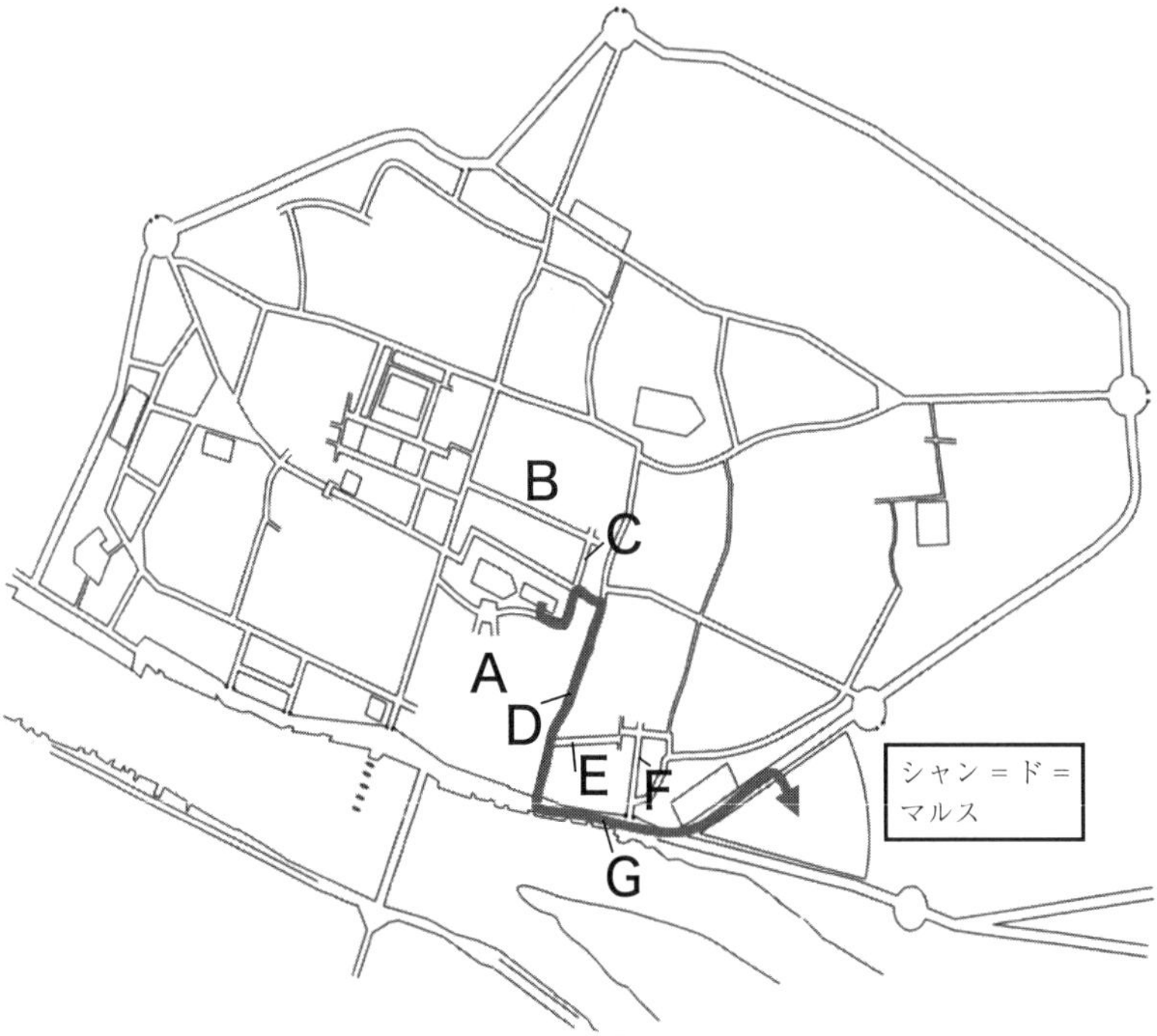

市庁舎
↓
~~理性の神殿~~
↓
~~A：ボネ・ルージュ広場~~
↓
~~B：憲法通り~~
↓
~~C：デモクラット通り~~
↓
D：マルパリュ通り
↓
~~E：カルマｓル通り~~
↓
~~F：ギヨーム・テル通り~~
↓
G：ボルディィエ通り
↓
シャン＝ド＝マルス

「5 月 31 日記念祭典」と出発地・目的地は同一ながら、革命的価値観をもつ名称の通りを避けている。

図７　祭典行列コース（共和暦３年ヴァンデミエール）

おわりに

本稿で明らかになったことを整理しておこう。まず共和暦二年のルアンにおいては、街からキリスト教を想起させる名称が一掃されたこと、封建制・王政に関する名称も変更されたことが明らかになった。またキリスト教、王政、封建制とはおよそ無関係の街路の名前も数多く変更されていることも示された。街路・広場の新しい名称には、北部の要塞や戦場の地名、人名、そして革命的価値観が多く採用されている。

以上のことは街路名の変更が単なる世俗化や旧体制への攻撃ではなく、市民教育の手段であったことを示している。すなわち共和暦二年フリメール二九日のブキエ法制定を待つまでもなく、ルアン市全域が、共和主義の「学校」と化していたのである[35]。同時期の革命祭典においては、火刑や広場の名称変更を通じた空間の浄化が演出された。さらには行列コースや自由の木植樹などの空間の利用も、ルアンの革命や新体制の理念を市民に伝える「教育」として機能したのである。

共和暦三年以後、多くの空間の名称は元に戻る。民衆の権力やジャコバンを想起させるものは残存しえない。革命祭典の行列は、一七九二年以前のように、民衆居住地区を通過しなくなる。民衆をイメージさせる名称をもつ街路も避けられた。また山の記念碑は破壊され、新たな自由の木の植樹も見られない。こうしてジャコバン的空間はルアンから消失していったのである。

ただ、それでもこの空間の革命を短期的現象と捉えることにも慎重であるべきである。確かに多くの街路・広場の名称は共和暦三年のうちに旧に復したが、王政を想起させる街路名の復帰は復古王政をまたねばならず、封建制を想起させる貴族らの名称はついに戻らなかったからである。また今日でも共和暦二年の名称のいくつかは残存している。空間の革命の影響に関しては、一八四八年にルアンのシャン＝ド＝マルスに自由の木が植樹されたことも含めて、再考の余地があろう。

また今日のライシテの問題を語る時、私たちは公共空間から「宗教的なるもの」が一掃されているように思いがちである。しかし教会のミサ、鐘の音、クリスマスなどの飾りは生活に密着しており、さほど珍しいものではない。そして何よりフランスには宗教的な名前をもつ自治体や、街路名があふれている。フランスの市民は今も宗教的空間に生きているのだが、このことが意識されないこと自体、地名の脱宗教化を示してもいようし、またあえて触れないことが共和国とカトリックの蜜月の秘訣かもしれない。

注

（1） *Archives Parlementaires*, tome 76, p. 624. 共和二年における街路名の変更については、竹中幸史「空間の脱宗教化と世俗化―フランス革命期の地名変更」『東欧史研究』四〇号、二〇一八年。なお前稿における原史料の誤記、筆者による誤読は本稿にて修正している。

（2） G. R. F. Bursa, "Political Changes of Names of Soviet Towns", *The Slavonic and East European Review*, 63, No. 2, 1985. 神仏分離一五〇年シンポジウム実行委員会編『神仏分離を問い直す』法藏館、二〇二〇年。安丸良夫『神々の明治維新―神仏分離と廃仏毀釈―』岩波新書、一九七九年、一五五頁。

（3） M. Vovelle, *Religion et Révolution : la déchristianisation de l'an II*, Paris, 1976. ; C. Langlois, C. Tackett, M. Vovelle, S. Bonin (dir.), *Atlas de la Révolution française*, vol. 9, *Religion*, Paris, EHESS, 1996. ミシェル・ヴォヴェル、谷川稔、田中正人、天野知恵子、平野千果子訳『フランス革命と教会』人文書院、一九九二年。

（4） X. Maréchaux, "Les séquelles de la déchristianisation de l'an II : l'héritage laïc sous le Consulat et l'Empire",

Napoleonia. La Revue, 15, 2012. ; X. Maréchaux, "République et « laïcité » : Le nom révolutionnaire des communes de France sous le Consulat et l'Empire (et au-delà), essai de recensement et d'interprétation ", *Napoleonica. La Revue*, 25, 2016.

（5）De Figuères, R., *Les noms révolutionnaires des communes de France ; listes par départements et liste générale alphabétique*, Paris, 1901. 地名変更に関して先鞭をつけたのはド＝フィギエールである。彼は革命期の三七六〇〇以上の全市町村のうち、三〇九二の自治体が地名を変更したと結論づけた。この成果に遺漏があることはつとに指摘されてきたが、ヴォヴェルや社会科学高等研究院の研究成果（『フランス革命の地勢図』）も、基本的にこのデータに依拠している。

（6）街路の「記憶」に関しては、ダニエル・ミロ、天野知恵子訳「街路の命名」P・ノラ編、谷川稔監訳『記憶の場　フランス国民意識の文化＝社会史3　模索』岩波書店、二〇〇三年。共和暦二年の都市における街路名変更に関する実証研究としては管見の限り、以下の論考のみ。S. Bianchi , "Les changements des noms de rues sous la Révolution française. L'exemple de l'Île-de-France (Corbeil, Dourdan, Etampes)", *Nouvelle revue d'onomastique*, 33-34, 1999.　なおこの領域に関しては、地名学研究者の成果が数点見られる。例えば、F. de Beaurepaire, "Aux origines de la toponymie urbaine : les anciens noms de rues de Rouen", *Nouvelle revue d'onomastique*, 27-28, 1996. ; J-P. Chambon, "«Liberté, Égalité, Fraternité». Note sur la réception odonymique de la devise de la République", *Nouvelle revue d'onomastique*, 13-14, 1989. ; J-F. Le Nail, "Les changements de noms de rues à Tarbes pendant la Révolution", *Nouvelle revue d'onomastique*, 13-14, 1989. ; C. Rostaing, "Changement du nom de Saint-Mitre (Bouches-du-Rhône)", *Nouvelle revue d'onomastique*, 13-14, 1989.

（7）ベルナール・ステファヌ、蔵持不三也編訳『パリ地名辞典』原書房、二〇一八年、vii - xiv頁。

（8）メルシエ、原宏編訳『一八世紀パリ生活誌（上）』岩波文庫、一九八九年、二二二頁。

（9）アルベール・マチエ、杉本隆司訳『革命宗教の起源』白水社、二〇一二年、一五五頁。

（10）Le citoyen Grégoire, *Système de dénomination et numérotation topographique des places, des rues, des quais, etc. de toutes les communes de la République*, 11 fev. 1794, p.14.

（11）ミロ、前掲論文、一九六頁。

（12）Pierre Périaux, *Dictionnaire indicateur des rues et places de Rouen*, Rouen, 1819.

（13）　主に用いた史料は Archives départementales de la Séine Maritime, Série 3E, Rev Y5 et Y7（旧 Archives municipales de Rouen Série Y, Délibération de la commune. Y5 et Y7.）; Bibliothèque patrimoine Villon, U1285-4, Délibération du Conseil Général de la Commune de Rouen, concernant les nouvelles dénominations des rues et places, séance publique du 11 Nivôse, an II de la République Française<1 janvier 1794> ; Bibliothèque patrimoine Villon, U1285-4, Délibération du Conseil Municipal de la Commune de Rouen <concernant les nouvelles dénominations des rues et places>, séance du 29 Brumaire, an II de la République. <19 novembre 1793> ; Pierre Périaux, Dictionnaire indicateur des rues et places de Rouen, Rouen, 1819. ; Nicétas Périaux, Dictionnaire indicateur et historique des rues et places de Rouen, revue de ses monuments et de ses établissements publics, Rouen, 1870. ; le Rotary-Club de Rouen(dir.), Dictionnaire des rues de Rouen, Rouen, 2011. なお適宜、以下も使用した。Robinne, A., *Origine et histoire des rues de Rouen*, Rouen, 1977. ; Hurpin, G.(éd.), *Vivre en Normandie sous la Révolution*, t.2, Rouen, 1989.(*Journal d'Horcholle*)

（14）　ロシアにおいても、ロシア革命直後からツァーリや宗教に由来する名称が、ロシア支配前の旧名に戻されたり、革命の指導者（レーニン、トロツキーなど）やマルクス、また新体制の価値観（ソビエト、一〇月など）にちなむ名称に変更されたりしている。Bursa, op.cit., pp. 161-167.

（15）　ADSM, 3E, Rev Y2 et Y3. また竹中幸史『フランス革命と結社』昭和堂、二〇〇五年、一〇三—一〇四、一一五—一一八頁。

（16）　ADSM, 3E, Rev Y3. 竹中、前掲書、一一〇—一一一、一一五—一一八頁。

（17）　ADSM, 3E, Rev Y4. 竹中、前掲書、一二〇—一二六頁。

（18）　ADSM, 3E, Rev Y5. 竹中、前掲書、一二六—一二七、一三〇—一三二頁。

（19）　ADSM, 3E, Rev Y5. 竹中、前掲書、一二八—一三二頁。

（20）　ルジュマール事件については、高橋暁生「ルジュマール事件再考—フランス革命期ルアンの「政治抗争」」土肥恒之編『地域の比較社会史』日本エディタースクール出版部、二〇〇七年。

（21）　ADSM, 3E, Rev Y5. 竹中、前掲書、一三四—一三六頁。

（22）　同上。

(23) ADSM, 3E, Rev Y6. 竹中、前掲書、一四五―一四六頁。

(24) 近年の自由の木研究に関しては、概説的説明ながら、二〇世紀までの展開を追ったものとしてB. Richard, *Les emblèmes de la République*, Paris, CNRS Éditions, 2012. 和書ではM・オズーフ『革命祭典』岩波書店、一九八九年のほか、立川孝一の一連の業績を参照。特に立川孝一「祖国の祭壇と自由の木―フランス革命のサンボリスム」『思想』七四〇号、一九八六年二月。

(25) 竹中、前掲書、一六二―一六五頁。

(26) 竹中、前掲書、一六五頁。高橋暁生「ルジュマール事件再考―フランス革命期ルアンの「政治抗争」」土肥恒之編『地域の比較社会史　ヨーロッパとロシア』日本エディタースクール出版部、二〇〇七年一〇月、一一四頁。高橋論文はマゾリックの恣意的解釈とこれに全面的に依拠した筆者の見解を、一次史料に即して実証的に批判した特筆すべき論文。

(27) ADSM, 3E, Rev Y5.

(28) 竹中、前掲書、一八七―一八九頁。

(29) Pierre Périaux, *op, cit.,* p.33

(30) 自由の木植樹場所については、F. Hébert, "Entre politique et transcendance, Le mouvement fêstif à Rouen de 1790 à l'an 3" (mémoire de maîtrise. Université de Rouen, 1992) , Annexes, pp.38-40. ; ADSM, 3E, I6-B2.

(31) ADSM, 3E, Rev Y7.

(32) Ibid. ; C. Chardon (éd.), *Dix ans de Fêtes nationales et de Cérémonies publiques à Rouen. 1790-1799*, Rouen, 1910, pp. 169-175.

(33) 基本的に共和暦四年以降の国民祭典では毎年同じプログラムが繰り返される。共和暦四年の「若者の祭典」については、Chardon (éd.), *op.cit.,* pp. 190-196. この祭典のさいに行列は市北東部の旧コレージュを経由している。

(34) 竹中、前掲書、一八九頁。

(35) ブキエ法に関しては、竹中幸史「理想の公教育への挑戦」松浦義弘・山﨑耕一編『フランス革命史の現在』山川出版社、二〇一三年。

一八〇六年
――革命の終わり、またはナポレオン統治システムの転換――

藤原　翔太

はじめに

共和暦八年プリュヴィオーズ二八日（一八〇〇年二月一七日）、フランス統領政府は全土の地方行政制度に関する新法を定め、中央集権化を推進・強化する抜本的改革に着手する。いわゆるプリュヴィオーズ二八日法である。それにより、県、郡、小郡、市町村（コミューン）が地方行政の枠組みとして採用され、県知事、郡長、市町村長が置かれた。ナポレオン体制が実証的な歴史研究の対象として取り上げられたのは一九世紀末のことであるが、歴史家の関心はもっぱら、ナポレオン時代に形成されたという中央集権的な行政構造に注がれていた。しかし、それは、オラールの言葉を引用するならば、「唯一人のために絶対的中央集権を設立する」ものでしかなく[1]、ルフェーヴルもまた、ナポレオンによる中央集権的な行政再編が彼の「独裁」への大きな一歩であったと主張している[2]。こうして、ナポレオン体制すなわち「独裁体制」という評価が確立したのである。そして、このような極度に中央集権化されたナポレオン体制というイメージは、名望家支配の典型とみなされる復古王政・七月王政期と明確に対置されてきた。(3) 一九七〇年代になると、テュラールやベルジュロンの仕事を通じて、地方の名望家がナポレオン体制の主要な支持母体となっていたと主張されるようになるが、それらが果たした役割は明らかにされておらず、体制像の根本的な刷新には至らなかった。(4) この点が具体的に検討され始めたのは、ようやく二〇〇〇年前後のことである。

たとえば、県知事と名望家の動態的な諸関係を考察する近年の成果として、セーヌ・アンフェリウール県行政当局の活動実態を考察したダリや、(5) イゼール県の「名望家システム」の存在を明らかにしたトラル、(6)「フランス型中央集権」を再検討するビアールが挙げられる。(7) これらの研究が一貫して明らかにしてきたのは、県知事が県行政を効果的に運営するには、地方の名望家の支持を取り付けなければならず、その分、県知事は彼らの意向に配慮せざるをえなかったということである。他方で、県行政に比して、市町村行政当局に関する研究は限られたものであるが、ロティオを中心に、ナポレオン時代の市町村行政当局の活動が再評価されつつある。(8)

したがって、県行政と市町村行政の研究がおのおの進展をみせているわけだが、不満としては、両者を接続して捉える研究がほとんど存在しないこと、また県と市町村の間に位置する郡と小郡が十分に評価されていないという問題が挙げられる。ナポレオン時代に創設されたこれら行政区画に設置された諸機関が地方行政において、おのおのいかなる役割を期待され、またその役割を果たしたか、それらはいかなる関係を構築し作動したか、すなわち、地方統治システムの実質的な機能はいかなるものであったかを問うことが、ナポレオン時代の地方統治システムの全体像、およびその性格の変化を明らかにするうえで肝要である。

以上の問題関心から、本稿では、これまで筆者が研究を進めてきたオート・ピレネー県を事例に検討したい。オート・ピレネー県は、一七九〇年二月、旧三部会設置地方であるビゴール地方とキャトル・ヴァレ地方の併合により創設されたフランス南端のピレネー地方の中央部に位置する小さな県である。同県は一八〇〇年にはフランスで六番目に人口が少なく、二〇〇〇メートル級の山々や深くうがたれた渓谷が県の面積の半分を覆う、まさしく経済的後進地域に属している。全体として三つの郡に分けられ、二六の小郡、四九八の市町村（コミューン）からなる。

旧体制期のピレネー社会は、家、農村共同体、渓谷共同体の三部作で構成される。一般に、小土地所有者である農村住民は、彼らの世襲財産の分散を避けるために長子相続制を採用し、家長の絶大な権力の下に家を経営した。旧体制期には、農村共同体の土地所有者である家長が、農村共同体の共同財産の管理のために住民総会に参加していた(9)。実際、ピレネー地方の農村共同体は、領土というよりもむしろ、家々の集合体とみなすべきである。ピレネー地方における共同地の経済的な重要性が、それらの集合体に、人口の再生産を保証する諸規範、自然資源の開発、耕作と飼育の均衡を尊重させるように義務づけ、村のあり方をも規定していたのである(10)。

ところが、農村住民の小土地所有的性格は、農村共同体内のみでの生活を可能にせず、農村住民は定期的に季節移住型労働をおこない、また山岳部の広大な共同地を利用して、牧畜活動を営んでいた。そのため、オート・ピレネー県では、スペインとの国境を越えたヒト、モノ、情報の交流が盛んで、独自の領域概念を備える地域的自立性の高い政治社会が形成された。その最たるものが渓谷共同体であり、それらの国境を越えた相互関係が認められた。渓谷共同体そのものはフランス革命によって公式には解体されたが、ポスト革命期の中央権力が、国民国家の論理と矛盾するところのある政治文化が根づいた地域社会を如何にして再編・統合しようとしたかは、依然として検討されるべき課題である。その点で、フランス国家の「辺境」に位置するピレネー地方は興味深い事例を提供してくれる。

そのうえ、これまでナポレオン時代の研究が比較的重要な都市のある地域を取り上げてきたのに対し、農村的・周縁的性格を備える地域の研究が圧倒的に少ないことを踏まえれば、オート・ピレネー県を検討することは、ナポレオン時代の統治システム全体を理解するうえで重要な作業になるはずである。

一　市町村レヴェルの統治システムの特質と変化

まずは市町村レヴェルでの統治システムの特質とその変化について、市町村長の任命から検討してみよう。プリュヴィオーズ二八日法によれば、人口五〇〇〇人以上の市では、第一統領が県知事の提案に基づき市長を任命する一方で、人口五〇〇〇人未満の町村の場合は、県知事が町村長を直接任命した。オート・ピレネー県では、人口五〇〇〇人を越える都市は県庁所在地のタルブ市とバニェール郡の郡庁所在地であるバニェール市の二つしかない。そのため、同県では県知事がほぼ全ての市町村長を任命した。ついで、共和暦一〇年テルミドール一六日法（一八〇二年八月四日）により、市町村長の任期は五年とされ、再選可能となり、市町村会議員のなかから選任された。

では、実際に市町村長はいかに任命されたのであろうか。一般に県外出身者である県知事は、公職に適した人材の知識に乏しかったため、各郡の郡長から市町村長に適任と思われる人物の名簿を受け取り、市町村長を任命した。郡長は一般に県内出身者で、県内に影響力を保持する名望家であった。したがって、郡長は各郡内の名望家層、ひいては民衆層の意志を汲み取る役割を期待されていたことが想定される。実際、郡長は郡内の有力名望家との独自のネットワークを駆使して、市町村長に適した人物の情報を収集した。たとえば、一八一一年一月、バニェール郡長がテルム村長のラブロケールをすげ替えるために相談したのは、同村が位置するカステルノー・マニョアック小郡の治安判事であった(11)。また、一八一二年、バニェール郡長が交替させるべき市町村長を選択するために相談したのは、サン・

ラリ村出身の県会議員フォルニエであった。[12]

このようにして、郡長は有力名望家から郡内の市町村長候補者に関する多岐にわたる情報を収集することができた。郡長は地域の有力名望家の推挙に基づき、県知事に市町村長の候補者名簿を提出し、そのなかから市町村長が任命される形だったので、それは県行政当局の恣意的な判断によって行なわれたというよりも、あらかじめ地域の名望家社会の同意を取り付けたうえで実施されたものであったといえる。

では、いかなる人物が市町村長に任命されたのであろうか。ナポレオン時代に、全国的に市町村長の大規模な入替えがみられたことは知られているが、ことに大規模であったのが一八〇八年である。実際、この年には、セーヌ・アンフェリウール県やヴァール県で、半数以上の市町村長の入替えがみられた。

デュンヌによれば、セーヌ・アンフェリウール県の市町村長の登録簿には、退職した市町村長の欠点として、「無能」、「酔っ払い」、「粗暴」、徴兵の失敗等、県知事が繰り返し批判してきた農村部の市町村長のステレオタイプが取り上げられていた。これに対して、新市町村長は「教養」があり、「誠実」で、「尊敬に値」する、「富裕な土地所有者」と記載されている。とくに帝政後期の地方統治システムの転換を考えるうえで重要なのは、彼らが頻繁に「小郡の主要な大土地所有者」と言及されている点である。新市町村長はもはや同市町村出身者である必要はなく、多くが市町村外から任命されたことになる。つまり一八〇八年の市町村長の大規模な入替えは、市町村外出身者で小郡内に影響力を保持する大土地所有者、すなわち県知事や郡長と関係の強い名望家層を市町村長職に就けることで、従来の市町村出身者に依拠した地方統治システムの転換を意図していたのである。この点で、地方自治はいっそう骨抜きにされたようにみえる。[13]

むろん、地域差は根強く存在した。たとえば、ジュセンヌは北部のパ・ド・カレ県の市町村長の多くが農村コミューン出身者でありながら、大借地農（gros fermiers）としての支配力を背景に、帝政期から復古王政期にかけて市町村長職を独占し続けたと結論づけている。[14] これとは逆に、オート・ガロンヌ県のトゥールーズ近郊では、一八〇〇年の時点ですでに、多くの市町村外出身者が市町村長に任命されていた。総裁政府期にネオ・ジャコバンが勢力を握った同地域では、ブリュメール一八日のクーデタ後、その反動としてトゥールーズ出身のブルジョワジー（とくに卸売商人や法曹）が近郊の市町村長職を独占したからである。そして、この傾向は一八〇八年にさらに強化された。[15]

オート・ピレネー県の場合、一八〇八年に市町村長の大規模な入替えが実施されたことは確かだが、登録簿が残されていないため、その具体的な人数は不明である。この欠陥を埋めるために、革命・ナポレオン時代の市町村会の議事録が残存する三〇の市町村を例に検討してみると、一八〇八年に三〇人中一六人（三六・七％）の市町村長が交替したことがわかる。[16] この割合は他県のそれと大きく異ならないものである。したがって、オート・ピレネー県では、同年に約四〇％（およそ二〇〇人）の市町村長の入替えがみられたと想定できる。実際、一八一三年の改選時にもまた、県全体で二〇六人（四一・三％）の市町村長が交替していたのである。[17]

これらの入替えが、市町村長の社会経済的性格にいかなる変化をもたらしたかみてみよう。まず一八〇〇年に任命された最初の市町村長について、租税台帳が残存する六つの村をみてみると、登録簿に記載された土地収入によれば、彼らは村で上位三分の一に位置するものの、最富裕層には必ずしも属していなかったことがわかる。では、どうして任命されたかというと、彼らはむしろ、革命期に村長、村役人、総代など、かつての村行政の経験者であった。[18] 同様の傾向は、革命・ナポレオン時代の議事録が残存する三〇の市町村において、一九人（六三・三％）の市町村長が革命期の市町村行政のメンバーであったことからも確認できる。[19]

これに対して、一八〇八年に新たに任命された市町村長は、最初の市町村長よりも富裕な階層から選ばれた。たとえば、サドゥルナン村では、一八〇〇年の村長サン・マリは土地収入額で同村一〇九人中二七位であるのに対し、一八〇八年に任命されたライルは一九位に位置している[20]。マゼール村でもまた、一八〇〇年に任命された村長のバトマルが一三七人中三七位であるのに対し、一八〇八年に任命された村長ベラックは村内二位に位置する[21]。したがって、一八〇八年の入替えで新たに任命された市町村長は、一八〇〇年の市町村長に比して、より富裕な階層に属していた。そのうえ、彼らには必ずしも市町村行政の経験は求められていなかった。つまり、一八〇〇年には革命期の市町村行政との連続性が重視された一方で、一八〇八年には経歴よりも財産を基準に市町村長が任命されたことになる。

ただし、市町村長について留意すべき点が二つある。第一に、一八〇八年に市町村長が富裕層から選ばれたとしても、彼らはあくまで村出身の自作農であり続けた。これは小規模土地所有者を核とするピレネーの社会構造によるものである。そして第二に、小郡庁所在地の市町村長と一般コミューンの市町村長の間に社会経済的な格差がみられた。一八一三年に作成された市町村長リストから、小郡庁所在地と一般コミューンの市町村長を比較してみると、平均年収で三八〇〇フランと一一三〇フランと大きな隔たりがみられる。また、小郡庁所在地の市町村長の職業経歴をみると、彼らのなかに自作農はみられず、むしろ地主、法曹、士官、卸売商人、医師であり、彼らの多くは旧体制期や革命期に県・郡レヴェルの官職を経験したことのある人物である。したがって、一般コミューンの市町村長を小名望家と規定するならば、彼らは小郡レヴェル以上で影響力をもつ中名望家と呼ぶべき人物であった[22]。

この両者の差異が、帝政期において、地方統治の基盤を市町村から小郡に移すことを可能にした。たとえば、徴兵制において、統領政府期には市町村会が徴兵適齢者の指名方法を自由に選択でき、徴兵適齢者を直接指名できたのだが、一八〇六年以降、徴兵適齢者の指名は小郡を単位としてくじ引きで行なわれた。また、一八〇六年に国民衛兵が再編されたのも小郡単位においてである。あわせて、外国人への臨時通行許可証の発行権限が、一八〇六年に市町村行政当局から郡長に移管されたことを指摘できる。したがって、とくに一八〇六年前後を境にして、行政の重要事項（とくに徴兵と治安という一般利益の問題）の小郡レヴェル以上での管理が試みられたことになる。すなわち、その分、農村部の村長や村会議員の介入の余地が減らされたのである。

では、市町村会議員の場合はどうだろうか。租税台帳が残存する六つの村で、最初の村会議員の土地収入を検討してみると、彼らは一般に村内で上位高額納税者三分の一以上に位置する。したがって、一八〇〇年時点では、市町村長の任命と同じ傾向が村会議員の任命においても確認される。しかし、市町村長の場合、一八〇八年の大規模な入れ替えで、市町村内の最高納税者のなかから選出される傾向が少なからずみられたのに対して、村会では一八〇四年に一定の村会議員の入れ替えが行われたにもかかわらず、土地収入額に大きな変化はみられなかった(23)。

ついで、一八〇〇年の村会議員の経歴をみてみると、彼らの多くは旧体制期や革命期に、村役人や総代として村行政を経験したことのある人物が多く採用されていたことがわかる。したがって、革命期に村行政での経験を蓄積した人物が一八〇〇年に優先的に村会議員に任命されたので、市町村長の任命と同じ傾向がここでも確認される。たとえば、ソヴテール村では一八〇〇年に任命された一〇人の村会議員のうち五人、オランサン村とマゼール村では六人、シレックス村に至っては七人がかつての村行政の経験者であった(24)。

一八〇〇年に任命された村会議員で、旧体制・革命期に村行政を経験した二八人（一八〇八年以降の村会議員しか判明しないサドルナン村を除く五村五〇人中）のうち一一人は一七九〇年に初めて村行政の一員となり、一七九一年に新たに任命された四人を併せると半数以上が、これらの年から村行政に携わり始めたことになる。これに対して、一七九二年、一七九三年、一七九四年に初めて村の公職に任命された者は総じて五人にすぎず（各一人、三人、一人）、革命の絶頂期に村行政に参入した者は、一八〇〇年の村会から完全ではなくとも排除される傾向にあった。実際、テルミドール九日のクーデタ後、一七九五年に初めて村行政に参加した者は六人を数えたのであるから、その傾向は顕著である。[25]

ところで、革命期の経歴パターンをみると、最初の経歴をノタープルとして開始する者が多く二八人中一〇人で、ついで村役人も七人を数えた。逆に、総代や国家代理官、村長や村代理人から経歴を開始した者はほとんどみられない。それでも、二八人中一五人は村長や総代職を経験した後、一八〇〇年に村会議員に任命されている。したがって、村行政のハイアラーキーを順当に反映して、ノタープル→村役人→総代（または国家代理官）・村長（または村代理人）という昇進パターンが明らかとなる。基本的には、このパターンに従って、革命期に村行政に参加した人物が、一八〇〇年に優先的に村会議員に任命された。このことは、共和制成立以降、とりわけジャコバン独裁期に初めて公職にアクセスした人物を巧みに排除しつつ、革命期に着実に行政経験を蓄積した者を積極的に公職に登用するという、ナポレオン体制の性格を如実に反映したものである。[26]

そのうえ、一八〇四年以降新たに任命された村会議員のなかにも、旧体制期と革命期に村行政を経験した者が少なからずみられたのであるから、ナポレオン時代を通じて、村会議員の登用では、村行政の経験が常に考慮され続けたことになるであろう。村会では村行政の継続性を保証することが何よりも重視されたのである。

前述の「小郡への回帰」と呼べるような事態は、村行政にいかなる影響を与えたのであろうか。この点は、村行政当局の会議の開催日数を分析してみると明らかである。オート・ピレネー県の村行政当局の会議の開催日数は、一八〇一年から一八〇五年にかけて、各村で毎年平均して七～八日間であり、ナポレオン時代を通じて、活動が比較的活発な時期にあたる。逆に、一八〇六年以降、村行政当局の活動は明らかに後退し、会議の開催日数は一八一三年まで毎年三日程度に落ち込む。[27]ヴォージュ県の八つの村を分析したロティオや、フランス全国の異なる地域に属する六つの村を分析したジョーンズもほぼ同じ動向を確認しており、この変化はオート・ピレネー県に限られたものではない(28)。

したがって、総裁政府期に廃止されていた農村部の村行政当局は再建以来、一八〇六年までその活動を十分よく再開したのに対して、それ以降、それらの重要な行政権限が小郡庁所在地へと移管されることで、村行政当局の会議日数が激減したことになる。そして、それらの活動は、農業や共同地の管理という伝統的な農村共同体の集団事項に収斂していったのである(29)。

なぜこのような事態が生じたのであろうか。それは端的にいって、中央政府と県行政当局が農村部の村長や村会議員を「無能」とみなしていたからである。現実には、彼らは村内に居住する小名望家であり、農村共同体の論理のなかで、住民の利益を守るために、ときには彼らと住民のパトロン・クライアント関係を強化するために、あえて中央権力に対して「無能」や「無関心」を装っていた。この側面は、たとえば、徴兵において村長が住民に徴兵逃れのために偽造証明書を作成したり、エタ・シヴィル（戸籍）を改ざんしたりする行為に現れている。このような事態を避けるために、行政の重要事項が農村部の村々から取り除かれていった(30)。

そのうえ、とくに、オート・ピレネー県においては、旧体制期に存在した渓谷共同体という政治単位が、革命以降、小郡に再編されることで機能し続けており、その首邑が小郡庁所在地として周辺諸村に対する影響力を発揮できたことが、このような移行を容易にしたとも考えられる。かくして、一八〇六年前後を境にして、市町村レヴェルにおける統治システムの転換がみられたのである(31)。

二　県・郡レヴェルの統治システムの特質と変化

県・郡レヴェルではこの時期にいかなる変化がみられたのであろうか。まずは県会に注目してみよう。プリュヴィオーズ二八日法は、第一統領が県名士リストから県会議員を任命するとし、任期は三年と規定された。ところが、共和暦一〇年憲法は名士リスト制度を廃止して小郡集会を形成し、ついでこの小郡集会によって選ばれた県選挙人団が県会の各空席に対し二人の候補者を第一統領に提案した。県会議員は五年ごとに三分の一が改選され、任期満了議員は再選可能であった。

ナポレオン時代の県会の特徴は何よりも、「県の状態と必要に関して意見を表明する」ことが認められ、県住民の利益を代表することが求められた点にある。[32] では現実に、いかにして県会には県の代表性が付与されたのであろうか。ここで注目したいのが県会議員の出身地の配分である。先行研究で明らかにされたセーヌ県やオ・ラン県では、県会には人口比に応じて各郡が代表者を持つことで、「県の代表性」が付与されると考えられた。[33] ところが、オート・ピレネー県ではアルジュレス郡の過小代表からも明らかな通り、人口比に応じた各郡の代表性は重視されていない。では、同県の県会は地域代表性を全く考慮されなかったか、といえばそうではない。そこでは、各郡の代表性よりもむしろ、ビゴール地方やキャトル・ヴァレ地方のようなかつての三部会設置地方の代表性が重視されていたのである。実際、ナポレオン時代には常に県会議員の二五%以上が旧キャトル・ヴァレ地方出身者であった。同地方の県内人口に占める割合は約一七%なので、同地方は県会においてよく代表されていたことになる。オート・ピレネー県では、県会に「県の代表性」を付与するために、かつての三部会設置地方を基礎として県会議員を選出することが適切であ

ると考えられたのである。(34)

つぎに、県会議員の社会経済的性格に注目してみよう。オート・ピレネー県の県会議員は一六人で構成されたが、一八〇六年と一八一一年に改選が行なわれ、それぞれ約三分の一の県会議員が入れ替わった。とくに重要なのが一八〇六年の改選である。年収と財産を基準に検討してみると、一八〇〇年の県会議員は平均年収四四八六フラン、平均財産七万六一五四フランであったが、一八〇六年には平均年収六五七五フラン、平均財産一〇万三三三三フランと、共に大きく増加している。この傾向はその後も強まり、一八一一年までに県内名望家上位一〇％の富裕層が漸進的に県会を占めていった。(35)

また、県会議員の任命時の平均年齢をみると、一八〇〇年に五九歳と比較的高齢である一方で、一八一一年には四七歳と、一二歳も若返っている。この世代の違いは、壮年時に旧体制期と革命期を経験した県会議員と経験しなかった県会議員との職業経歴の違いにも反映される。実際、一八〇〇年に任命された全ての県会議員が、旧体制期または革命期に官職を経験していたのに対して、とくに一八〇六年以降、官職経験のない大土地所有者、旧貴族層が多く採用された。したがって、県会議員においても、前述の一八〇八年の市町村長の入替えにおけるように、当初は革命期の官職経験者が優先的に任命されたのに対し、一八〇六年以降、官職経験のない富裕な土地所有者が選ばれる傾向にあった。(36)

実は、同様の傾向は、郡会でも一八一一年の改選において確認される。その一方で、郡会ではこの時期に、郡会議員の社会経済的性格の変化以上にある重要な変化がみられた。この点について理解するには、まずは選挙制度の転換についてみなければならない。前述の通り、統領政府期に採用された名士リスト制度ははやくも共和暦一〇年に廃止され、その代わりに二一歳以上のフランス人男子によって構成される小郡集会が一次選挙集会として形成された。そして、この小郡集会によって選出される県・郡選挙人団が議員や県内の重要な公務員の選出を担ったのである。ナポレオン時代の小郡集会の活動実態に関しては、これまで十分に検討されていない問題ではあるが、二一歳以上の男性市民全体の集合が想定されたことは、公共圏の一定の拡大を意味したのであるから、十分に評価されるべき変化である。(37)

実際、オート・ピレネー県で開催されたいくつかの小郡集会では、投票時に小郡の総人口の二〇％以上が集合しており、識字能力のない多くの住民もまたそれに参加していた。したがって、民衆は決して「政治」の外側に置かれたわけではなかった。しかしながら、ではなぜ市町村ではなく、小郡に一次選挙集会が設置されたのであろうか。オート・ピレネー県ではまず、一八〇〇年には、名士リストの作成が間に合わず、市町村会議員の選挙は、各市町村で行なわれた。このときには、納税額に基づき住民を三クラスに分割し、各クラスからそれぞれ代表者を選出するという方法が用いられた。したがって、各市町村において「民主的」な選挙方法を採用するということもありえたわけであるが、共和暦一〇年憲法は、結局、小郡に一次選挙集会を設置することに決めたので、その分、市町村から「政治性」が引きはがされたともいえる。この意味で、小郡集会は公共圏の拡大と政治の管理の強化という二重の側面を備えた制度であった。このように、市町村レヴェルでみられた「小郡への回帰」現象は選挙制度においても認められる。(38)

選挙制度の転換は、郡会の地域代表性にある変化をもたらした。各郡を構成する小郡を基準に、郡会議員の出身小郡を検討してみると、タルブ郡会では、一八〇〇年に一一の小郡のうち四つの小郡の出身者しか数えなかったが、一八一一年には七つの小郡の出身者によって郡会が代表された。バニェール郡会でもまた、一八〇〇年には一〇の小郡のうち四つの小郡の出身者しか数えなかったのに対して、一八一一年には八つの小郡の出身者が郡会の議席を確保し、アルジュレス郡会の場合、一八一一年には全ての小郡の出身者が郡会に参加した。(39)すなわち、郡会の地域代表性は、帝政期に郡選挙人団を介すことでかなり改善されたのである。一八〇〇年の段階では、革命の「伝統」を引き継いで、都市部を中心に郡会議員が任命されていたのに対して、いったん郡選挙人団が形成されると、各小郡は郡会に代表者を送り出すことを目指したのである。郡選挙人の選出にはいかなる制限も設けられなかったので、小郡集会によって選出された郡選挙人は、各々の「小郡を代表する」性格を強く備えていた。そして、そのような郡選挙人団が選出した郡会の構成には、地域代表性が強く反映される結果となったのである。こうして、県会と郡会は異なる形を取りながらも、地域代表性を備える団体へと変貌していった。

さて、県会議員の構成に変化がみられた一八〇六年を境にして、市町村会と同様に、県会の会議日数は減少し、県会の活動は後退した。しかし、この点だけをとって、中央政府の代表者たる県知事と県会の対立関係を強調し、県会が県知事の圧力に屈したと評価するのは一面的にすぎる。実は、この間に、帝政期に選出された大土地所有者である県会議員は、親族関係を結ぶことで統合を進め、彼らの派閥を作り出し、県知事陣営に与して地方における影響力を強めていたからである。このことは、一八〇六年以降の県レヴェルにおける統治システムの性格の変質を示すものである(40)。

また、一八〇六年以降、県会において討議の重要性が減じたのは確かだが、だからといって県会が地方の利益をないがしろにして、国家の利益のみを代表するようになったわけではない。むしろ事態は逆の方向に向かった。実際、県会の議事録をみてみると、一八〇六年前後を境にして、それまでしばしば論じられていた中央から命じられる租税や徴兵といった一般利益に関わる問題はその後論じられなくなり、議題の中心は農業や公共事業にシフトしていった。さらにこの時期には、県会が中央政府に対して県の要望を提示する際、それを正当化する根拠にも変化がみられた。すなわち、県会は、当初、県の必要を訴えるとき、「公共善」や「国家の幸福（bien-être）」に適うとして、それを正当化していた。これはおそらく、一般利益を代表する革命期の地方行政の性格を引き継いだ結果である。ここでは、統領政府期の県会議員が一般に革命期の官職経験者であったことが思い出される。これに対して、一八〇六年を境にして、議事録には「地方住民の利益」のためや、「県の全ての住民の喜び（plaisir）」のため、あるいは「県会が代表する住民の名」において、政策が中央政府に提言されるようになった。ナポレオン時代に県会及び郡会が地域代表性を備えるようになったことで、県及び郡という行政単位はいまや「地方利益の擁護の場」に変貌したのである(41)。

おわりに

本稿では、オート・ピレネー県を事例に、ナポレオン時代の各行政区画の諸機関の実質的な機能、及び諸関係について検討した。以上をまとめると、同県では一八〇六年を境にして、統治システムに重要な転換がみられたと結論できる。まず、市町村レヴェルでは、一八〇六年前後に重要な行政権限が市町村から小郡に移管された。中央政府は、小名望家的性格を持つ農村部の村長や村会議員から重要な行政権限を取り除くことを目指した。小郡庁所在地の市町村長が、革命期に県・郡レヴェルの官職経験者であり、大土地所有者であること、さらに旧体制期から続く渓谷共同体的慣行がこのような方法を可能にした。これに対して、一八〇六年以降、村行政当局の活動は相対的に停滞し、議事の内容は農業や共同地の問題に限られていった。

同様に、県レヴェルでもまた一八〇六年を境にある変化がみられた。県会議員には、当初、革命期の官職経験者が優先的に任命されたが、それ以降、官職経験のない大土地所有者がむしろ好んで選ばれた。これにあわせて、県会の会議日数は減少し、議事は農業や公共事業に集中していった。さらに、県会の議事録には、当初、「公共善」や「国家の幸福」に適うものとして政策が提言されていたが、一八〇六年前後から「地方住民の利益」が前面に押し出された。この時期に、県会は本格的に「地方利益の擁護の場」に変貌したのである。

ところで、先行研究と合わせると、一八〇六年から全国的に、県会と市町村行政当局の会議活動が同時的に後退しているので、その原因が各地方の会議に内在するとは考えられず、むしろ中央政府の主導によるものと想定できる。では中央レヴェルではこの時期、統治システムにいかなる変化が生じていたのであろうか。この点で示唆的なのが、ナポレオン時代の立法院に関するムナンの研究である(42)。同議会は、各県から最低一人選ばれた議員三〇〇名からなり、法案の採決を担った。しかし、そのことは、立法院が国民全体を代表することを必ずしも意味せず、ナポレオンはそれをあくまで「諸県の代表者の集まり」とみなしていた。では、国民を代表するのは誰かといえば、それはナポレオンに他ならず、彼こそが唯一国民を代表するものとして自認していたのである。ここにはすでに一般利益と地方利益の区別がみられるが、その傾向は帝政期にいっそう強まった。

もともと立法院には毎年最大四ヶ月間の会期が認められていたが、一八〇五年一二月のアウステルリッツの勝利の後、重要な変化が生じた。まず、もう一つの議会である護民院が廃止され、立法院は廃止を免れたものの毎年の会議日数は大きく減少した。なお、そのことは立法院の完全なる無力化を意味するものではなく、立法院は少数議員で構成される専門委員会を形成し、法案制定に関与し続けた。しかし、国務参事院より立法院に提出される法案は、ますます財政と地方利益に関するもの（共同地の払い下げ、道路建設のための諸県の特別税、救済院の不動産管理など）に限られ、実際、半数以上は後者に属するものであった。ナポレオンは、「諸県の代表者の集まり」である立法院において、ローカルな問題が議論されることを認めたのである。実際、立法院の権限についてナポレオンは以下のように述べている。すなわち、「もし立法院が純粋に地方の利益に関わる法律に反対するならば、私はなすがままに放っておくであろう。しかし、もし立法院による反対が政府の前進を止めるようなことがあれば、私はそれを休会にしたり、決定を変えたり破棄するために、元老院に頼るであろうし、必要とあらば、あらゆるものの背後にいる国民に直接呼びかけるであろう」(43)。そうであれば、こうした一八〇六年を境にした会議日数の減少と地方利益に関する議論の集中といった側面が、地方レヴェルにおいても県会や市町村行政当局において顕現したと考えることが適切であるだろう。一般利益に関わる問題は、地方においては県知事、郡長、そして小郡庁所在地の市町村長に集中した一方で、県会や市町村行政当局には、異なるやり方で地域代表性を付与しつつ、地方利益を代表する団体としての性格を強めさせたのである。

かくして、ナポレオン時代の中央集権化とは、議会及び地方議会から体制を不安定化させうる一般利益の諸問題を引き離し、「地方利益の擁護の場」に組み替えたところにその特質があるといえる。そしてこのような転換が生じたのは一八〇六年、いみじくも革命暦が廃止された年のことであった。この年に、革命理念からの明確な乖離がみられたのである。しかし、それだけではない。ナポレオン時代の統治システムの転換は、地方利益を擁護することに支配の正統性原理が認められる名望家時代の始まりをも画するものであった。そうであれば、一九世紀フランスを特徴づける名望家支配とは、しばしば語られるのとは反対に、中央集権化と真っ向から対立するものでは決してなく、むしろ中央集権的な性格を備えたナポレオン体制によりその土台が準備された統治形態であったと結論できる(44)。

注

(1) Aulard, A., *Histoire politique de la Révolution française : origines et développement de la démocratie et de la République (1789-1804)*, Paris, 1901 (5ème édition, 1913), p. 875.

(2) Lefebvre, G., *Napoléon*, Paris, 1936 (6ème édition, 1969), p. 89.

(3) Tudesq, A.-J., *Les grands notables en France (1840-49). Étude historique d'une psychologie sociale*, Paris, 1964.

(4) Tulard, J., *Napoléon ou le mythe du sauveur*, Paris, 1977 ; Bergeron, L. et Chaussinand-Nogaret, G., *Les Masses de granit. Cent mille notables du Premier Empire*, Paris, 1979.

(5) Daly, G., *Inside Napoleonic France : State and Society in Rouen, 1800-1815*, Burlington, 2001.

(6) Thoral, M.-C., *L'émergence du pouvoir local : le département de l'Isère face à la centralisation (1800-1837)*, Rennes, 2010.

(7) Biard, M., *Les lilliputiens de la centralisation*, Seyssel, 2007.

(8) Rothiot, J.-P., « Des municipalités vosgiennes de 1790 au Consulat », dans Jessenne, J.-P., dir., *Du Directoire au Consulat 3 : Brumaire dans l'histoire du lien politique et de l'État-Nation*, Rouen-Lille, 2001, pp. 493-517 ; Rothiot, J.-P., « Budgets, comptes de gestion et priorités d'actions des municipalités rurales lorraines à la fin du XVIIIe et dans la première moitié du XIXe siècle », dans Brassart, L., Jessenne, J.-P. et Vivier, N., dir., *Clochemerle ou république villageoise ? La conduite municipale des affaires villageoises en Europe XVIIIe-XXe siècle*, Villeneuve d'Ascq, 2012, pp. 217-235 ; Jones, P., *Liberty and locality in Revolutionary France : six villages compared, 1760-1820*, New York, 2003 ; Rolland-Boulestreau, A., *Les notables des Mauges. Communautés rurales et Révolution (1750-1830)*, Rennes, 2004 ; Kermoal, C., *Les notables du Trégor. Éveil à la culture politique et évolution dans les paroisses rurales (1770-1850)*, Rennes, 2002.

(9) Soulet, J.-F., *La vie quotidienne dans les Pyrénées sous l'Ancien Régime du XVIe au XVIIIe siècle*, Évreux, 1974.

(10) Zink, A., *Clochers et troupeaux. Les communautés rurales des Landes et du Sud-Ouest avant la Révolution*, Bordeaux, 1997.

(11) A.D. Hautes-Pyrénées 3M169 (sous-préfet de Bagnères au préfet, le 24 janvier 1811).

(12) A.D. Hautes-Pyrénées 3M169 (Fornier ex-législateur au sous-préfet de Bagnères, le 31 octobre 1812).

(13) Dunne, J., « Napoleon's 'mayoral problem' : aspects of state-community relations in post-revolutionary France », *Modern and Cotemporary France*, n°8, 2000, pp. 479-491.

(14) Jessenne, J.-P., *Pouvoir au village et Révolution : Artois 1760-1848*, Lille, 1987, pp. 123-143.

(15) Fournier, G., « Le pouvoir local, enjeu majeur dans le tournant politique de Brumaire en Midi toulousain », dans Bernet, J., Jessenne, J.-P. et Leuwers, H., dir., *Du Directoire au Consulat 3 : Brumaire dans l'histoire du lien politique et de l'État-Nation*, Rouen-Lille, 2001, pp. 521-522.

(16) A.D. Hautes-Pyrénées 2 E 2, 23 Adé ; 16 E 5 Antist ; 45 E 32 Aucun ; 48 E 12-13 Aurensan ; 84 E 1 Bernac-Dessus ; 123 E 60-64 Campan ; 146 E 3 Chis ; 273 E 9 Liac ; 287 E 7 Loures-Barousse ; 292 E 5-6 Luquet ; 295 E 13-22, 27 Luz ; 304 E 4 Maubourguet ; 307 E 16-18 Mazères ; 314 E 14-23 Montgaillard ; 317 E 3 Mont ; 330 E 4 Nouilhan ; 331 E 12-13 Odos ; 340 E 4-6 Orleix ; 342 E 1 Osmets ; 357 E 2 Peyraube ; 360 E 2-5 Peyrouse ; 369 E 5-6 Pouyastruc ; 383 E 9 Sadournin ; 392 E 5-10 Saint-Martin ; 412 E 17-25 Sauveterre ; 428 E 33 Sireix ; 429 E 30-33 Sombrun ; 433 E Soues ; 452 E 42-46, 56 Trie ; 460 E 508-534, 550 Vic-en-Bigorre.

(17) A.D. Hautes-Pyrénées 3M165・166 (registres des maires en 1808 et 1813).

(18) A.D. Hautes-Pyrénées 2 E 57 Adé ; 48 E 23 Aurensan ; 307 E 56 Mazères ; 383 E 27 Sadournin ; 412 E 82 Sauveterre ; 428 E 22 Sireix.

(19) 註16を参照。

(20) A.D. Hautes-Pyrénées 383 E 27 Sadournin (registre des contributions foncières en l'an XI).

(21) A.D. Hautes-Pyrénées 307 E 56 Mazères (registre des contributions foncières en l'an XI).

(22) A.D. Hautes-Pyrénées 3M168 (listes des candidats présentés pour les places de maire par les sous-préfets en 1813).

(23) A.D. Hautes-Pyrénées 2 E 2, 23, 57 Adé ; 48 E 12-13, 23 Aurensan ; 307 E 16-18, 56 Mazères ; 383 E 9, 27 Sadournin ; 412 E, 17-25, 82 Sauveterre ; 428 E 22, 33 Sireix.

(24) *Ibid.*

(25) *Ibid.*

(26) *Ibid.*

(27) A.D. Hautes-Pyrénées 44 E 6 Aubarède ; 94 E 20 Bizous ; 131 E 11-12 Castelvielh ; 133 E 4 Castera ; 146 E 3 Chis ; 156 E 7 Dours ; 168 E 1 Esquièze ; 194 E 6 Générest ; 232 E 1 Jacque ; 259 E 3 Lansac ; 265 E 2 Laslades ; 276 E 2 Lizos ; 295 E 4, 19-22 Luz ; 307 E 16-18 Mazères ; 319 E 5 Montégut ; 327 E 6 Nestier ; 369 E 6 Pouyastruc ; 389 E 7-9 Saint-Laurent ; 394 E 5 Saint-Paul ; 399 E 4 Saligos ; 411 E 1 Sassis ; 416 E 1 Seich ; 444 E 11 Tibiran-Jaunac ; 480 E 1 Vizos.

(28) Rothiot, *op.cit.*, 2001, p. 516 ; Jones, *op.cit.*, 2003, p. 122.

(29) Fujihara, S., « Les conseils municipaux des communes rurales sous le Consulat et l'Empire : le cas des Hautes-Pyrénées », *Annales du Midi*, n°300, octobre-décembre 2017, pp. 513-533.

(30) Forrest, A., *Conscripts and deserters*, Oxford, 1989 ; Woloch, I., *The New Regime : Transformations of the French Civic Order, 1789-1820s*, New York, 1994.

(31) Fujihara, S., « Les maires et le système administratif napoléonien : le cas des Hautes-Pyrénées », *Annales historiques de la Révolution française*, n°392, avril-juin 2018, pp. 59-85.

(32) Dumesnil, J., *De l'organisation et des attributions des Conseils généraux du département et des Conseils d'arrondissement*, Goullet, Paris, 1852, tome I, pp. 34-35.

(33) Roussier, M., *le Conseil général de la Seine sous le Consulat*, Paris, 1960, p. 22 ; Conrad, O., *Le Conseil général du Haut-Rhin au XIX*[e] *siècle : les débuts d'une collectivité territoriale et l'influence des notables dans l'administration départementale (1800-1870)*, Strasbourg, 1998, p. 169.

(34) A.D. Hautes-Pyrénées 2M2, A.N., F1bII/Hautes-Pyrénées/4 (liste des conseillers généraux, liste des candidats pour le conseil général).

(35) *Ibid.*

(36) *Ibid.*

（37） Crook, M., « Voter sous Napoléon. L'autopsie de l'expérience électorale du Premier Empire, d'après une enquête préfectorale sur les consultations cantonales de l'été 1813 », *Annales historiques de la Révolution française*, n°382, octobre-décembre 2015, pp. 103-122.

（38） A.D. Hautes-Pyrénées Chis 146 E 3 (registres des délibérations du conseil municipal, an IV-1814) ; Seich 416 E 1 (registres des délibérations du conseil municipal, an III-1867).

（39） A.N. F1bII/Hautes-Pyrénées/3 (registre des fonctionnaires publics ; listes des candidats présentés pour les conseils d'arrondissements par les collèges électoraux du département des Hautes-Pyrénées, formés d'après les présentations faites par les collèges d'arrondissements, le 30 septembre 1803 ; état particulier d'indication des candidats présentés pour le conseil général et les trois conseils d' arrondissements du département des Hautes-Pyrénées que le préfet croit les plus aptes à occuper les places vacantes en l'an XIII) ; A.N. F1bII/Hautes-Pyrénées/4 (liste des conseillers d'arrondissement en 1810) ; A.D. Hautes-Pyrénées 2M2 (liste des fonctionnaires publics).

（40） Fujihara, S., « Le conseil général du département des Hautes-Pyrénées sous le régime napoléonien », *Revue de Comminges et des Pyrénées centrales*, n°2, 2016, pp. 413-434.

（41） A.N. F1cV/Hautes-Pyrénées/1, A.D. Hautes-Pyrénées 1N2 (registres des délibérations du conseil général).

（42） Menant, F., *Les députés de Napoléon*, Paris, 2012.

（43） Privat Joseph Claramont Pelet de la Lozère, *Opinions de Napoléon sur divers sujets de politique et d'administration*, Paris, 1833, pp. 150-151.

（44） 本稿は筆者のこれまでの研究成果を概略的にまとめたものであり、結果として、拙著『ナポレオン時代の国家と社会—辺境からのまなざし』刀水書房、二〇二一年の要約をなしている。本稿に興味をもたれた方には、ぜひ同書も手に取っていただきたい。

二月革命後のアンティル諸島における普通選挙
――アフリカ系黒人有権者と反革命（一八四八年―一八五一年）[1]――

クォン・ユンギョン
訳＝早川理穂

一　はじめに
――一八四八年の二月革命とフランス領西インド諸島におけるアフリカ系黒人有権者――

フランス領アンティル諸島の奴隷は、きわめて異なるやり方でフランス革命を経験した。ハイチ革命はフランス植民地サン＝ドマングを、一八〇四年に独立国ハイチに変え、奴隷が自身を解放した国となった。しかしマルティニークは一七九四年から一八〇二年までイギリスに占領されていたため自由を味わうことはなく、一方、ジャコバン派の委員ヴィクトル・ユーグによって自由体制が確立されたグアドループは、奴隷制復活のためのナポレオン軍侵入に激しく抵抗した。一八〇二年、彼らの抵抗は、マトゥーバの最後の戦いでの悲劇的な集団自殺に終わっている。二回目にして最終的な奴隷制廃止まで、二島の奴隷はほぼ半世紀のあいだ待たねばならなかった。やがては「解放者

libérateur」と呼ばれることになる共和派の奴隷廃止論者ヴィクトル・シェルシェの主導により一八四八年に、第二共和政がついに奴隷解放宣言に至ったとき、自由はフランス市民権を完備したかたちで訪れた。いまや、四つの旧植民地（*vieilles colonies*）におけるかつての奴隷は、一八四八年三月五日に可決された（男子）普通選挙制についての法令により、投票可能となった。

短命に終わった第二共和政は、普遍的で理想主義的な二つの遺産、すなわち普通選挙制と植民地奴隷の解放で有名である。しかしながら奴隷制廃止は、第二共和政に関する主要な物語には、滅多に出てこない。それは、二月革命参加者（四八年の人々 *quarante-huitards*）の理想主義の証拠として言及されるのみなのである。第二共和政の歴史の中で賛美される普通選挙制がアンティル諸島で新たに奴隷から解放された人々によって熱狂的に受け入れられたがゆえに、フランスの歴史家たちはその〔奴隷制廃止という〕事実にいっそう無関心であり続けた。[2] ここにおいて、歴史家たちは無意識に当時の白人保守主義者と同じ見方を共有している。それは、解放直後の有色人が選挙による意思決定権を適切に行使できるはずもなく、また、かくも短期間で起こったことはなんら変化をもたらすこともできないだろう、というものである。このような懐疑論は植民地本国における労働者階級や農民にも向けられたのであり、モーリス・アギュロンやテッド・マーガダントを含む多くの歴史家たちが、第二共和政は一種の「民主主義の見習い期間」であり、これによって共和主義が民衆の生活に根付いたことを示すことでこの懐疑論を否定してきた。第二共和政に関する最近の研究は、普通選挙制によってそれぞれの選挙に向けられた情熱、切迫感、必死さを強調している。そして普通選挙は、民主主義への自由派の懸念と反革命の両方を引き付けるものであった。この観点からすれば、植民地は、当時の政治社会闘争をより先鋭な方法で示す、第二共和政の歴史の不可欠な部分であったと考えられる。

臨時政府により一八四八年三月四日に設立された奴隷制度廃止委員会は、植民地における普通選挙制度について激論を闘わせた。大多数のメンバーが、フランスの最も有名な奴隷廃止論者も含めて、「前日まで奴隷状態に置かれていた愚鈍な黒人たちが、翌日政治的諸権利を行使できる市民にはなれない」ということに意見が一致していた[3]。奴隷制度廃止法令の不可欠の部分として普通選挙制度をどんどん推し進めたのは、他ならぬ委員長のシェルシェであった。彼は以下のように主張した。「普通選挙制度を行使することによってこそ、黒人も、白人と同じく、それをうまく行使できるようになるということに、皆気づいていない。政治生活は、政治的権利を行使することによってのみ身につくのだ[4]」と。シェルシェはさらに、空想的社会主義者たちの「民主的で社会的な共和国 République démocratique et sociale」の理想を共有しつつ、政治的諸権利と「社会問題 question sociale」が相互依存の関係にあると考えていた。すなわち、主権を有する人民として投票することは、闘争によって分断された社会を再び統一することができる、というのである。それとは逆に、批評家の中には、普通選挙制度を植民地主義の罠と見なす者もいる。グアドループの歴史家オルノ・ララは、普通選挙制度と選挙は植民地の人々の注意を、当時の最も切迫した問題――白人農園主の支配に対する団結した階級闘争――からそらせ、結果として植民地制度の再生産に寄与したのだと主張している。

それでは、小アンティル諸島の人々にとって普通選挙制度は、シェルシェが期待したような自由の洗礼だったのか、それとも植民地主義の口当たりのいい毒だったのか、そのどちらであったのだろうか。しかしながら双方の観点とも、かつて奴隷だった人々を、力をもつ歴史的主体として定義することに失敗している。西インド諸島のために普通選挙制度を法令化した際のシェルシェの意図と、植民地の人々が投票権をいかに理解し、経験し、利用したかという問題は、全く別の問題である。我々は二つの島での選挙をめぐって生じた問題を、奴隷廃止論者の思惑に還元することはできない。彼らが植民地主義に単にだまされていただけ、と考えるのも問題である。というのもその考えは、植民地の人々は自分たちの「真の」利益を認識したり表現したりすることがなかった、という植民地言説の前提を共有しているからである。反動に屈する前、一八四八年の革命は、奴隷から解放された男女が市民権と彼ら自身にとっての自由の意味を明確に表現するために利用する機会の空間を開いたのである。本研究は、異なる集団――シェルシェと彼の共和派の仲間、植民地当局者、白人の名士、新たに解放された人々――が、普通選挙制度をどのように解釈し実践したのか、そして、市民権と植民地主義が絡まり合う長い歴史の中で、普通選挙はどのような遺産を残したのかを吟味するものである。

第二共和政下の植民地選挙で最も目立ったのは、フランスの奴隷制度反対運動の二人の指導者、シェルシェとシリル・ビセットの対立であった。富裕な共和主義者で「奴隷制度廃止のためのフランス協会 *Société française pour l'abolition de l'esclavage*」や他の政治クラブの花形であったシェルシェと、マルティニーク出身の有色自由人であり暴動の罪で島から追放後、パリで貧しい亡命者として生きねばならなかったビセットとは天と地ほども異なっていた(5)。両者の唯一の共通点は、奴隷制度を即時かつ全面的に廃止しなければならないと堅く信じていたことであり、これは、フランスの奴隷制度反対運動の内部では人気のある選択肢ではなかった。両者の対立は、一八四三〜一八四四年にさかのぼる。当時ビセットは、アメリカ植民地とハイチで評判となったシェルシェの著書を、白人エリートの尊大さと偏見を攻撃することによって痛烈に批判した。有色自由人の代表を自称するビセットは、特権を有する白人であるシェルシェは植民地の人々を代表することはできないと主張した。両者とも〔マルティニークとグアドループの〕二島で選挙に立候補したので、彼らの二回目の闘いは植民地で展開された。特に、一八四九年の激しい選挙キャンペーンで、両島は、「シェルシェ派 *schoelcheristes*」と「ビセット派 *bissettistes*」に分裂した。両派の選挙での対決が、なぜアンティル諸島の人々の心をそれほど捕えたのだろうか。この選挙では何が問題となっていたのであろうか。本稿は、一八四九年の選挙を巡る闘いとその余波に焦点を当てるものである。

二　一八四九年の選挙――「解放者か調停者か」――

二月革命と第二共和政の誕生のニュースが西インド諸島に届いたのは、三月下旬であった。奴隷制度廃止委員会が奴隷解放令を準備していたとき、二つの島はあらゆる種類の期待と不安、うわさでいっぱいであった。奴隷解放令を待ちきれないマルティニークの奴隷たちは、ついに五月二二日に蜂起した。ハイチ革命の再来を恐れたマルティニークの知事は、同様に恐怖を抱いた農園主たちに支えられ、圧力をかけられて、五月二三日に奴隷制度廃止を宣言した。マルティニークからのニュースを受けて、グアドループの知事も五月二七日に追随した。六月二日、二人の共和国代表委員（*commissaires généraux de la République*）が、奴隷解放令を携えてようやく到着した。〔白人と黒人の混血児である〕ムラートのエリート海軍将校オーギュスト・ペリノンは、故郷であるマルティニークに赴任した。一方、フランス人弁護士で高名な奴隷廃止論者であるアドルフ・ガティーヌは、グアドループの担当になった。彼らは、奴隷制度がすでに奴隷の手で廃止されていたことを知った。サトウキビの収穫期に支障を来さないよう、農園主の圧力団体により四月二七日の奴隷廃止令に盛り込まれた奴隷解放の実施の二カ月の先延ばしは、マルティニークとグアドループでは無効となった。

奴隷解放により、マルティニークでは八七、〇九七人（総人口は一二九、〇〇〇人）、グアドループでは七五、三〇〇人（総人口は一二二、〇〇〇人）の奴隷が解放された。アフリカ系黒人住民は両島で人口の九〇%以上を占めていた。解放前、島の人口は通例、白人支配階層、有色自由人（*gens de couleur libres*）、黒人奴隷に分かれていた。しかし奴隷の境遇と自由の間には、法的・文化的な曖昧性の空間が広がっていた。奴隷制度廃止は、アンティル諸島の社会民族

	マルティニーク（合計 20,226 票）	グアドループ（合計 33,743 票）
1位	シリル・ビセット	オーギュスト・ペリノン
2位	ルイ＝マリー・ポリ＝パピ	ヴィクトル・シェルシェ
3位	ヴィクトル・シェルシェ	シャルル・ダン
次点	ヴィクトル・マズュリム	ルイジー・マティウ

的・文化的分割を再編成した。一八四八年以後、農園主は「ベケ」（békés）と呼ばれるエリートクラスに変容し、解放奴隷はプランテーション経済で農業労働者となることが期待されたので、「耕作者」（*cultivateurs*）と呼ばれた。有色自由人と解放奴隷の両者は、「新市民 *nouveaux citoyens*」と呼ばれたが、この新市民が今度は一八四八年以前に自由になっていた「旧自由人 *anciens libres*」と四月二七日の法令により解放された「新自由人 *nouveaux libres*」に分けられた。植民地では、「クラス *classe*」は、二島の三つの社会・民族集団、すなわち白人、ムラート（混血）、黒人を意味した。

ともにシェルシェ支持者であった「代表委員」二名は、到着するとすぐに、奴隷から自由な労働への移行を監督し、同時に植民地での初めての選挙の準備を行うという膨大な仕事を与えられた。各島とも憲法制定議会に三議席を得ていた。選挙人名簿の作成から地方議会で抵抗する白人「名士」との闘いまで、たいへんな努力の後、二名の委員は最初の選挙をなんとか八月に行えた。結果は、要するに、何らかの形で奴隷解放プロセスに関わった奴隷制度廃止論者とその仲間の勝利であった。

ビセットはマルティニークで圧勝したが、シェルシェは二島で当選した。ペリノンやポリ＝パピのようなムラートのエリートは、地方政治ではよく知られていた。目を引くのは一八四八年以前に解放された「旧自由人」である二人の黒人の存在で、次点に選出されている。「かつての奴隷 former slaves」の名で立候補した彼らは、他の候補者のような社会的地位があったわけではなかった。立証することは難しいとしても、「新市民」がこれら二人の候補者を選んだということは、彼らの社会的・民族的連帯意識を示唆しているのだろうか。二島で当選したシェルシェがマルティニークを選んだため、マティウは後に第二共和政初の黒人議員となった。マズュリムは、膨大な負債により当選無効とされたビセットに取って代わった。

対照的に、フランソワ・ペクールに代表されるパリ在住の不在地主を含むかつての農園主たちは、最初の選挙で打ち砕かれた。ガティーヌが言うように、解放されたばかりの人々が以前の主人よりも「解放者 liberators」を好むのは当然であった。さらに重要なことは、植民地における権力の基礎である「植民地評議会 *conseils coloniaux*」を即座に解散させ、権力を海軍植民地省に移譲させることで、シェルシェは白人農園主が——彼らは地方議会や裁判所ではまだ権力を握っていたが——奴隷解放プロセスに介入することを効果的に阻止したことであった。

革命と奴隷解放の多幸感は、長続きしなかった。六月の事件〔一八四八年の六月蜂起〕の後、臨時政府が保守主義に傾くにつれて、それは植民地情勢に悪影響を及ぼした。七月の奴隷制度廃止委員会の解散後、シェルシェは植民地の政策決定プロセスから外された。新たな海軍植民地大臣は、二島で共和派の委員たちを、植民地海軍から採用された知事たちにすげ替えた。新たに任命された知事たちは、新しい労働体制に不慣れな耕作者たちを処罰し、新市民の政治活動を抑圧するために、きわめて厳しい社会統制システムを宣言し、施行した。シェルシェの奴隷解放計画に同意して働いてきた植民地の役人や聖職者たちは、追い出された。白人「名士」たちもまた、反撃のため諸勢力を集めた。最初の選挙での敗北直後、植民地の農園主やフランスの港町の商人たちは、「精糖業保護委員会」（*Comités de défense de l'industrie sucrière*）を設立した。コミューンから植民地の都市における中央委員会まで、また、植民地の都市からパリの議員まで、この委員会の人的資源は、植民地と本国の両方で圧力団体を形成するため計画的に動員され組織された。次の選挙では、それと連携する委員会がきわめて効果的に活用されることになろう。

その時以降、反革命は、植民地当局者と白人「名士 *notables*」の協力によって、行動へと舵をいっぱいに切った。彼らは、反乱や暴動は「無知な」黒人自身に由来するのではなく、外部、つまりシェルシェや彼を支持する「旧自由人」のような、フランス人奴隷廃止論者の陰謀の結果なのではないかと考えた。だから彼らは、新市民のあらゆる政治活動を非難するため、「シェルシェ主義者」というレッテルを創りあげたのである。

選挙にまつわる闘争の根底にあったのは、実際は、第二共和政の政治を支配していた「社会問題」であった。アンティル諸島では、砂糖生産を近代化するという構造的圧力が、奴隷制度から自由労働制への移行と結びついており、それが激しい社会闘争をもたらしていた。シェルシェは、フーリエ主義的観点から、労働の組織化が奴隷解放後の植民地の社会経済問題を解決しうると信じていた。彼は奴隷解放宣言の中に社会福祉のための多くの条項を盛り込んでおり、そこには「カントン審査委員会」(*jurys cantonaux*)、すなわち陪審員として労使同人数のメンバーから成る労働争議のための裁判所の設立も含まれていた。

しかし、植民地の状況は彼の予測とは全く異なっていた。農園主の変化への抵抗は、思いのほか強固で長く続いた。その一方で耕作者は、「自由労働者」すなわち賃金労働者になることに抵抗した。奴隷制度の下での経験は、耕作者に小規模自営農民になりたいと思わせた。彼らがプランテーションから逃げ出すことを恐れて、植民地当局は彼らの移動を厳しく制限し、放浪を厳しく罰した。さらに、植民地では現金が不足していたので、農園主と耕作者との間の作物分配契約は、賃金労働よりも一般的であった。今やプランテーションは、変化を受け入れられないかつての主人と、厳しい労働規律を課そうとする試みに抵抗する耕作者との間の社会闘争の場となった。

その一方でフランスでは、一一月に憲法が制定され、立法議会選挙が布告された。新憲法は、二島の議席をそれぞれ二議席に減らした。植民地の選挙は一八四九年六月に予定された。一八四九年三月、ビセットは二〇年以上ぶりにマルティニークへ凱旋帰郷した。さらに驚いたことに、彼は、新たな海軍植民地大臣の援助のもと、かつての敵である農園主層と手を組み、最も裕福な不在農園主の一人で、パリの議員であるペクールと共同立候補することを宣言したのである。白人「名士」の目には、ビセットは社会秩序、人種の和解、過去の忘却について語るのに最適な立候補者だったかもしれない。ビセット自身にとって、動機はより複雑であった。決め手となったのは、彼とシェルシェの間の個人的反目が激化したことだった。一八四八年三月、シェルシェは、奴隷制度廃止委員会へのビセットの入会を拒否することで、彼と決定的に対立した。最終的にビセットは農園主たちを選んだが、それはシェルシェと反対の立場に立つことを余儀なくされたからであった。農園主新聞は「調停者 Conciliator」の到着を大々的に喧伝し、白人エリートたちは彼のために盛大な宴会を催した。ビセットは植民地当局と大農園主の組織的支援によって強力な選挙運動を行った。

その結果、特権階層による組織的攻撃、高まる社会的闘争、そしてビセットの「裏切り betrayal」によって、一八四九年の選挙運動はかつてないほど激しくなった。選挙はシェルシェの「進歩派 *parti progressif*」とビセットの「秩序派 *parti de l'ordre*」の対決に変わった。両者の選挙スローガン（秩序、労働、忘却、和解）は互いに似通っていたが、支持者にとっては、この二人の候補は、個人的対立よりもより大きな何かを表現していた。ビセットの社会経済プログラムは、基本的に〔奴隷〕所有者支持であった。彼いわく、「奴隷所有者としてではなく入植者と戦争をおこなったことは一度もない(6)」と。いまや奴隷制度は廃止されており、農園主と争う理由はなかった。彼にとって、有色人であれ白人であれ、あらゆる所有者がいまや和解し得る時だった。対照的に、多くの新市民は、奴隷解放をそれ自体が終点となるのではなく、奴隷解放宣言で約束された他の権利を確保するための出発点と見なしていた。植民地当局と農園主は反動を推し進めたので、二月革命の成果を守り革命を続けたい人々は、シェルシェに傾いていった。彼らにとってビセットは「裏切者 betrayer」とみられ、白人入植者を「矯正できない者たち incorrigibles」と呼び、彼らに断固とした態度をとるシェルシェの対極にあると映った。ポワンタ・ピトル（グアドループ）の選挙委員会は、マルティニークに由来する反革命から島を守るため、シェルシェとその共同候補者であるペリノンの選出を主張した。(7)

一八四九年五月と六月、二島は激しい選挙運動にさらされた。あらゆる通りに各派の旗がはためき、ビセットとシェルシェの名前が至る所にあった。有色人の女性たちは、選挙権がないにもかかわらず、あらゆる選挙集会やパレードに精力的に参加した。選挙期間中の集会、宴会、どんちゃん騒ぎ、路上での喧嘩は、暴動や反乱に発展することを恐れた植民地当局をいらだたせた。シェルシェ支持の新市民たちが、農園主の新聞によるメディア支配に対抗するために彼ら自身の新聞『進歩 Progrès』を創刊したのは、選挙運動中のことだった。民主主義、共和国、奴隷解放の完遂をモットーに、『進歩』紙は、フランス本国と植民地の双方のメディアからの反動的なプロパガンダを論破することを使命とし、シェルシェを勝たせるために精力的に運動を行った。

彼らが宴会や政治集会で歌った歌は、新市民の選挙経験を理解するための希有な資料の一つとなっている。これらの歌は、フランスのメロディー、かつて奴隷であった者たちの民衆諸文化、クレヨール Kreyòl（アンティルのクレオール語）の歌詞のごった煮であった。シェルシェ主義者の歌「共和国の思い出 Souvenirs républicains」は、以下のようなフレーズで始まる。

人は、フランスに我らを呼んだ
市民の列に加えるために
今日、太陽はより心地よい

我々は共和国の権利を享受する
ああ！自由よ
誕生日が来た……
ああ！ペリノン－シェルシェ！
私は再びあなた方に投票するつもりだ(8)

他方、ビセット主義者の歌「ビセット到来 Arrivée Bissette」はビセットを救世主と表現している。

マルティニークの全市民、子らよ
母があなた方に言いたいことを聞きに来てください。
良い知らせがフランスから届きました。
我々みなの救世主ビセット、ビセットが来ます(9)

黒人公共圏に関する多くの研究が示すように、うわさはアンティル諸島の政治において決定的な役割を果たした。公式表明の裏で彼らが何を言ったかを見つけることはきわめて難しいが、奴隷制廃止主義者、農園主、植民地当局によって書かれた公的資料の中に、我々は間接的にそれらを見つけることができる。まず第一に、反シェルシェのうわさの場合、彼は自分を攻撃するプロパガンダ的な出版物を、パンフレット、手紙、雑誌記事の中で一行一行こつこつと反駁した。選挙後に出版された「マルティニークの労働者と耕作者への真実 *La vérité aux ouvriers et aux cultivateurs de La Martinique*」における彼のまとめによれば、シェルシェは無神論者、結婚や家族の破壊者、ムラート嫌い、解放された奴隷のために損害賠償を求める急進派、土地の分割を要求する社会主義者、人種的憎悪の伝道者、暴力を奨励するテロリストであるといううわさは、農園主が流布したものだった(10)。

もう一方の側の〔ビセットに関する〕うわさは、公表されている情報源から部分的に引き出すこともできる。知事や農園主の新聞記事の報告によれば、シェルシェ派は、ビセットは農園主から賄賂を受け取っていたといううわさや、ペクールは奴隷制度復活をもくろんでいたといううわさを流していた。これらのうわさで最も重要な要素は、新市民が白人特権エリートの選出を奴隷制の復活と結び付けていたことだった。植民地派は、シェルシェとその「伝道者たち preachers」が、農園主たちが奴隷制復活を企んでいるという偽のニュースを組織的に広めたと主張した。しかし彼らの主張は信じがたい。なぜなら、それは彼らの選挙プロパガンダの一部だったからである。むしろ、以前の諸革命のさいに起こったように、黒人たちはニュースを自分なりのやり方で再解釈し、彼らの非公式の通信網でそれを広めた可能性の方が高い。

六月三日、選挙はまずマルティニークで実施された。ビセット＝ペクールは対立候補者たちの十倍近い得票で圧勝した。グアドループの選挙はマルティニークよりもさらに白熱した雰囲気の中で実施された。ビセットが六月一六日にグアドループを訪れ、島をめちゃくちゃにかき回したことも、その要因の一部であった。農園主層はビセットを暖かく迎えたが、彼が行く先々で暴力が起こり、治安部隊が動員された。一連の騒動の後、シェルシェ＝ペリノンは六月二四日から二五日にかけて実施された選挙で決定的勝利を収めた。何が二島の間にこうした違いをもたらしたのだろうか。両島は、フランス革命による最初の奴隷解放を、きわめて異なるかたちで経験した。グアドループは、マルティニークと比べ、人口に占める奴隷人口の割合がいくらか高かった。そして重要なことは、グアドループの新市民、特に旧自由人は、フリーメーソンの会所を通じてよりよく組織されていたことである。そこでフランス政府と植民地当局は、「反乱の島 island of rebellion」とみなされていたグアドループを厳重に監視しつづけたのだ。

三　一八四九年の選挙の余波――マリー・ガラント事件と戒厳令下の植民地――

グアドループの選挙直後、反撃が始まった。海軍植民地省に、グアドループの選挙における暴力と不正行為を非難する農園主から、大量の手紙と抗議が届いた。農園主支持の新聞は、本国でも植民地でも、黒人有権者は自身の権利を乱用するからグアドループでは普通選挙は停止されるべきだと主張した。一〇月一七日に議会では、グアドループの選挙について審議していた委員会が、植民地当局からの数回の抗議と報告に基づき、シェルシェとペリノンの選挙を無効にするよう提案した。委員会によれば、二人の候補者は、奴隷制度復活を阻止し、土地分配を唱道することができる者は自分たち以外にはいないと無知な黒人有権者を納得させるために「自分たちの影響力を悪用」し、マリー・ガラントを含むグアドループのいくつかのコミューンでは黒人有権者たちの暴力事件が起こり選挙を汚したというのであった。怒りと不満にかられたシェルシェは、もし誰かが本当に「影響力を悪用」したとすれば、それはパリにいた自分やペリノンではなく、グアドループを訪問して秩序を乱したビセットだ、と抗議した。シェルシェと植民地での彼の支持者からの異議にも関わらず、議会はシェルシェとペリノンの選挙の無効を投票し、承認した。(11)

マリー・ガラント事件（*Affaire Marie-Galante*）は選挙無効の諸理由の一つだが、グアドループでは闘争の焦点となった。『進歩』紙とシェルシェが事実を詳細に論じているので、マリー・ガラント事件（*Affaire Marie-Galante*）は選挙を巡る論争にじっくりと注目する希有な機会を提供している。[12] マリー・ガラントのコミューンでの投票日である六月二五日に遡ってみよう。選挙を警戒して、植民地当局者は島の全部隊と共に待機していた。その時、投票所付近でシェルシェ支持の一市民が不正行為で逮捕され、多くの黒人が彼の釈放を求めて集まってきた。群衆を解散させる間に、警察官がデモ隊に発砲し、数十人が死亡した。恐怖と怒りにとらわれて、黒人抗議者たちは田園地帯に散り、いくつものプランテーションに火をつけた。警察は数百人のデモ参加者を逮捕し、そのうち一五〇人を起訴した。犠牲者すべてが黒人であったという事実にも関わらず、農園主支持のメディアは、この事件を「アフリカの野蛮人 African barbarians」が犯した白人の虐殺であるかのように報じた。

一八五〇年三月一日に始まった裁判は、事件についてまったく異なる解釈を示している。『進歩』紙とシェルシェにとって、この事件の本質は、警察が行った恣意的な逮捕であり、抗議者を鎮圧するための過度の武力行使であった。他方で、担当検事のL・ラブーによれば、選挙は「遠方から計画された」暴動を実行するための口実に過ぎなかった。この検事はパリにいたシェルシェを「暴動を遠方から命じた」陰謀の黒幕として非難したが、反乱の現地組織者として名指しされたのは、アロンゾと呼ばれるムラートであった。ムラートのアロンゾは旧自由人で、黒人耕作者の間で高い評判を得ており、『進歩』紙の創刊にも関わっていた。アロンゾは島で最も有名なシェルシェ主義者の一人であり、黒人耕作者たちの指導者でもあったため、起訴された。知事がすでに裁判官の顔触れを白人エリートばかりにしていた法廷で、被告人のうち三三人が厳罰に処されたが、その中には一〇年間の投獄という判決が下されたアロンゾも含まれていた。

この裁判史料には、自由が再び奪われるのではないかという新市民の危機感を見て取ることができる。プランテーションに耕作者を縛り付けるための厳しい規制、彼らの政治活動や表現の自由に対する植民地当局による抑圧、そして彼らを決して対等に扱おうとしない白人から日常的に受ける人種的侮辱、これら全てが、彼らに、異なる形の奴隷制度を示唆していた。このことは我々に、マティウ（初の黒人議員）が一八四八年に行った議会演説を想起させる。植民地における普通選挙が争点となった時、彼は初めて立ち上がり、「我々の仲間たちの多くは無知で、投票用紙が自分たちの自由を証明する書類だと信じていた」と語った。彼はこう続けた。「もしあなた方が普通選挙制度を攻撃するのであれば、これらの人々は、あなた方が自分たちの自由を攻撃している、と思うだろう。」[13]

一八五一年一月の再選挙で、シェルシェとペリノンは再び当選した。しかし一八四九年の選挙の本当の余波はこのことではなく、一八五〇年春にグアドループで行使された戒厳令であった。一八五〇年三月一二日以降、マリー・ガラント事件関連の裁判が続いている間、ポワンタ・ピトル付近で連続火災が起こった。それらは裁判に不満な者たちによる放火だと確信して、知事はこの都市に戒厳令を発布した。一八五〇年から一八五一年まで、植民地当局が「火災の陰謀」と呼んだ両島での一連の火災は、植民地における社会統制強化の口実となった。火災は奴隷の日常的な経験に根差した抵抗手段であったが、同時に、プランテーションの労働環境や西インド諸島の自然環境を考えると、放火と偶発事を区別するのは難しかった。しかしシェルシェが批判したように、植民地当局は至る所で放火犯や共謀者を見つけ出したのである。

一八五〇年七月一一日、立法議会は戒厳令をグアドループ全土に広げる法案を審議した。シェルシェと彼の支持者の強い反対にも関わらず、法案は圧倒的多数で可決され、翌年マルティニークにも拡大された。一八五〇年夏以降、植民地の主要新聞は『進歩』紙も含め全て休刊となり、『進歩』紙の編集者たちは暴動扇動の罪で投獄された。新市民の集会は全て禁止され、「危険な男たち」は、軍法会議の裁判によって定期的に逮捕され、国外に追放され、処刑された。彼らの多くは旧市民に属し、シェルシェ主義者または極左に分類された。彼らは有色人の間の社会的ネットワークの中心にいたが、そのことで彼らは植民地当局の標的になったのである。

四　結論――奴隷解放後の文脈におけるシェルシェ主義の位置づけ――

一八五〇年の終わりまでに二月革命の成果で残っているものは、奴隷制度そのものの廃止を除きほとんどなかった。国立作業場とカントン審査委員会は廃止され、その一方で浮浪者を罰するための矯正作業場は残った。本国からの財政援助は監獄や軍隊の強化のためであり、社会福祉のためではなかった。言論と結社の自由は消えた。一八五一年一二月のルイ・ボナパルトのクーデタ以降、組織的反動が広がった。クーデタに反対してバリケードで闘ったシェルシェは、フランスを離れイギリスへ亡命せねばならなかった。そして彼の名はアンティル諸島では政治的タブーとなった。植民地では半戒厳令状態が永続化し、強制労働システムに等しいほどの厳格な労働規律が労働警察の監視下で課された。植民地の普通選挙と代表は廃止され、植民地はかつてのように特別法で統治された。外国から低所得の移民労働者が流入し、地元の耕作者と競合した。シェルシェは奴隷制度の廃止によって人種対立がなくなると信じていたが、奴隷解放後に再公式化された人種差別は、有色人を社会的従属の下に置いたのだった。

このように、社会的統一と再生のための力を普通選挙に与えるというシェルシェのユートピア的プロジェクトは、結局は失敗に終わった。しかし、普通選挙をめぐる情熱的な選挙運動と闘争は、選挙は社会的対立が集中する焦点となることを示している。植民地経済についてのシェルシェの自由主義的な見方が耕作者たちのさらなる社会的自律への望みと対立していたとしても、両者の間には共通の基盤があった。すなわち自由への包括的で総合的なアプローチである。シェルシェと新市民はともに、法律的な解放を超えたものとして自由を定義し、積極的政治生活や公的な参加が社会経済的自律性と相互に作用し合うことを可能にする自由を思い描き、共和主義を通じてこのビジョンを実現しようとしたのである。

したがって、マルティニークとグアドループの有色人が共和主義の解放や同化の理想を受容したとすれば、それはシェルシェに影響されたからというよりは、共和主義と奴隷解放がフランスでは歴史的に結びついていたからであった。共和主義と奴隷制度が共存したアメリカ合衆国とは異なり、フランス植民地の奴隷は、革命と共和国が奴隷解放をもたらしたのに対して、反革命と帝国がそれを覆したことを二度目撃した。グアドループの『進歩』紙は、「奴隷は共和国のおかげで自由を享受しているのだから、共和国に敵対する者を議員に選ぶことは、結局は、錯乱のなせる業ということになるだろう(14)」と宣言した。共和国が自由を与えたという公的プロパガンダを、植民地の人々がどれほど心底から受け入れていたかを判断することは難しい。しかし、植民地の白人特権階層の恣意的な権力を阻むためのシェルシェの共和主義的同化主義は、植民地の有色人が、フランス市民と同等の権利を要求することによって、人種差別、半戒厳令状態、自由のない労働システムのようなあらゆる種類の植民地例外主義に対して闘うための重要な手段となった。

しかし、フランス共和国のユートピア的理想は、植民地主義の軌道の範囲内に政治的想像力を留めざるを得ない。シェルシェの同化主義を最も熱心に受け入れたのは旧自由人地主であった。シェルシェはフランス領西インド諸島を、フランス帝国内における同化のための特権的な場所とみなしていた。つまり、文化的に「同化していないunassimilated」もしくは「同化できないunassimilable」他の土着の人々とは異なり、アンティル諸島の住民は文化的にはすでにフランス人であった。所有権、教育、文化を備えているにも関わらず白人農園主から差別されてきた有色自由人にとって、共和主義的同化ビジョンは、彼らが完全な市民権だけでなく、他の方法では果たせない政治的・社会的上昇を期待できるということを意味していた。肌の色に関わりなく共和主義の拡大家族としてフランス帝国を再定義したシェルシェの「ファミリー・ロマンス」は、彼らに力強く訴えかけたのである。

シェルシェが公的な意味において真に神話となったのは、二〇年の亡命生活を経て一八七〇年に彼が帰国した後であった。第三共和政下、彼は再びマルティニークの議員に選出された。植民地は公式に彼に謝意を表し、シェルシェ流の同化主義がフランス領西インド諸島の主要な政治的イデオロギーとして確立された。しかしフランス史上初めて安定にたどりついた第三共和政は、西インド諸島住民にとって同化主義のユートピア的ビジョンを決して実現することはなかった。それ以後、アンティル諸島のシェルシェ主義は、下からのよりラディカルな要求と、一八四八年の奴隷解放とシェルシェの名声を利用してアフリカでの「文明化の使命 *mission civilatrice*」を正当化しようとする帝国主義的プロパガンダの間で板挟みになりながら、模索を続けねばならなくなるであろう。

注

（1） 本稿は、筆者の韓国語論文 "Universal Suffrage after Slave Emancipation: Elections in the West Indian Colonies under the Second Republic, 1848-1851," *The Western History Review* (Korea), vol. 141 (Jun. 2019) の短縮版の翻訳である。ほとんどの注が省略されているので、本稿末尾の参考文献を参照いただきたい。

（2） シェルシェ研究の専門家であるネリー・シュミットを除き、このテーマに関する多くの研究は、海外県の学者に由来する。

（3） *Abolition de l'esclavage: Procès-verbaux, rapports et projets de décret de la commission instituée pour préparer l'acte d'abolition immédiate de l'esclavage* (Paris, 1848), pp. 72-73; Victor Schoelcher, *La vérité aux ouvriers et aux cultivateurs de La Martinique* (Paris, 1849), p. 261.

（4） Schoelcher, *La vérite*, p. 265.

（5） ビセットは奴隷制廃止主義者の活動家として有名だが、ＳＦＡＥ（奴隷制度廃止のためのフランス協会）は、彼の負債と肌の色を理由に、会員になることを認めなかった。

（6） Cyrille Bissette, *Réponse au Factum de M. Schoelcher, Intitulé La Vérité* (Paris, 1850), p. 97.

（7） "Adresse du Comité électoral schoelcheriste de Pointe-à-Pitre aux électeurs de la Guadeloupe," Oruno Lara, *Suffrage universel et colonisation, 1848–1852* (Paris, 2007), pp. 489-490.

（8） Nelly Schmidt, "Chansons des nouveaux libres de Guadeloupe et de Martinique," *Itinéraires et contacts de cultures* (Paris, 1988); Marie-Christine Hazaël-Massieux, *Textes anciens en créole français de la Caraïbe* (Paris, 2008), pp. 273-324. Schmidt, "Chansons des nouveaux libres," p. 118.

（9） Schmidt, "Chansons des nouveaux libres," p.124. これはクレヨール語（アンティルのクレオール語）で書かれている。

（10） Schoelcher, *La verité aux ouvriers et aux cultivateurs de La Martinique* (Paris, 1849).

（11） *Compte rendu des séances de l'Assemblée nationale*, t. 3 (Oct.-Nov., 1849), pp. 69-84.

（12） *Progrès*, Mar.-April, 1850; V. Schoelcher & A.-F. Perrinon, *Nouvelles observations sur les élections de la Guadeloupe* (Paris, 1849); Schoelcher, *Le procès de Marie Galante* (Fort-de-France, 2014); *Cour de Cassation, Chambre criminelle, Procès de Marie-Galante* (Paris, 1850); Adelaïde-Marlande, *L'Historial antillais*, t.4, pp. 86-91; Lara, *Suffrage universel*, pp. 507-513; Schmidt, "procès et condamnés politiques en Guadeloupe, 1848-1871," Philippe Vigier ed., *Répression et prison politiques en France et en Europe au XIXe siècle* (Paris, 1990), pp. 84-85.

（13） "Intervention de Louisy Mathieu à l'Assemblée nationale constituante," Schmidt, *Abolitionnistes de l'esclavage*, pp. 1034-1036.

（14） *Progrès*, July 29, 1849.

主要参考文献

一次史料

Newspapers of France, Martinique, and Guadeloupe, 1848-1851

Les Antilles

Courrier de la Martinique

Le Journal commercial de la Pointe-à-Pitre

L'Avenir de la Guadeloupe

Gazette officielle de la Guadeloupe

Journal officiel de la Martinique

Le Progrès

La Liberté

Courrier du Havre

Gazette des tribunaux

Bissette, Cyrille, *Réponse au Factum de M. Schoelcher, Intitulé La Vérité* (Paris, 1850).

Cause célèbre des colonies (Pointe-à-Pitre, 1850).

Compte rendu des séances de l'Assemblée nationale (Paris, 1849-1850).

Cour de Cassation, Chambre criminelle, Procès de Marie-Galante (Paris, 1850).

Dessalles, Pierre, *La vie d'un colon à la Martinique au XIXème siècle*, t. 4 (Paris, 1980).

Gatine, Adolphe, *De la politique conciliatrice et progressive, à l'occasion des nouvelles élections de la Guadeloupe* (Paris, 1849).

________, *L'abolition de l'esclavage à la Guadeloupe* (Paris, 1849/2012).

Gaumont, Charles, *Abrégé des calomnies du Courrier de la Martinique contre M. V. Schoelcher* (Paris, 1850).

Perrinon, F.-A., *Explications à propos d'un récent libellé de M. Bissette* (Paris, 1849).
Schoelcher, V. & A.-F. Perrinon, *Bulletin colonial: Élections de la Guadeloupe et de la Martinique* (Paris, 1849).
________, *Nouvelles observations sur les élections de la Guadeloupe* (Paris, 1849).
Schoelcher, Victor, *Le procès de Marie-Galante* (Fort-de-France, 1850/2014).
________, "Le Complot du feu à la Guadeloupe," *La Liberté de penser: revue démocratique*, vol. 8(1851).
________, *La vérité aux ouvriers et aux cultivateurs de La Martinique* (Paris, 1849).
________, *Protestations des citoyens français nègres et mulâtres contre des accusations calomnieuses* (Paris, 1851).

二次文献

Adelaïde-Marlande, *Jacques, L'Historial antillais*, t. 4 (Fort-de-France, 1981).
________, Jacques, *Documents d'histoire antillaise et guyanaise* (Pointe-à-Pitre, 1979).
Agulhon, Maurice, *La République au village* (Paris, 1970).
Blackburn, Robin, *Overthrow of Colonial Slavery* (London, 1988).
Bongie, Chris, "1835, or Le troisième siècle," *Islands and Exiles* (Stanford, 1998).
Chauleau, Liliane, *La vie aux Antilles françaises au temps de Victor Schoelcher* (Paris, 2012).
Church, Christopher, "The Last Resort of the Slave: Fire and Labour in the Late Nineteenth-century French Caribbean," *French History*, vol. 32, no. 4(2018).
Dubois, Laurent, "An Enslaved Enlightenment: Rethinking the Intellectual History of the French Atlantic," *Social History*, vol. 31, no. 1(2006).
Elizabeth, Léo, "Terre et abolition dans les Antilles au XIXeme siècle", *Les abolitions dans les Amériques* (Fort-de-France, 2001).
Guyver, Christopher, *The Second French Republic 1848-1852: A Political Reinterpretation* (New York, 2016).
Hazaël-Massieux, Marie-Christine, *Textes anciens en créole français de la Caraïbe* (Paris, 2008).

Kwon, Yun Kyoung, "Forgotten Island of the Liberator: Haiti's Influences on Victor Schoelcher's Abolitionism (1833-1848)," *Histoire Sociale/Social History* (vol. 53, no. 107 (May 2020).

________, "Universal Suffrage after Slave Emancipation: Elections in the West Indian Colonies under the Second Republic, 1848-1851," *The Western History Review* (Korea), vol. 141 (Jun. 2019).

________,"Emancipation and Citizenship: the Revolution of 1848 and Victor Schoelcher's Republican Assimilationism," *Korean Review of French History*, vol. 37 (Aug. 2017).

________, "Navigating from African Diaspora to France: Cyrille Bissette and Antislavery Politics of Free People of Color, 1823-1849", *The Western History Review* (Korea), vol. 118 (Sep. 2013).

Lara, Oruno, *Suffrage universel et colonisation, 1848–1852* (Paris, 2007).

________, *La liberté assassinée: Guadeloupe, Guyane, Martinique et La Réunion en 1848-1856* (Paris, 2005).

Larcher, Silyane, *L'autre citoyen: l'idéal républicain et les Antilles après l'esclavage* (Paris, 2014).

Lépine, Édouard de, *Dix semaines qui ébranlèrent la Martinique, 25 mars-4 juin 1848* (Paris, 1999).

Margadant, Ted, *French Peasants in Revolt* (Princeton, 1979).

Merriman, John, *The Agony of the Republic* (New Haven, 1978).

Nicolas, Armand, *Histoire de la Martinique*, t. 2 (Paris, 1996).

Pago, Gilbert, *Les femmes et la liquidation du système esclavagiste en Martinique* (Petit-Bourg, 1998).

Rosanvallon, Pierre, "La république du suffrage universel," François Furet & Mona Ozouf, dir., *Le siècle de l'avènement républicain* (Paris, 1993).

Schmidt, Nelly, "1848 dans les colonies française des Caraïbes," *Revue française d'histoire d'outre-mer*, vol. 85(1998).

________, "1848: Liberté et peurs sociales aux Caraïbes," Jean-Claude Caron et al., *La République à l'épreuve des peurs* (Rennes, 2016).

________, "Chansons des nouveaux libres de Guadeloupe et de Martinique, 1848-1851," *Itinéraires et contacts de cultures* (Paris, 1988).

________, “Le problème de l’ordre colonial après la révolution de 1848,” Philippe Vigier ed., *Maintien de l’ordre et polices en France et en Europe aux XIXe siècle* (Paris, 1987).

________, “procès et condamnés politiques en Guadeloupe, 1848-1871,” Philippe Vigier ed., *Répression et prison politiques en France et en Europe au XIXe siècle* (Paris, 1990).

________, *Abolitionnistes de l’esclavage et réformateurs des colonies, 1820-1851* (Paris, 2000).

________, *La France a-t-elle aboli l’esclavage?* (Paris, 2009).

________, *Victor Schoelcher et l’abolition de l’esclavage* (Paris, 1994).

Scott, Julius, *The Common Wind: Afro-American Currents in the Age of the Haitian Revolution* (London, 2018).

Stovall, Tyler, “The Myth of the Liberatory Republic and the Political Culture of Freedom in Imperial France,” *Yale French Studies*, vol. 111(2007).

Tomich, Dale, “Libérte ou Mort: Republicanism and Slave Revolt in Martinique, February 1831,” *History Workshop*, no. 29(1990).

________, *Through the Prism of Slavery: Labor, Capital, and the World Economy* (Lantham, 2003).

執筆者・訳者紹介（掲載順）（＊は編者）

松浦義弘（まつうら　よしひろ）＊　成蹊大学文学部特別任用教授

著書：『ロベスピエール―世論を支配した革命家』（山川出版社 世界史リブレット人、2018）、『フランス革命とパリの民衆―「世論」から「革命政府」を問い直す』（山川出版社、2015）、『フランス革命の社会史』（山川出版社 世界史リブレット、1997）

チョイ・カブス（CHOI Kab Soo）　ソウル大学名誉教授

山下雄大（やました　たけお）　東京大学大学院総合文化研究科博士後期課程

論文：「統治への不信―サン＝ジュストの政治哲学とその適用」（『年報地域文化研究』第22号、2019）、「統治なき自然、蜂起するデモクラシー―ミゲル・アバンスールのサン＝ジュスト論から出発して」（『自然―HAPAX9』、2018）訳書：ミゲル・アバンスール『国家に抗するデモクラシー―マルクスとマキァヴェリアン・モーメント』（共訳、法政大学出版局、2019）

キム・ミンチュル（KIM Minchul）　梨花女子大学専任講師

山﨑耕一（やまざき　こういち）＊　一橋大学社会科学古典資料センター元教授

著書：『啓蒙運動とフランス革命―革命家バレールの誕生』（刀水書房、2007）、『フランス革命史の現在』（編著、松浦義弘との共同編集、山川出版社、2013）、『フランス革命―「共和国」の誕生』（刀水書房、2018）

楠田悠貴（くすだ　ゆうき）　東京大学大学院人文社会系研究科博士後期課程、日本学術振興会特別研究員

論文：« Les fantômes des Anglais du XVIIe siècle au temps de la Révolution française : les nouveaux Cromwell et les nouveaux Monk »（*La Révolution française : Cahiers de l'IHRF*, n° 19, 2021）、「フランス革命における国王裁判の政治文化的意義―ジャン＝ポール・マラーの演説草稿を契機として」（『クリオ』第28号、2014年、72-85頁）訳書：マイク・ラポート『ナポレオン戦争―十八世紀の危機から世界大戦へ』（単訳、白水社、2020）

竹中幸史（たけなか　こうじ）　山口大学人文学部教授

著書：『フランス革命と結社―政治的ソシアビリテによる文化変容』（昭和堂、2005)、『図説フランス革命史』（河出書房新社、2013)、『教養のフランス近現代史』（編著、杉本淑彦との共同編集、ミネルヴァ書房、2015）

藤原翔太（ふじはら　しょうた）　福岡女子大学国際文理学部専任講師

著書：『フランスの歴史を知るための50章』（共著、明石書店、2020）、« Les maires et le système administratif napoléonien-le cas des Hautes-Pyrénées- », *Annales historiques de la Révolution française*, No. 392, 2018, pp. 59-85、« Les conseils municipaux des communes rurales sous le Consulat et l'Empire : le cas des Hautes-Pyrénées », *Annales du Midi*, No. 300, 2018, pp. 513-533.

クォン・ユンギョン（KWON Yun Kyoung）　ソウル大学准教授

早川理穂（はやかわ　りほ）　清和大学非常勤講師

著書：「パリの民衆運動と暴力」（山﨑耕一、松浦義弘編『フランス革命史の現在』山川出版社、2013)、「革命前後のパリ―レヴェイヨンとサン・タントワーヌ城外区―」（高澤紀恵、アラン・ティレ、吉田伸之編、別冊都市史研究『パリと江戸―伝統都市の比較史へ―』山川出版社、2009）**論文**：L'Assassinat du boulanger Denis FRANÇOIS le 21 octobre 1789, *Annales historiques de la Révolution française*, n° 333, (Société des études robespierristes), 2003.

東アジアから見たフランス革命

二〇二一年三月三一日　初版第一刷発行

編　者　松浦義弘
　　　　山﨑耕一

発行者　風間敬子

発行所　株式会社　風間書房
101-0051　東京都千代田区神田神保町一―三四
電　話　〇三―三二九一―五七二九
ＦＡＸ　〇三―三二九一―五七五七
振　替　〇〇一一〇―五―一八五三

印刷　堀江制作・平河工業社
製本　高地製本所

NDC 分類：235.06
ISBN978-4-7599-2372-8　Printed in Japan